教育治理体系下的中小学办学自主权实证研究

以豫中地区为例

蒿 楠／著

THE AUTONOMY OF PRIMARY AND
SECONDARY SCHOOLS UNDER
THE EDUCATIONAL GOVERNANCE SYSTEM

A Case Study of the
Central Subregion of Henan Province

本书为河南省高等学校哲学社会科学创新团队项目"全球化与教育政策"（2019-CXTD-09）的阶段性成果

序

21世纪可以说是进入了全球化与知识经济的大时代。新一代需要拥有新形态的素养和能力，才能适应新的经济面貌，应对不可预知的未来。著名教育哲学家杜威指出，学校是社会的缩影。国家经济发展及人才需求必然会反映到学校去，21世纪国际竞争需要具有创新、解难、沟通、团队协作、灵活应变、开放与兼容并包等素质的人才，因而学校的发展须跟上国家战略发展的步伐。

2013年以来，我国开启了深化教育领域综合改革、加快教育治理体系和治理能力现代化的新征程。2015年，教育部要求"到2020年，基本形成政府依法管理、学校依法自主办学、社会各界依法参与和监督的教育公共治理新格局，为基本实现教育现代化提供重要制度保障"。2017年，《关于深化教育体制机制改革的意见》明确将深化教育体制机制改革的目标设定为："到2020年，教育基础性制度体系基本建立，形成充满活力、富有效率、更加开放、有利于科学发展的教育体制机制，人民群众关心的教育热点难点问题进一步缓解，政府依法宏观管理、学校依法自主办学、社会有序参与、各方合力推进的格局更加完善，为发展具有中国特色、世界水平的现代教育提供制度支撑。"

在国家战略与教育治理体系的框架下，学校的办学能力与自主性被着重强调。为满足未来经济社会发展对人才的需求，当下应改变思维，让学校管理体系能产生鼓励创新的机制，进而使教师能够自发探寻有效的教学方法，给学生自我发现、自主学习的机会，让每个学生都带着创新素养完成学业，走入社会。如此一来，学校也能够更好地承担其在教育治理体系下的责任，为国家教育治理体系现代化建设贡献力量。

蒿楠博士《教育治理体系下的中小学办学自主权实证研究——以豫中地区为例》一书对学校自主权的概念追本溯源，进行了非常严谨的文献搜索和分析。她所涉猎的文献，贯穿中西。她进一步指出，教育管理的初衷是"人"，自主权的作用对象也是"人"，重点在于释放"人"的本体与主体，最终实现学生的增能与学校的增值。因此，蒿楠博士论述的重点并不在于"自主权"，而在于"自主性"，而二者之间在概念上有着根本性区别。自主权属于体制上的权利和权力范围，而自主性则重视自主的本质，来自一个机构、一所学校，甚至教师与学生的内在本体。教育所追求的创新素养、创意思维等也往往来自这种发自内在本体的原动力。

  该书的另一重要贡献是展示了高层次案例研究的特点。蒿楠对豫中学校的案例分析，绝不苟且。她先从中西文献和理论中搜罗出几乎所有有关的问题，融会贯通地梳理并得出一个初步理论。然后，她集中豫中地区学校的案例，运用混合研究法，交叉论证所得的定量与定性的资料，做出初步结论。最后，也是最精彩的，就是她把案例研究资料所得与国际和国内的理论及文献整合讨论，得出别树一帜、具有洞见的学术观点。其中一例值得提出的是，定性研究需要有一种"主客观"视角。作为一个学者，一个研究人员，她同时能客观地处理中西文献与理论，有足够的客观分析和交叉对照的能力。书中结尾部分，显示出她能看透一个看似矛盾的教学现象，在学校有一定自主性的前提下，学校和老师们创造出"大班中进行小班教学"的奇迹。河南是人口大省，上万名学生的"巨型学校"和"百人大班"并不鲜见，再加上高考的压力，如何才能培养出21世纪需求的具有创新能力、思维灵活和善于沟通的学生呢？蒿楠的案例研究发现，如果学校拥有一定的自主性，自然会生发实践中的智慧。她的确找到了能解决问题的学校，其中一些学校在大班中分成小组，并且在小组学习中训练学生同侪学习，然后再回到大班中总结课堂经验。

  上述只是蒿楠书中的一例，至于其他例子，留待读者慢慢发现和品读。

  走笔至此，我已经把蒿楠的文稿重复研读了不下十次，每次阅读都有所得。实在庆幸蒿楠愿意与我分享她的研究成果，让我发现如此精彩的作品，同时我惊讶于她的学术透析力和洞察力。

  谨此祝贺蒿楠！

书于郑州大学教育学院
2019 年春

目 录

第一章　绪论 …………………………………………………… 001
- 第一节　问题缘起 …………………………………………… 002
- 第二节　研究回顾 …………………………………………… 009
- 第三节　关键概念 …………………………………………… 030
- 第四节　研究方法与篇章结构 ……………………………… 033
- 第五节　研究价值与创新 …………………………………… 037

第二章　理论基础与分析框架 ………………………………… 042
- 第一节　理论基础及其适切性的探讨 ……………………… 042
- 第二节　分析框架的提出 …………………………………… 062

第三章　中小学办学自主权的实证研究设计 ………………… 070
- 第一节　基于分析框架的实证研究设计 …………………… 070
- 第二节　调研工具的检验与确立 …………………………… 090

第四章　实证调查发现与数据分布 …………………………… 099
- 第一节　样本描述与样本检验 ……………………………… 099
- 第二节　数据分布与结果分析 ……………………………… 117
- 第三节　数据结论归整 ……………………………………… 160

第五章　中小学办学自主权的要点分析 ……………………… 166
- 第一节　权力主体的分析 …………………………………… 166
- 第二节　权力要素的分析 …………………………………… 177
- 第三节　主体间关系的分析 ………………………………… 211
- 第四节　主要问题归纳 ……………………………………… 224

第六章　中小学办学自主权的保障机制探讨 …………………… 230
第一节　法律层面的保障 ………………………………… 232
第二节　制度层面的保障 ………………………………… 238
第三节　学校层面的"内省式"保障 …………………… 248

第七章　主要结论及未来研究展望 …………………………… 258
第一节　主要研究结论 …………………………………… 258
第二节　研究不足之处 …………………………………… 265
第三节　未来研究展望 …………………………………… 267

参考文献 ………………………………………………………… 269

附　录 …………………………………………………………… 288
附录1：调查问卷 ………………………………………… 288
附录2：校长（校级领导）访谈提纲 …………………… 293
附录3：教师访谈提纲 …………………………………… 295
附录4：教育行政部门人员访谈提纲 …………………… 296

后　记 …………………………………………………………… 297

第一章 绪论

历经数十年的改革与发展，我国基础教育已基本普及并朝着现代化的目标稳步前行。在改革不断深化、学校迈向内涵发展的新的历史阶段，一个非常重要的任务是：要激发学校的活力与学校内部的改革动力，使其成为教育变革中具有自主性与能动性的主体，进而实现学校的"当代转型"。①

党的十八届三中全会以来，在推进国家治理体系和治理能力现代化的进程中，我国政府职能持续变革、管理方式逐步转型。进而，深入推进以"管办评分离"为基本要求的教育治理体系成为教育领域回应国家战略的时代使命，形成"政府依法宏观管理、学校依法自主办学、社会有序参与、各方合力推进的格局"，② 成为我国教育现代化的重要制度保障。在多元主体共同参与的教育治理体系下，教育事权的分配愈发显现出重心下移的趋向。对于办学直接责任主体的学校，政策不断强调通过"进一步落实和扩大中小学在育人方式、资源配置、人事管理等方面的自主权"③ 来保障其作为教育组织所需的自主空间与组织活力，进而促进学校内部发展动力的生成。2019年，"落实中小学自主权""激发办学活力"明确成为我国深化教育管理方式改革的重要举措。④

---

① 叶澜：《"新基础教育"论——关于当代中国学校变革的探究与认识》，教育科学出版社，2006，第199~200页。
② 中共中央办公厅、国务院办公厅：《关于深化教育体制机制改革的意见》，中华人民共和国中央人民政府网站，2017年9月24日，http://www.gov.cn/zhengce/2017-09/24/content_5227267.htm。
③ 中华人民共和国教育部：《教育部关于深入推进教育管办评分离，促进政府职能转变的若干意见》，中华人民共和国教育部网站，2015年5月6日，http://www.moe.gov.cn/srcsite/A01/s7048/201007/t20100729_171904.html。
④ 中华人民共和国教育部：《教育部2019年工作要点》，中华人民共和国教育部网站，2019年2月22日，http://www.moe.gov.cn/jyb_xwfb/gzdt_gzdt/s5987/201902/t20190222_370722.html。

当下，学校组织的自主能力在教育领域乃至社会整体变革图景中的重要价值得到前所未有的关注和强调，成为其实现发展动力由外至内的转换、主动回应不断变换的外部环境的重要力量。然而当我们审视教育实践，中小学校自主能力欠缺、办学活力不足等问题依然显著，而矛盾又集中体现在学校办学自主权的不充分，公办中小学校尤为如此。"权力"是教育管理活动的基本前提，"自主权"也是学校拥有自主空间、生成自主能力并逐步发挥组织能动性、释放办学活力的必要条件。从这个角度来说，"权力分配"就成为当前改革的核心要义，[①]而处理好学校内外的权力关系，就是引发教育变革的中心。[②] 简而言之，不管是基于中小学校发展阶段的内在要求，还是教育改革与社会发展系统性前进的需要，中小学的办学自主权都亟待落实和保障。

第一节　问题缘起

一　时代发展对于学校自主性的呼唤

（一）当代教育事业的发展有赖于学校教育品质的提升

在漫长的时间里，人类社会的教育活动历经了由非形式化教育逐步演变为形式化教育的进程，而形式化教育的出现又促进了教育实体的形成。从其本源来看，我们今日所谈论的"学校"，并非由"庠""序""书院"等古代教育实体演变而来，而是近代社会的产物。19世纪后半叶以来，为在民族危难中觅寻一条继续生存的道路，我们终结了根植于传统文化中近两千年的私塾式教育，"废科举，兴学校"，逐步建立起以西方学校为蓝本的近代意义上的学校制度。[③] 而后随着新中国的成立，我国近代学校制度的形式与理念得到进一步的巩固和发展。时至今日，我国的学校历经各种探寻与摸索，已建立了相对成熟的人才培养体系，为国家的发展与社会的

[①] 鲍传友：《学校治理的权力关系重构》，北京教育科学研究院组编《教育现代化的理论进展与实践探索》，北京师范大学出版社，2015，第169~175页。
[②] 〔美〕罗伯特·G.欧文斯：《教育组织行为学》，窦卫霖等译，华东师范大学出版社，2001，第246页。
[③] 卜玉华：《变革力的生成——学校转型性变革的内生路径研究》，教育科学出版社，2014，第1~9页。

进步提供了源源不断的人才支持。然而，目前教育事业呈现的图景还远未达到大众的预期，在近代学校制度初建与基本成形的阶段，其被关注的重点是如何建立并逐步完善与我国社会文化土壤相适应的学校制度，而在学校制度已日臻成熟的今天，大众对于学校的期望与主要诉求已转向其能否提供适宜、优质的教育。大众对于"课程改革""教育信息化""核心素养"等教育热点问题的关注，不断见证着我国学校教育前进的脚步，也记录了学校在承担社会育人使命的过程中不断反思、改进的足迹。

在当代社会，学校作为最具实体意义且最为常态的教育组织，在履行国家教育职能、承担社会教育使命的事业中仍居于主导地位。纵观近百年来的教育变革，多以学校的变革为核心和主要载体，几乎所有的教育方针、政策最终都要聚焦到学校这一场域并落实到学校具体的教育教学活动中去。因此，教育的改革最终都是学校的改革，学校不只是教育改革的对象，更是教育改革的中心。① 尽管在多元发展的社会中教育的形式越来越多样化，学校这一组织在国家教育事业中的中心地位却从未被撼动。虽然信息时代大众传播媒介的普及使得人们在学校以外受教育形式空前多样化，但就当前而言，非形式化教育的意义仅仅是未来的发展趋势，"在现实社会和可预见的将来，学校依然是教育结构中的主干，对于发展中国家和地区尤其如此"。② 由此，当代中国的教育发展仍须寄望于学校教育品质的提升，教育改革的层层深入必然会落脚到学校的改进，以学校层面的实质性改造为基本内容，③ 在持续的探索、反思与完善中逐步提升学校教育品质。

（二）学校的深层改革亟待其内在自主性的生成

明确学校教育的价值之后，进而是学校如何发展的问题。就特定的一所学校而言，影响其发展变化的因素是复杂且多样的，大至历史文化传统、时代背景、国家宏观政策、经济发展水平，小至学校自身的办学传统、物质环境、师资水平等。一所学校发展的动力，是外在给予，还是内

---

① M. Fullan, *The New Meaning of Educational Change* (Third Edition), New York: Teachers College Press, 2001.
② 陈桂生：《学校教育原理》，湖南教育出版社，2000，第23页。
③ 参见杨小微《全球化进程中的学校变革——一种方法论视角》，华东师范大学出版社，2004，第10~11页。

在生成，不同的历史阶段有着不同的回答。在我国近代学校制度萌芽和形成的初期，外界因素的影响与支持占据了主导地位。民族危机的加剧、外来思潮的影响和晚清政府及民国政府对旧教育制度的多次革新，为我国近代学校形态的产生注入了强大的外部力量。新中国成立后，近代意义上的学校制度与形态在社会主义蓝图下得到了延续和发展，在强大外部力量的推动下逐渐巩固并走向成熟。自20世纪80年代开始，西方发达国家的企业与政府掀起了以"分权化"为主要特征的组织管理改革运动，改革很快蔓延至教育领域，使得"校本管理"成为这一时期西方学校管理改革的重要内容。西方校本化管理改革的思潮对我国的学校发展也产生了深刻影响，在这个时期，我国学校在急剧变革的外部环境下，在市场经济与全球化的浪潮中不断思考自身的定位与发展方向。此时的学校虽然还处于政府力量的主导下，但已开始将目光投向学校内部的变革。进入21世纪以后，伴随着经济的持续扩容和国民生活水平的日益提高，社会对于学校的期许不再只是单纯的知识传递者，而是在教授学科知识的基础上更加着力培养学生的思维能力、创新能力、审美素养等，这一切都使得学校教育必须迈向内涵发展的新阶段，实现当代转型。学校管理者与教师开始逐步把目光转回教育价值本身，重新审视学校的育人目标，从学校内部找寻发展的深层动力，因为唯有具备内在的自主性，才有可能生成学校发展的内在动力，才能在不断变换的外界环境中保持学校的相对独立性，在秉持教育精神和育人使命的前提下主动回应社会对于学校的种种期许。

同时，对于学校的研究应意识到，"学校除了教育职能外，还有一个职能，就是谋求自我保存与自我发展"，[①] 学校有其自身发生、发展的逻辑和不同于其他组织的特殊性。发展阶段愈成熟，其内在自主性与独立性就愈强，且发展的动力就愈加趋向于内化和自生。对于当前的中小学校来说，在不断变换的外界环境下秉持教育精神，找到自身价值的依托至关重要，这不仅关涉学校教育的品质，也关乎学校作为一个社会组织的长久生存与发展。虽然在现实层面公办学校处于上级行政部门的管控之下，学校运行所需的资源也有赖于政府的支持，但这并不意味着学校应该作为完全的"依附者"而存在。时代精神呼唤人的自主性，也强调社会中各类组织的自主能力。简而言之，当代学校的发展与深层改革亟待其内在自主性的

---

① 陈桂生：《教育学视界辨析》，华东师范大学出版社，1997，第91页。

生成，实现发展动力由外至内的转换，这也是学校在新的历史阶段不断成熟完善的必然趋势。

（三）政府职能的持续转变强调学校更具自主性的运转

社会学研究领域的结构功能主义理论认为，社会可以被看作一个大的整体系统，教育是其中的一个子系统，教育子系统与政治子系统、经济子系统、文化子系统等共同建构了整体的社会大系统。[①] 因此任何教育改革的发生，都可归结为教育系统内部和外部社会环境两方面的原因，社会环境激发、推动或制约着教育的变革，成为教育领域问题的重要影响因素。伴随着社会经济的发展，各国政府职能调整与政府角色转变的脚步从未停止，而各个时期宏观政策环境的变化也深刻影响着学校发展的外部环境。西方工业化国家先后经历了"从自由放任到官僚统治再到协作治理的重大转型"，[②] 每一个阶段政府职能的变化从本质上看都是政府与市场、社会之间权力边界不断调整、权力分配在变化中不断实现平衡的过程。

回望我国政府职能转变的历程，特定的历史发展阶段与独特的国情对我国政府职能的演化路径施加了显著影响。在新中国成立初期，我国逐渐形成了以权力高度集中为特征的计划经济体制和行政管理体制。改革开放以来，我国逐渐完成了由计划经济向市场经济的过渡，为政府职能的逐步转型提供了适宜的社会经济土壤。1985年，改革开放后第一次全国教育工作会议讨论并通过的《中共中央关于教育体制改革的决定》拉开了新时期教育体制改革的序幕，"简政放权，扩大学校的办学自主权"，"把发展基础教育的责任交给地方"，"实行基础教育由地方负责、分级管理的原则"等成为教育体制改革的重点。[③] 这些改变传递了我国政府职能转变的重要信号。1992年，党的十四大把建立社会主义市场经济体制作为经济转型的目标，同时进行行政管理体制和机构的改革，提出"精兵简政""权力下放"等配套措施以配合这一时期经济体制改革的需要。

然而当市场的力量过度扩张，社会发展在客观上又需要政府的适度干

[①] T. Parsons, "The Social System," *American Sociological Review*, 1951, 56 (3): 499-502.
[②] 薛澜、李宇环：《走向国家治理现代化的政府职能转变：系统思维与改革取向》，《政治学研究》2014年第5期，第62页。
[③] 《中共中央关于教育体制改革的决定》，中华人民共和国教育部网站，1985年5月27日，http://www.moe.gov.cn/jyb_ sjzl/moe_ 177/tnull_ 2482.html。

预。因此，随后我国政府职能的变革不仅是缩减政府的职能范围，而且是致力于科学地配置政府的各项职能，建立完善的整体运行机制。2013 年 11 月，党的十八届三中全会《中共中央关于全面深化改革若干重大问题的决定》（以下简称《决定》）正式提出"完善和发展中国特色社会主义制度，推进国家治理体系和治理能力现代化"这一全面深化改革的总目标。[①] 同时，《决定》明确了深化教育领域综合改革的任务，其中"深入推进管办评分离，扩大省级政府教育统筹权和学校办学自主权，完善学校内部治理结构。强化国家教育督导，委托社会组织开展教育评估监测。健全政府补贴、政府购买服务、助学贷款、基金奖励、捐资激励等制度，鼓励社会力量兴办教育"是教育改革的重要内容。[②] 作为对国家战略的回应，教育领域提出了"推进教育治理体系和治理能力现代化"的改革任务，要求"以构建政府、学校、社会新型关系为核心，以推进管办评分离为基本要求，以转变政府职能为突破口，建立系统完备、科学规范、运行有效的制度体系，形成政府宏观管理、学校自主办学、社会广泛参与的格局，更好地调动中央和地方两个积极性，更好地激发每个学校的活力，更好地发挥全社会的作用"。[③] 2017 年，《关于深化教育体制机制改革的意见》把深化教育体制机制改革的目标设定为："到 2020 年，教育基础性制度体系基本建立，形成充满活力、富有效率、更加开放、有利于科学发展的教育体制机制，人民群众关心的教育热点难点问题进一步缓解，政府依法宏观管理、学校依法自主办学、社会有序参与、各方合力推进的格局更加完善，为发展具有中国特色、世界水平的现代教育提供制度支撑。"[④] 2019 年，中共中央、国务院印发了《中国教育现代化 2035》，其中呈现了我国未来十几年教育现代化的顶层设计和行动方案，明确指出要"提高学校自主管理能力，完善治理结构"。[⑤]

[①] 《中共中央关于全面深化改革若干重大问题的决定》（二〇一三年十一月十二日中国共产党第十八届中央委员会第三次全体会议通过），《人民日报》2013 年 11 月 16 日。
[②] 《中共中央关于全面深化改革若干重大问题的决定》（二〇一三年十一月十二日中国共产党第十八届中央委员会第三次全体会议通过），《人民日报》2013 年 11 月 16 日。
[③] 袁贵仁：《深化教育领域综合改革，加快推进教育治理体系和治理能力现代化——在 2014 年全国教育工作会议上的讲话》，《中国教育报》2014 年 2 月 13 日，第 1 版。
[④] 中共中央办公厅、国务院办公厅《关于深化教育体制机制改革的意见》，中华人民共和国中央人民政府网站，2017 年 9 月 24 日，http://www.gov.cn/xinwen/2017－09/24/content_5227267.htm。
[⑤] 中共中央、国务院《中国教育现代化 2035》，中华人民共和国教育部网站，2019 年 2 月 23 日，http://www.moe.gov.cn/jyb_xwfb/s6052/moe－838/201902/t20190223_370857.html。

国家层面的顶层设计为新时期教育领域的改革指明了方向，厘清了教育治理视域下政府、学校与社会三者之间的关系和权责边界，为政府一元化教育管理格局向多元主体共同参与的教育治理体系的构建奠定了政策基础。在多元主体共同参与的模式下，"管办评分离"就成了推进教育治理体系和治理能力现代化的基本要求。对政府来讲，"管"就是要"转职能、改进教育管理方式"，加强宏观管理与服务；对学校而言，"办"就是要"发挥学校主体作用，加快建设现代学校制度"，在学校办学自主权落实的基础上自我管理、自我约束、自我发展；对整个社会来说，"评"就是要"发挥社会评价的作用，动员社会参与支持监督教育"，主动监督和评价教育质量、教育成果。简而言之，就是要把"政府如何管、学校如何办、社会如何评"作为推进教育治理体系和治理能力现代化的三大重要任务。由此看来，不同教育主体之间的关系和权责需要得到进一步的明确，不同教育主体在进一步深化教育领域改革的教育治理体系中的角色定位及角色价值都需要做出一定的调整与改革，在此基础上调动不同教育主体的积极性，激发教育活力，最终促进政府主导下的"政府－学校－社会"多元共治的教育治理体系的形成。从学校的角度来说，切实承担起"办"的责任，成为真正意义上的办学主体，要求学校要为自主办学的实现争取外部支持、营造内部环境，并以学校为本位协调好自身与政府和社会的关系。作为教育系统中的重要主体，在政府不断转变教育管理职能、逐步扩大学校办学自主权的趋势下，学校要担负起自主办学的职责，发挥在教育治理体系中应有的主体作用。学校更具自主性的运转是政府"简政放权"的重要前提，唯有在学校具备充分自主能力的前提下，政府的"放权"才能够有价值、有成效。

二　本书研究问题的聚焦

提出问题是研究的起点，如果开展一项研究的原始动力来源于对探索问题的答案与发现事物的本质的渴求，那么提出研究问题则可看作这一漫长旅途的出发点。[①] 基于研究背景的描述，不管是学校发展阶段的客观要求还是政府职能变革之下学校角色的重塑都指向一点——学校要具备自主

---

① 陈晓萍：《研究的起点：提问》，陈晓萍、徐淑英、樊景立主编《组织与管理研究的实证方法》，北京大学出版社，2008，第34页。

性。但从现状来看,目前中小学校尤其是公办中小学办学自主的前提与必要条件是相对缺失的,即缺乏充分的办学自主权。一方面,公办中小学校的办学方是政府,学校各项工作的开展均在政府与教育主管部门的管制之下进行,学校运营所依赖的各项资源也几乎全部由政府提供,因而长期以来形成了一种"依附式"的办学生态,学校"自主权"不足,"自主能力"也极其匮乏;另一方面,在政府"简政放权"的改革中,由于中央政府向地方政府的"放权"是在政府系统的内部进行,相对较为容易实现,而由地方政府及教育主管部门向公办学校的"放权",则是一个权力系统将本属于自己的权力的一部分过渡到另一个权力系统,其难度远远超越了政府系统内部的"放权",[①] 在"放权"意愿和实际操作上都存在不同程度的障碍。在种种因素作用下,公办中小学校的办学自主权问题既是公办中小学校发展亟待突破的瓶颈,也是政府深化教育领域改革、转变其职能所要解决的关键性问题。基于此,本书力图分析和解决的问题包括以下几方面。

(一) 建构公办中小学办学自主权研究的分析框架

本书认为,若要在以往研究的基础上对"办学自主权"问题进行更加深入、全面的剖析,非常重要的一点就是要围绕概念本身,以研究内容为依托,在相关理论的观照之下,建立合乎逻辑、行之有效的分析框架,为研究的展开与深化探寻适合的分析理路。因而在本书中,分析框架既是必要的研究工具,也是着力实现的研究进展之一。在本书的第二章,笔者在相关理论与政治学"权力分析方法"的启发之下,糅合研究关注的具体内容,围绕"办学自主权"的核心概念建构了以"权力主体""权力要素""主体间关系""保障机制"为要点的四维分析框架,在此基础上展开了实证研究的设计以及后续问题的分析与探讨。

(二) 描述当前豫中地区公办中小学办学自主程度以及学校内部权力运行的现状

"办学自主权"问题源于教育实践,形成和发展于教育实践,且被区域特征深刻浸润、影响,因此本书是定位在区域视角的实证研究,既凸显"区域",也强调"实证"。实证调查是整个研究过程中的重中之重,通过大样本

[①] 鲍传友:《中国教育的问题是公立学校的问题》,《教育研究》2010年第2期,第15~17页。

问卷调查、访谈调查、案例采集等具体形式,笔者力图收集尽可能翔实的数据和资料,描述本书的调查区域——"豫中地区"公办中小学校办学自主程度以及学校内部权力运行的现状,以展开进一步的分析与讨论。

(三)剖析当前豫中地区公办中小学办学自主权存在的主要问题

在理论阐释与实证调查的基础上,对于现状中存在问题的挖掘与凝练是本书的重要研究目的之一。本书力图通过调查数据与资料,有针对性地剖析当前豫中地区公办中小学面临的具体问题,探讨哪些因素导致公办中小学办学自主程度不高、办学自主权落实不到位,学校与教育主管部门之间的权力边界划分是否明确,学校内部民主机制运行现状如何,学校能否承担起办学主体的责任,等等。这既是本书期望达成的研究发现,也是进一步探讨公办中小学办学自主权保障机制的有力依据。

(四)基于调查发现探讨公办中小学办学自主权的保障机制

公办中小学校办学自主权的落实与保障是一个世界性的难题。笔者认为,公办中小学的办学自主权,仅仅通过顶层设计式的引导很难得到有效的保障,唯有在对某一区域的教育现状与存在的问题进行深入研究的前提下,才有可能找到问题的症结所在,进而制定精准、有针对性的策略以保障学校的办学自主权。因而本书中对于办学自主权保障机制的探讨将基于实证调查中的发现,从法律层面的保障、制度层面的保障与学校层面的"内省式"保障三个角度,探讨当前公办中小学校办学自主权的保障机制。

第二节 研究回顾

"历史"是一个解释框架,而非单纯对往事的记录,对于历史的研究,从本质上看是在对历史事实进行追溯和阐释的过程中发现意义,并以网络的形式建构历史人物与事件的过程。[①] 文献综述虽然始于研究开展初期,但在整个研究过程中随着研究资料的逐渐充实和研究思路的不断调整进行

---

① M. S. Gabella, "Beyond the Looking Glass: Bringing Students into the Conversation of Historical Inquiry," *Theory and Research in Social Education*, 1994, 23 (3): 340-363.

即时的调整与完善,是一项贯穿整个研究过程并不断生成、完善的系统性的工作。在这个意义上,文献综述也是勾画研究问题历史地图的过程。公办中小学的办学自主权问题与教育实践密切相关,甚至可以说,教育实践的发展与演化直接推进这一领域研究的前行与深化。因此,在进行研究脉络梳理与主要观点归纳的过程中,本书将以时间为主轴,以实践领域的发展历程为主要脉络,引出相关领域国内、国外研究的历史地图。

一 国内相关研究

研究论文数量的增减情况可反映该领域的研究水平与发展速度,并为追踪过往相关研究提供时间线索。[①] 以中国知网(CNKI)为数据源,以"办学自主权"为主题词进行检索,笔者共获得研究论文12054篇。如表1-1所示,以这种检索方法所获得的最早的一篇研究论文出现于1980年,是学者陈鸿声刊登于《人民教育》杂志上的论文《关于高等学校自主权的探讨》。此后几年的时间里,相关问题的研究几乎无人问津。直至1985年,与此问题相关的研究论文数量迎来一个小的高峰,在1990年前后,论文数量又再次减少。而后自1991年开始的25年时间内,有关"办学自主权"的论文数量总体上呈上升趋势,尤其是进入21世纪后,此领域的研究论文数量居高不下。

表1-1 1980~2015年办学自主权研究论文的年份分布

单位:篇

年份	1980	1981	1982	1983	1984	1985	1986	1987	1988
论文数量	1	0	0	0	0	61	39	24	48
年份	1989	1990	1991	1992	1993	1994	1995	1996	1997
论文数量	41	10	13	54	207	263	167	119	139
年份	1998	1999	2000	2001	2002	2003	2004	2005	2006
论文数量	158	307	296	347	449	482	490	560	621
年份	2007	2008	2009	2010	2011	2012	2013	2014	2015
论文数量	636	605	577	917	828	686	716	900	871

---

① 邱均平、艾杨:《我国高等教育质量研究论文的计量分析》,《中国高教研究》2013年第2期,第18页。

普赖斯（D. S. Price）曾提出，科技文献的增长一般经过学科诞生初期文献量较少、学科蓬勃发展时期文献量剧增呈指数型增长、学科发展日臻成熟时期文献量增速减缓呈线性增长、学科理论趋于完备时期文献量逐渐减少且呈不规则波动的阶段。①

基于此，审视我国"办学自主权"相关主题研究论文的年份分布，在20世纪90年代以前，该主题的相关研究归属第一阶段，即专业文献绝对量少、增长稳定；90年代后进入第二阶段，相关专业论文数量剧增，整体呈指数型增长。通过分析1991～2015年论文数量变化图，我们可直观地观察相关论文数量的变化趋势。在折线图中添加指数趋势线，我们发现在大部分时间内，此领域相关文献的增减趋势折线与增长指数曲线的拟合度较高，即1991～2015年，相关论文的数量整体呈指数增长。总体上，1980年以来，我国学者对于"办学自主权"相关问题的研究呈现逐渐升温、专业文献数量不断增长的趋势。在某些年份，如1994年、2010年、2014年，论文数量出现了小高峰（见图1－1）。

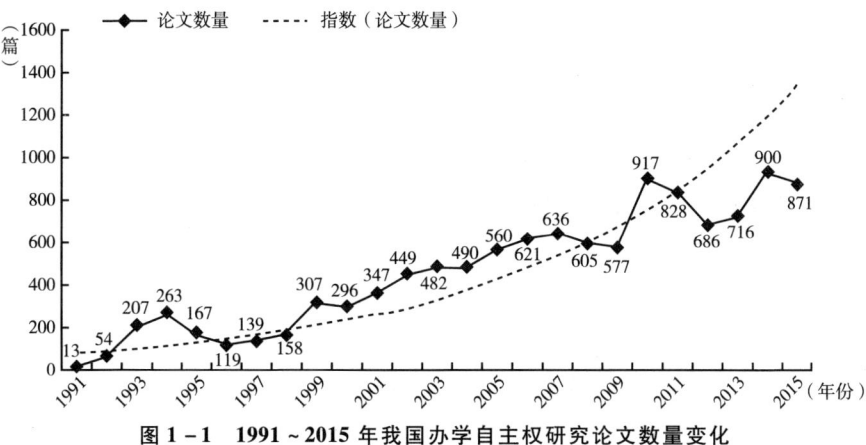

图1－1 1991～2015年我国办学自主权研究论文数量变化

了解研究主题发展脉络的同时，把握研究热点分布也尤为重要，而关键词词频可作为重要的观测指标。笔者抽取出现在12054篇与"办学自主权"主题相关研究论文的关键词，借助Excel软件对其进行规范化的整理，剔除无关词、合并同义词后，统计其出现频次并排序，出现频次前20位的关键词如表1－2所示。

---

① 丁学东：《文献计量学基础》，北京大学出版社，1993，第53～54页。

表1-2 办学自主权研究论文的关键词词频统计（前20位）

单位：次

位次	关键词	频次	位次	关键词	频次
1	高等学校	1085	11	高职院校	90
2	高等教育	842	12	依法治校	88
3	办学自主权	437	13	独立学院	86
4	民办高校	260	14	地方高校	80
5	改革	218	15	大学自治	80
6	管理体制	217	16	学术权力	68
7	政府	191	17	创新	67
8	现代大学制度	175	18	学术自由	59
9	大学章程	160	19	市场经济	59
10	去行政化	131	20	行政权力	58

由表1-2可见，我国学者对于"办学自主权"的研究，较为集中在高等教育领域，而对于中小学办学自主权的研究相对较少。"现代大学制度""去行政化""大学自治""学术权力"等关键词的高频出现，很大程度上说明高校对办学自主、学术自由的渴求十分迫切。也间接说明，高等院校办学自主权是以学术自由为核心价值指向的，其内涵与外延都与中小学办学自主权有着本质差异。为获取更有针对性的文献，笔者以"办学自主权"和"中小学"为主题词进行检索，得到相关文献348篇。文献总量相对较少，而与"中小学办学自主权"高度相关的文献，多出现在2000年以后。在抽取其关键词进行词频分析后，出现频次前16位的关键词如表1-3所示。

表1-3 中小学办学自主权研究论文的关键词词频统计（前16位）

单位：次

位次	关键词	频次	位次	关键词	频次
1	中小学	31	9	管理体制	6
2	校长负责制	28	10	特色学校	6
3	办学自主权	16	11	现代学校制度	5
4	改革	11	12	校长职级制	5
5	校本管理	9	13	教师教育	4
6	美国	7	14	英国	4
7	民办中小学	7	15	法人资格	3
8	公立中小学	6	16	去行政化	3

由表 1-3 可见，我国学者针对中小学办学自主权的研究，是伴随着"校长负责制""校本管理""学校管理体制改革""现代学校制度"等主题而展开的，西方教育的校本化思潮与教育放权改革也推动了我国相关研究的进展。在这样的背景下，我国学者开始关注中小学作为办学主体的法律地位和法人资格，试图明确界定中小学办学自主权并将其内容具体化、条目化。随着改革的持续深入，教育实践者与理论研究者均意识到学校自主性已成为影响学校教育品质的重要因素。

在把握相关研究的历史脉络的前提下，笔者将此主题下的著作、论文以及相关的统计资料都纳入文献搜集的范围，依据文献内容、发表时间、作者等指标对文献进行归类整理后，我们发现，我国学者对于中小学办学自主权的研究显现出较为清晰的阶段性特征。

（一）阶段一："校长负责制"的实施引发对于学校自主权的探讨

从时间脉络上来看，我国学者对于中小学办学自主权问题初次较为集中的讨论发生于 20 世纪 80 年代中期至 90 年代初，这一阶段的相关研究可概括为在"校长负责制"实施的背景下所引发的对于学校自主权的探讨。

自 1980 年起，我国的教育事业进入正常秩序的恢复与修补阶段，基础教育的普及与教育质量的提升得到国家高度重视。1985 年《中共中央关于教育体制改革的决定》的发布标志着我国全面开启了新时期教育体制改革的征程，该决定指出当时教育体制的弊端主要在于学校缺乏活力、基础教育师资缺乏、培养方式落后等，并强调"学校逐步实行校长负责制，有条件的学校要设立由校长主持的、人数不多的、有威信的校务委员会，作为审议机构"。[①] 1993 年，《中国教育改革和发展纲要》进一步指出，"中等及中等以下各类学校实行校长负责制。校长要全面贯彻国家的教育方针和政策，依靠教职员工办好学校"。[②] 其后，1986 年通过、2006 年 9 月修订的《中华人民共和国义务教育法》（以下简称《义务教育法》）第二十六条规定："学校实行校长负责制。校长应当符合国家规定的任职条件。校

---

① 《中共中央关于教育体制改革的决定》，中华人民共和国教育部网站，1985 年 5 月 27 日，http://www.moe.gov.cn/jyb_sjzl/moe_177/tnull_2482.html。

② 《中国教育改革和发展纲要》，中华人民共和国教育部网站，1993 年 2 月 13 日，http://www.moe.gov.cn/jyb_sjzl/moe_177/tnull_2484.html。

长由县级人民政府教育行政部门依法聘任。"① 自此中小学校长负责制的法律地位得以确立。1995 年通过的《中华人民共和国教育法》（以下简称《教育法》）规定："学校的教学及其他行政管理，由校长负责。"② 在中央文件精神的指示下，我国大部分城市地区的中小学校在 20 世纪 90 年代初已基本实行了校长负责制。③

可以说，自 20 世纪 80 年代开始的中小学管理体制的变革是以实施校长负责制为核心内容的，对于校长负责制的研究也随即成为学界关注的焦点，学者们开始探究"校长负责制"有着怎样的内涵、"校长负责制"赋予校长的权力及责任有哪些、实施"校长负责制"后学校内部的党政关系如何处理，以及学校与地方教育行政部门的关系如何处理等问题。在探讨"校长负责制"的过程中，对于中小学"办学自主权"的研究也有了最初的讨论，因为实行校长负责制不仅是学校领导体制改革中最为核心的内容，而且与扩大学校的办学自主权有着直接的对应关系，虽然校长权力不能等同于学校自主权，但校长负责制是学校行使各项办学自主权的基本形式。④

从规定"校长负责制"的参与发文机构来看，多是以中共中央和国务院的名义颁发，这就赋予了"校长负责制"最高行政法规的性质。然而在《教育法》中，仅是规定学校教学与行政管理由校长负责，并未明确出现"校长负责制"的表述。因此有学者认为，目前还很难说"校长负责制"具有明确的法律依据，⑤ 它并非一个严格意义上的"法律概念"，且它具备

---

① 《中华人民共和国义务教育法》（1986 年 4 月 12 日第六届全国人民代表大会第四次会议通过，2006 年 6 月 29 日第十届全国人民代表大会常务委员会第二十二次会议修订），中华人民共和国教育部网站，2010 年 1 月 29 日，http://www.moe.gov.cn/s78/A02/zfs_ _left/s5911/moe_ 619/201001/t20100129_ 15687.html。
② 《中华人民共和国教育法》（1995 年 3 月 18 日第八届全国人民代表大会第三次会议通过，根据 2009 年 8 月 27 日第十一届全国人民代表大会常务委员会第十次会议《关于修改部分法律的决定》第一次修正，根据 2015 年 12 月 27 日第十二届全国人民代表大会常务委员会第十八次会议《关于修改〈中华人民共和国教育法〉的决定》第二次修正），中华人民共和国教育部网站，2015 年 12 月 28 日，http://www.moe.gov.cn/s78/A02/zfs_ _left/s5911/moe_ 619/201512/t20151228_ 226193.html。
③ 吴志宏、冯大鸣、魏志春主编《新编教育管理学》，华东师范大学出版社，2008，第 62~63 页。
④ "深化基本教育管理体制改革研究"课题组：《深化基础教育管理体制改革研究报告》，《教育研究》1998 年第 12 期，第 27 页。
⑤ 鲍传友：《校长负责制下的校长权力大小及其规约》，《教育科学》2004 年第 8 期，第 51~53 页。

"一种执政党政策与最高行政法规性质参半的效力"。① 在法律规定中并未对校长权责做出明确规定的情况下，这种模糊性在一定程度上也为相关研究提供了空间，对于"校长负责制"下校长拥有哪些权力、校长在这些权力中的裁量度有多大成为学界研究的热点。学者萧宗六认为，在"校长负责制"下，校长与学校党组织的关系、与学校教代会的关系需要在实践中具体把握。② 伴随着对校长权力的研究，对于学校自主权的探讨也随即展开，因为校长是学校的法人代表，是《教育法》所赋予的学校权力的主要行使者。学者葛新斌认为，学校的"办学自主权"可根据其法律属性划分为行政法意义上的政府授予学校行使的管理职权，以及民法意义上的财产权利和相关派生性的权利；同时，"办学自主权"也可根据权力运作的对象划分为组织教育教学权、学校财产的运营与监督权、其他专业性权力等三个类属。③ 学者冯大鸣认为，"校长负责制"在实施中也存在诸多问题，例如并未使学校摆脱外控管理模式、"英雄校长观"被不断强化、民主机制远未健全以及学生及家长群体远离学校管理事务等，其在一定程度上阻碍了教育改革的深化。要改善这种状况，教育权力需由政府向学校转移，同时学校以自主管理的形式从政府手中接过办学自主权，依法健全学校内部的民主管理机制，使校长的部分权力得到依法分散。④ 总的来说，这一阶段学界对于中小学办学自主权的探讨主要集中在其概念内涵、主要内容、法律依据、运行机制等方面，从研究结果来看，学界对于中小学办学自主权的内涵见仁见智，比较一致的观点是，办学自主权应包括人事权、经费权与学校内部事务处置权。⑤

（二）阶段二：基于实践需求大力强调中小学办学自主权的落实

随着 90 年代教育改革的全面铺开，我国基础教育逐步普及，社会关

---

① 葛新斌：《我国现行"校长负责制"的法律与制度分析》，《北京师范大学学报》（社会科学版）2003 年第 6 期，第 49 页。
② 萧宗六：《校长负责制的提出及其内涵》，《中小学管理》2000 年第 11 期，第 2~5 页。
③ 葛新斌：《我国现行"校长负责制"的法律与制度分析》，《北京师范大学学报》（社会科学版）2003 年第 6 期，第 50~51 页。
④ 冯大鸣：《试论校长负责制的重构与再造》，《教育理论与实践》2003 年第 23 期，第 34~37 页。
⑤ 蒲蕊：《当代学校自主发展：理论与策略》，广东高等教育出版社，2005，第 9 页。

注的重点开始转向教育品质的提升以及教育管理体制的改革。涉及中小学办学自主权问题，强调在教育实践的强烈需求下，扩大和落实学校办学自主权。在这一时期，西方的校本化思潮对于我国办学实践产生了重要影响，而积极推进"依法治校"、加强"现代学校制度"建设则是我国政府针对我国国情与教育发展阶段提出的改革措施，因而也成为研究的重点。

1. 立足实证调查的办学自主权的现状描述

1993年，党的十四大通过的《中国教育改革和发展纲要》明确了90年代我国教育改革和建设的主要任务，在教育体制改革方面确立了"综合配置、分步推进"的方针，提出"改变政府包揽办学的格局，逐步建立以政府办学为主体、社会各界共同办学的体制"，"中等及中等以下各类学校实行校长负责制"，"政府要转变职能，由对学校的直接行政管理，转变为运用立法、拨款、规划、信息服务、政策指导和必要的行政手段，进行宏观管理"等。由此可以看出，这一时期国家对于改革办学体制、放权给学校的方针非常明确，但可操作性较强的具体方案尚未明晰。因此，这一阶段学界对于中小学办学自主权的研究聚焦在办学的实践领域，如调研其落实情况、保障策略以及现存问题等。此类研究的共同点是基于对中小学办学自主权的内涵、特征及应然状态的分析，借由一定的研究工具对特定地区的办学自主权现状进行调查，分析其问题所在和找寻改进策略。此外，也有学者从学理角度分析落实中小学办学自主权的必要性。学者李晓燕与夏霖认为，随着素质教育、个性化教育的开展，中小学对于办学自主权的需求越发显现，在落实办学自主权的过程中，构建良好的学校内部环境、促进学校与外部环境的良好互动是关键所在。[①] 学者廖哲勋认为，中小学办学自主权的落实呼吁多方主体的共同努力，即政府发挥其服务、保障作用，对中小学管理减少不必要的干预；中小学要从自身角度提升办学的自主性，校领导要充分发挥其能动作用，建构多元主体参与学校事务管理的民主机制。[②]

2. 校本管理思潮影响下的办学自主权研究

2001~2005年，由于西方以"校本管理"为主要形式的教育分权化改

[①] 李晓燕、夏霖：《关于扩大中小学办学自主权的思考》，《中国教育学刊》2014年第3期，第26~29页。

[②] 廖哲勋：《中小学办学自主权的落实》，《教育科学研究》2011年第4期，第22~25页。

革积累了大量的实践经验,我国学者在探索我国中小学办学自主权保障机制相关问题的时候,也将对西方国家改革经验的介绍与借鉴作为研究热点。"校本管理"(School-based Management 或 Site-based Management)是西方国家自 20 世纪 80 年代以来开启的一场声势浩大的教育管理体制改革运动,最初起源于美国。"校本管理"作为一种理念时,强调的是教育分权与权力下放,是民主精神在教育管理领域的体现;作为一种制度时,强调的是学校的法人主体地位及其落实,对学校的权利与义务、权力与责任做出严格的规定;作为一种模式时,强调的是相对于传统外部管控的一种自主管理学校事务的模式。①

这一时期,我国学者对于西方"校本管理"理念、模式及经验的研究表现出较多的关注。学者黄崴在阐释"校本管理"理念与模式的基础上,认为我国的学校管理体制改革在一定程度上也是"校本管理",但我国的学校管理改革更侧重于校长负责制的施行,这与西方"校本管理"的人本、分权理念存在较大差异。同时,我国的学校管理体制改革往往是依据国家政策的倡导,而西方"校本管理"有着多元化的理论基础,对其基本原理、基本模式与运作机制的研究较为深入。② 学者刘宝存在分析西方国家"校本管理"改革经验和教训的基础上认为,"校本管理"改革能否成功,最核心的要素在于能否根据具体国家地区乃至具体学校的情况实现"分权与集权的动态平衡"。③ 学者毛亚庆提出,学校管理体制的改革应注重"以学校为主体的校本管理",而"校本管理"在赋予学校更大自主权的同时,学校内部管理的改善和激励机制的生成是极为重要的。④ 学者范国睿认为,"校本管理"作为一种机制,为学校的自主发展提供了重要的前提,而在学校落实"校本管理"精神的过程中,制定学校发展计划是学校持续发展与变革的重要策略,这一切又亟待学校被真正赋予办学自主权。⑤ 学者蒲蕊对学校自主性的学理内涵、学校自主发展的理论基础、国际经验的比较以及学校自主发展的策略进行了较为全面的研究,提出转型

---

① 黄崴:《校本管理:理论、研究、实践》,广东高等教育出版社,2007,第 11 页。
② 黄崴:《校本管理:理念与模式》,《教育理论与实践》2002 年第 1 期,第 28~32 页。
③ 刘宝存:《校本管理:当代西方学校管理的新模式》,《比较教育研究》2001 年第 12 期,第 16~19 页。
④ 毛亚庆:《应注重以学校为主体的校本管理》,《教育研究》2002 年第 4 期,第 78~80 页。
⑤ 范国睿:《校本管理与学校发展计划》,《教育科学研究》2005 年第 2 期,第 21~23 页。

期的当代中国社会已为学校的自主发展提供了现实的可能性,而学校自主发展也成为转型期的时代呼唤。①

3. 基于"现代学校制度"建设的办学自主权的探讨

"现代学校制度"在相关文本中出现起始于1995年,而后我国学者逐渐开始了对"现代学校制度"的研究与探讨。2004年国务院印发了《2003—2007年教育振兴行动计划》,将"探索建立现代学校制度"作为深化学校内部管理体制改革的重要内容,强调中小学要实行"校长负责、党组织发挥政治核心作用、教代会参与管理与监督"的制度。② 在《国家中长期教育改革和发展规划纲要(2010—2020年)》中,"建设现代学校制度"是一种重要的规划举措,而"推进政校分开、管办分离"、"落实和扩大学校办学自主权"、完善中小学校长负责制、建立健全学校科学民主决策机制,③ 是具体到中小学"现代学校制度"建设的重要内容。2019年2月,中共中央、国务院印发了《中国教育现代化2035》,提出了我国未来十几年教育现代化的顶层设计和行动方案,明确指出要"提高学校自主管理能力,完善治理结构",同时鼓励民办学校开展现代学校制度改革创新。④

扩大中小学的办学自主权是建设现代学校制度的重要内容和重要前提,因此对于建设"现代学校制度"的研究,也必然会重点谈及中小学的办学自主权问题。我国学者对此问题的讨论基本可归结为两种路径:从政府的角度出发,要明确政府管理学校的内容、权限与职责,将扩大学校的办学自主权落到实处;从学校的角度出发,要致力于构建科学民主的内部管理机制与治理结构。学者褚宏启认为,"现代学校制度"指的是一种教育制度安排或是一种教育规则体系,其概念本身是可以被消解的。而"现代学校制度"建设理念下的政府"放权",并不能片面理解,其本质是政府教育行政职能的转变,该下放的要下放,该转移的要转移,该上交的要

---

① 蒲蕊:《当代学校自主发展:理论与策略》,广东高等教育出版社,2005,第257页。
② 《2003—2007年教育振兴行动计划》,中华人民共和国教育部网站,2004年2月10日,http://www.moe.gov.cn/jyb_sjzl/moe_177/201003/t20100304_2488.html。
③ 《国家中长期教育改革和发展规划纲要(2010—2020年)》,中华人民共和国教育部网站,2010年7月29日,http://www.moe.gov.cn/srcsite/A01/s7048/201007/t20100729_171904.html。
④ 中共中央、国务院印发《中国教育现代化2035》,中华人民共和国教育部网站,2019年2月23日,http://www.moe.gov.cn/jyb_xwfb/s6052/moe_838/201902/t20190223_370857.html。

上交,而非片面化的"下放"。① 学者张新平认为,政府对于学校"松绑"的本质是由直接管理向宏观调控的一种过渡,说明政府管理学校的理念、形式以及手段发生了变化,这并不意味着政府完全放弃了办学、管理学校的权责,且过度强调放权有可能引发"新型的官僚性管理",破坏教育的公共性。②

(三)阶段三:政府职能变革引起对于学校自主权的再度关注

当历史的脚步迈过21世纪第一个十年,以"管办评分离"为核心的教育治理体系的构建成了学校改革的新起点,对学校"办"的能力提出了更高的要求,而学校要自主办学,其首要因素就是相应办学自主权的获得,因而带来了学界对于中小学办学自主权问题的再度关注和新形势下的讨论。

2013年11月,中国共产党十八届三中全会通过了《中共中央关于全面深化改革若干重大问题的决定》,提出要"推进国家治理体系和治理能力现代化",教育领域要"深入推进管办评分离,扩大省级政府教育统筹权和学校办学自主权"。③ 教育领域要跟上并融入国家治理体系建设的整体规划,推进教育治理体系和治理能力现代化,其核心在于"构建政府、学校、社会新型关系",其基本要求在于"推进管办评分离"。④ 对于学校来讲,就是成为更具活力的办学主体。由此可见,新时期的教育变革发端于国家层面的顶层设计,是社会宏观变革的重要组成部分。教育事业是政府职能的重要体现,因此政府职能的变革必然带来其管理教育领域方式与内容的变化,进而对学校的运行发展提出新要求。"管办评分离"中的"办"就是强调学校作为办学主体的角色价值,学校就是作为推进教育治理体系和治理能力现代化基本立足点的角色而存在的,是新时期教育改革的基本单位。

由此,我国学者开始以"教育治理"与"教育管办评分离"的视角剖析学校角色的转变,学校自主办学的现状、制约因素、保障机制,以及学校自我约束与自我评价等问题。因此,近年来我国学者对于中小学办学自

---

① 褚宏启:《我们需要什么样的现代学校制度》,《教育研究》2004年第12期,第32~38页。
② 张新平:《对校长职业化的若干思考》,《教育研究与实验》2004年第4期,第1~4页。
③ 《中共中央关于全面深化改革若干重大问题的决定》(二〇一三年十一月十二日中国共产党第十八届中央委员会第三次全体会议通过),《人民日报》2013年11月16日。
④ 袁贵仁:《深化教育领域综合改革,加快推进教育治理体系和治理能力现代化——在2014年全国教育工作会议上的讲话》,《中国教育报》2014年2月13日,第1版。

主权的讨论通常与教育治理体系中学校角色的转变相关联,研究热点涉及政府和教育行政部门管理学校的边界划分、学校"权力清单"的阐释、办学自主权具体内容的分析等。学者褚宏启提出,我国中小学校目前亟须的改革是由过去长期依附于政府的"他治"模式走向自主办学的"自治"模式,推进学校内部的合作共治与以民主精神为核心要义的多元主体治理机制。[①] 学者孙绵涛在阐释现代教育治理体系概念、要素与结构的基础上,提出民主并不意味着绝对的开放或自由,而是在法制的前提下,"开放与约束""自由与控制"的对立与统一的过程。[②] 学者范国睿认为,学校在依据章程厘清办学权责的情况下,依法自主办学,深化学校内部治理结构改革,建构依法办学、自主管理、民主监督、社会参与的现代学校制度,是教育管办评分离改革的重要着力点。[③] 学者冯大鸣对于我国义务教育学校办学自主权的三项前置信息——欧盟义务教育学校办学自主权的状态、我国义务教育学校办学自主权的面上现状以及政校双方的当下感受与改革诉求进行了实证调研,认为对放权尺度的论证应由目的、内容、程度展开,而在机制设计中,应对激励相容、柔性放权和滥权的约束予以特别关注。[④] 总体而言,在教育治理背景下谈论中小学的自主权,其关注点不仅局限在政府的放权、分权与授权,还在于学校内部民主机制的构建,也就是如何用权、用好权的问题。因此,相关讨论还涉及教师专业自主权、学生的学习自主权、家长及社会组织对学校事务的参与权等。从本质上看,"教育治理"既是民主精神在教育领域的全面渗透,也是在时代精神的感召下,全体社会成员更加科学、更加理性地参与国家教育事业的新机制,是政府执政能力的变革与跨越。

二 境外相关研究

20世纪后半叶以来,许多国家纷纷开始了教育管理体制改革的进程。据世界银行的统计资料,截止到1998年,在世界范围内已有85个国家开

---

① 褚宏启:《自主与共治:教育治理背景下的中小学管理改革》,《中小学管理》2014年第11期,第16~18页。
② 孙绵涛:《现代教育治理体系的概念、要素及结构探析》,《教育研究与实验》2015年第6期,第52~56页。
③ 范国睿:《教育管办评分离改革:理论假设与实践路径》,《教育科学研究》2017年第5期,第5~21页。
④ 冯大鸣:《我国义务教育学校办学自主权的实证分析》,《中国教育学刊》2018年第10期,第55~60页。

始了不同形式的分权化改革。可以说,教育分权化改革是近几十年来一种全球性的改革趋势,这种趋势也将带来学校组织范式的转变与配套制度的革新。总体来看,"教育分权"不仅指教育权力由中央政府向地方政府的转移,也涵盖了由地方政府向学校的转移。但非常重要的一点是,这并不意味着政府在教育管理中的"弃权"。政府作为教育事业最为主要的财政支持者与规则制定者,将扮演"掌舵者"的角色持续性地发挥作用。[①] 也就是说,教育分权不是字面意义上的"分",而是对教育事业所涉及的三个层次的管理者——中央政府、地方政府、学校均提出更高的要求。近几十年来国外对于中小学办学自主权的相关探讨大多是在这样的背景下产生的,是与"教育分权""校本管理"等研究主题糅合在一起的。因此,按照教育分权改革发展的历史阶段,本书对于国外相关研究的概述也分别围绕以教育分权化为主题的研究、以校本化思潮为主题的研究,以及由"赋权"转向"探寻革新动力"的研究而展开。

(一) 以教育分权化为主题的研究

"教育分权化"即英文中的"educational decentralization",也即对教育权责进行重新分配的过程,通常指将教育相关的决策权由上级政府转移到下级政府机构、教育组织或学校。[②] 从相关研究来看,教育分权通常存在"分权"(decentralization)、"授权"(delegation) 和"放权"(devolution) 三种形式。在这三种形式中,"分权"是力量最弱的一种形式,学者马克·汉森(E. Mark Hanson) 认为,这种形式只是将任务进行了转移,而不是真正的权力下放,至多只是转移了部分教育管理的权责;"授权"也可以理解为权力的"委托",是一种更为全方位的分权形式,指的是当局决策者将权力委托给较低层次的组织,但这类权力可随时根据需要被上级分权机构收回;"放权"是力度最大的一种分权形式,它将权力由决策当局转移给可独立行动的组织,这种转移是永久性的,不会被随意收回。[③] 教育分权化

[①] The World Bank, *Expanding Opportunities and Building Competencies for Young People: A New Agenda for Secondary Education*, Washington, D.C.: The World Bank Publication, 2005, p. 169.

[②] E. B. Fiske, "Decentralization of Education," *Decentralization of Education*, 1996, 133 (6612): 1-40.

[③] E. M. Hanson, "Educational Decentralization: Issues and Challenges," *Partnership for the Educational Revitalization in the Americas*, No. 9, 1997.

的改革之所以发生，其原因主要在于以"分权"减轻中央的财政负担、提高管理效能、促进政治权力分配的合理化、提高学校与教师的积极性以及加强地方与学校之间的竞争意识。① 对于教育分权改革中政策措施的研究，以学者唐纳德·温克勒（Donald R. Winkler）的观点最具代表性，他对美国中央政府在教育分权改革方面的政策进行了整体性的归纳，同时在分析各个州改革的具体措施后指出，不同地区教育分权改革的内容与目标往往存在很大差异，且教育分权往往会受到国家财政体制、政治形势、行政体系、历史文化等因素的影响。② 对于教育分权化改革成效的评判，学者菲斯克（Edward B. Fiske）认为其检测标准应以提高管理效率、维护教育公平和保障教育质量为基本原则，不能为了"分权"而分权。③ 学者马克·汉森在提炼多个国家教育分权化改革成败经验的基础上，总结了在制定相关政策的过程中政府应考虑到的多方面因素。

（二）以校本化思潮为主题的研究

教育分权化的组织形式改变了政府在公共教育事业中的角色，在一定程度上形成了教育权力的多中心格局，学校作为这一格局中的重要组成部分，其转变也必然是显著的。1988 年，澳大利亚学者卡德维尔（B. J. Caldwell）与斯平克斯（J. M. Spinks）在其著作《自我管理学校》（*The Self-Managing School*）中提出了学校自主管理的概念与框架，认为教育权力下放至学校层面后，学校的自主管理是整合教育资源、提升学校效能的最佳模式。④ 美国斯坦福大学教授约翰·E. 丘伯（John E. Chubb）和泰力·M. 默（Terry M. Moe）合著的《政治、市场和学校》（*Politics, Markets and America's Schools*）一书从制度分析（Institutional analysis）的视角，针对美国公立学校制度的弊端，提出应在新的市场制度下构建全新的、以学校自主权和家长与学生的选择权为中心的公共教育体系。⑤ 这一

---

① N. F. Mcginn, T. Welsh, UNESCO-IIEP, "Decentralization of Education: Why, When, What and How?" *Decentralization*, 1999（100）: 22 - 27.
② 冯大鸣:《美、英、澳教育管理前沿图景》，教育科学出版社，2004，第 137~141 页。
③ E. B. Fiske, "Decentralization of Education: Politics and Consensus," *World Bank Direction in Development*, 1996（100）.
④ B. J. Caldwell, J. M. Spinks, *The Self-Managing School*, New York: The Falmer Press, 1988.
⑤ J. E. Chubb, T. M. Moe, *Politics, Markets and America's Schools*, Washington: The Brookings Institution Press, 1990.

著作具有鲜明的时代意义,为美国甚至更大范围内的教育改革谱写了市场化与分权化的基调。"校本化思潮"引领下的"校本管理"作为在教育分权化影响下展开的一场影响深远的学校管理改革运动,在世界范围内引起了高度的关注和深入的探讨。"校本管理"在英文中有多种表述,如"School-based Management""School-site Management""School-centered Management"等,并不存在一个公认的标准化的说法和定义,且校本管理在国外不同地区有多种实践模式,因此在此处笔者将这一大的概念下的研究归纳为以"校本化思潮"为主题的研究。

美国教育管理者联合会(American Association of School Administrators,AASA)和全美小学校长联合会(National Association of Elementary School Principals,NAESP)认为,校本管理最为本质的特征在于个体在参与决策的同时也承担相应的执行决策的责任。学者科龙(W. H. Clune)与怀特(P. A. White)认为校本管理最为显性的特征是扩大了学校层面的自主权。[1] 在对校本管理相关研究进行梳理的基础上,学者戴维(J. L. David)提出校本管理为地方学区与学校之间如何划分权责提供了一种可行的模式,在校本管理的模式下,科层制的等级规则被专业权力所取代,学校的自主权得到更大的保障,同时学校也对办学的结果承担起更大的责任。同时他指出,校本管理模式下学校的决策更凸显民主性,在以学校为决策主体的前提下,学校决策经由底层教职人员的民主参与而形成,因而校本管理模式下教师的专业自主也得到了相应的保障。[2] 马兰(B. Malen)、奥格瓦(R. T. Ogawa)和克格兹(J. Kranz)等学者认为"校本管理"的概念可以看作教育权力下放的一种形式,在这一过程中,学校成为教育改革与提升教育教学质量的基本单位,政府授予学校自主权以激励其自主发展与进步,并推进学校内部民主机制的构建。[3] 我国香港学者郑燕祥(Cheng Yin Cheong)认为,相较于传统的学校管理模式,校本管理的理念是基于教育

---

[1] W. H. Clune, P. A. White, "School-Based Management: Institutional Variation, Implementation, and Issues for Further Research," CPRE Research Report Series RR – 008, 1988: 46.

[2] J. L. David, "Synthesis of Research on School-Based Management," *Educational Leadership*, 1988, 46 (8): 45 – 53.

[3] B. Malen, R. T. Ogawa, J. Kranz, "What do We Know about School-based Management? A Case Study of the Literature: A Call for Research," in W. H. Clune and J. F. Witte (eds.), *Choice and Control in American Education*, Volume 2, Philadelphia: Falmer Press, 1990, pp. 289 – 342.

要追求多样性和有效性、能够适应复杂多变的外在环境的前提,强调在管理学校的过程中要坚持自我管理、民主管理的分权原则,在学校运行的过程中针对特定的问题设置灵活性的解决方案,充分调动学校内部成员参与决策的积极性和创造性,在提高管理效率的基础上追求教育质量的提升。①

从国外校本管理改革运动的实践情况来看,"校本管理"的概念最初发端于美国,纽约的弗雷奇曼委员会(Fleischman Commission)于1971年提出了校本管理的指标。其后,这场改革运动在美国境内得到推广,并迅速蔓延至加拿大、英国、澳大利亚、新西兰、中国香港以及其他国家和地区。按照地域上的差别,"校本管理"在世界范围内有许多不同的模式,如美国初期阶段的"戴德模式"(Dade County)、"芝加哥模式"(The Chicago Revolution)、"洛杉矶模式"(The Los Angeles Model),后期的"特许学校"(Charter School)、"特许学区"(Charter District)等,"西班牙模式"(The Spanish Model)② 以及英国与澳大利亚的"自我管理学校"(Self-Managing School)模式等。按照学校管理中决策主体的不同,又可将"校本管理"划分为以校长决策为中心的"行政控制模式"(Administrative Control SBM)、以教师决策为中心的"专业人员控制模式"(Professional Control SBM)、以家长和社区决策为中心的"社区控制模式"(Community Control SBM),③ 以及以家长和教师共同决策为中心的"平衡控制模式"(Balanced Control SBM)。④ 总体而言,不同模式的校本管理有不同的侧重点,也存在不同的优势与劣势。学者雷斯伍德(Kenneth Leithwood)在分析归纳关于校本管理的83份研究报告的基础上,分别从教师、学校管理人员、学生、家长等人群的角度出发,以研究报告的结果分析了校本管理实施后,其效果在这几类人群上的体现,同时也分析了校本管理所产生的诸如权力代表性减弱、政府与学校关系紧张、校长

---

① Cheng Yin Cheong, *School Effectiveness and School-based Management: A Mechanism for Development*, London: The Falmer Press, 1996, p. 45.
② E. M. Hanson, "School-Based Management and Educational Reform in the United States and Spain," *Comparative Education Review*, 1990, 34 (4): 523–537.
③ J. Murphy, L. G. Beck, *School-Based Management as School Reform: Taking Stock*, Ca: Corwin Press, 1995, p. 231.
④ K. A. Leithwood, T. Menzies, "Forms and Effects of School-Based Management: A Review," *Educational Policy*, 1998, 12 (3): 333–334.

与教师关系异化等负面影响。① 学者列维（L. J. Reynolds）分析了教育行政人员、校长与教师在校本管理情境下的角色转变，并列举了以校本管理为策略提高学生学业成就的九个关键要素：系统性的观念、对教育变革背景的把握、领导意识与技能的提升、共同愿景的创建、自主发展规划能力的加强、角色的重新定位、工作环境的改善、对组织发展动力的理解以及组织责任感的生成。② 普雷斯拉（Priscilla Wohlstetter）等学者认为校本管理理念在与课程教学活动融合后，若要实现提高学校效能的目标，最为关键的要素在于"权力"（power）、"知识与策略"（knowledge and skills）、"信息"（information）和"成效"（rewards）。③ 英国学者杰夫·惠迪（G. Whitty）等在其著作《教育中的放权与择校：学校、政府和市场》（*Devolution and Choice in Education: The School, the State and the Market*）中，在分析英、美、澳、新西兰、瑞典等国家教育重建的各类研究报告的基础上，探讨了教育放权改革与择校制度开展后学校面临的一系列变化，并着重分析了在新的大环境下学校、政府与市场之间的关系，以一种更为广阔的视角对这一时期的教育改革进行了解读。④

从宏观角度着眼，西方国家这一时期"校本化思潮"的兴盛是西方经济社会转型与经济全球化的重要体现。"校本化思潮"引领下的"校本管理"改革既可以看作教育分权化的一种形式，也可以看作在市场作用下，学校教育为适应作为一种类似"教育产品"的存在方式所必须做出的选择。当市场的理念成为西方公共教育改革的主要取向时，必然引发教育权力的重新分配，不同模式的"校本管理"即可看作不同国家在教育权力重新分配的过程中各自实现权力平衡的模式。在这场以政府为主要推动者的变革中，作为办学直接责任人的学校获得了更多的资源与更大的自主空间，办学积极性得到了鼓舞，而政府也经由这样的方式，实现了由直接管

---

① K. A. Leithwood, T. Menzies, "Forms and Effects of School-Based Management: A Review," *Educational Policy*, 1998, 12 (3): 335–339.
② L. J. Reynolds, *Successful Site-Based Management: A Practical Guide*, California: Corwin Press, 1997, pp. 7–8.
③ P. Wohlstetter, A. N. Van Kirk, P. J. Robertson et al., *Organizing for Successful School-Based Management*, Association for Supervision and Curriculum Development, Alexandria, Virginia, 1997.
④ B. G. Whitty, S. Power, D. Halpin, *Devolution and Choice in Education: The School, the State and the Market*, Open University Press, 2010.

理者向"问责者"或"掌舵人"的职能转变。这是西方国家三十余年来教育发展变革的重要趋势,"集权"与"分权"的此消彼长见证了作为国家职能的教育事业在矛盾中不断前行的历程。

(三) 由"赋权"转向"探寻革新动力"的研究

由"赋权"转向"探寻革新动力"的阶段,从时间上可以看作校本化思潮后期的发展趋势。在校本管理实施初期的20世纪80年代,政府主要通过校本管理的方式,借由市场的力量以缩减政府的教育支出,缓解国家财政困难。进入20世纪90年代后,校本管理作为一场世界范围内的教育改革运动迅速蔓延,其缓解政府经济压力的初衷早已被淡化,发生了一系列"校本化"的实质性转变,如学校实质性的财政权与人事权的下放,校本课程的开发,校本师资培训的开展为学校与教师开辟了更大范围的、实质性的自主权。然而,"赋权"并非目的,而是达到新的权力平衡的手段,"权责对等"要求被赋予权力的一方拥有可以承担相应的责任的能力,即"权力"与"能力"的平衡。而这种预期的平衡局面的达成,最终目的也是提升学校教育的质量,或者解释为提高学校的效能。

因此,在开展"校本管理"的中后期,改革的重点由"赋权"转向"探寻革新动力",即把校本管理之下学校效能、教师水平、管理效率等学校内部改革动力的激发放在更加重要的位置。如美国教育部(U. S. Department of Education)于1991年制定的美国至2000年的教育发展目标以"让每个孩子走向成功"(Preparing Young Children for Success)为题,明确要求学校要提供"高质量"(high quality)的教育,通过师资水平的提升、组织管理的改进与制度上的支持促进学生创造性思维、学习能力与积极品格的培养。[①] 2001年布什政府出台的《不让一个儿童掉队法案》(*No Child Left Behind Act of 2001*)所强调的对于学校专业层面的支持力度再度加强,强调联邦教育经费的使用要以加强师资水平建设与提高学校效能为主要目标,投放在有效的研究与实践项目上。[②] 同时,研究者也开始思考,"校本管理"

---

① D. O. Education, Washington, D. O. O. Planning et al., "Preparing Young Children for Success: Guideposts for Achieving Our First National Goal. An America 2000 Education Strategy," 1991, p. 28.
② U. S. Congress, "No Child Left Behind Act of 2001" (Public Law 107 - 110), June 12, 2010, http://www2. ed. gov/policy/elsec/leg/esea02/index. html.

的实施是否能够对学校效能的提升带来积极的影响。如学者布朗（Daniel J. Brown）在其著作《分权化与校本管理》（*Decentralization and School-based Management*）中在对美国与加拿大部分地区教育分权化与"校本管理"调查的基础上，讨论了校本管理的结构、校本管理能否带来灵活的决策机制、校本管理能否建构一个责任体系、校本管理能否带来学校效能的提升、校本管理为学校带来的进步体现在哪些方面等问题。同时他提出，校本管理的实施可在一定程度上提升校长的领导力，为学校规划与学校决策建立机制，监督学校各项事务的运行，这些特征可间接地促进学校效能的提升。[①]

三 研究述评

（一）已取得的研究进展

1. 对于落实与保障学校办学自主权基本趋势的认同已达成一致

综观国内外有关中小学办学自主权问题的研究，不管是西方国家的教育分权化改革、校本化思潮的蔓延，还是我国的教育管理体制改革以及现代学校制度的建设，在本质上都印证了一个世界性的趋势：中小学的发展愈加趋向专业化和校本化，在国家层面的教育改革蓝图中，以学校为单位的改革将在未来凸显其更加重要的价值。在当下及未来，教育的内涵发展与教育质量的持续提升呼唤中小学更富自主性、更具活力地运转。虽然西方国家教育校本化思潮的兴盛与其经济社会的转型，尤其是市场机制的引入密切相关，我国近几十年来的教育体制改革更多的是国家层面因经济体制改革引发的"自上而下"的层层推动，但其最终的改革指向是一致的。

2. 对于中小学自主管理过程中政府职能的讨论已较完善

在我国与西方国家的教育体制改革中，政府的干预是外在影响因素中最为显性且影响力最大的。杰夫·惠迪等学者在对美国、英国、瑞典、澳大利亚、新西兰等国家的教育放权改革实践情况进行研究后得出结论：尽管国家层面的部分教育权力在改革过程中转移到了地方层面，但没有一个国家政府的影响力出现明显的减弱。[②] 政府虽然放弃了部分管理权，却通

[①] D. J. Brown, *Decentralization and School-Based Management*, Bristol: The Falmer Press, 1990, pp. 129–259.

[②] 吴刚平、徐佳：《权力分享与责任担当——转型期西方教育校本化思潮及其启示》，山东教育出版社，2011，第5页。

过制定标准、问责等形式加强了控制权。强调教育的国家目的，强化教育为国家发展服务的责任，是百余年来世界各国教育发展的基本线索，教育的改革往往也是国家发展，尤其是政府职能变革的组成部分。以往中西方学者对学校自主权的研究，往往伴随着对政府本质与职能的讨论，尤其是在我国，讨论学校的自主权问题其本质也就是政府与学校之间权力边界的划分问题。综合中西方学者的研究，不管对于学校自主权的认识有何差异，但对于改革中政府职能与角色转变的趋势已达基本认同，研究中对于相关内容的探讨也基本完善。

3. 对于中小学办学自主权的基本内容已达成初步共识

我国学者对于中小学办学自主权研究的主要目的之一是以"权力清单"的形式将各级各类学校的自主边界进行明确区分，了解办学自主权的具体内容。在以往国内外研究中，中西方学者对于中小学办学自主权的基本内容已达成初步共识。在我国学者的研究中，中小学办学自主权大体可划分为学校人事、学校财务、学校课程教学以及其他学校内部事务的处置方面的自主权。经济合作与发展组织（Organization for Economic Co-operation and Development，OECD）在 2012 年公布的各成员国公办初中学校事务自主决策的统计资料中，将学校决策划分为"教学组织决策"（organisation of instruction）、"人事管理决策"（personnel management）、"规划与结构决策"（planning and structure）和"资源决策"（resource management）。[①] 类似的自主权维度的划分在西方学者的研究中得到了较为普遍的认同，与我国学者对于中小学办学自主权的划分基本一致。由此可见，中西方学者对于公办中小学办学自主权的基本内容已达成初步共识，这为研究的继续深化奠定了重要基础，但相关研究尚待进一步深入和细化。

（二）待完善的研究空间

1. 系统性的对于办学自主权机理的研究

以往对于办学自主权的研究，往往是基于国家的政策导向或是学校办学过程中的实际需求，强调落实与保障中小学办学自主权的意义和重要性，对于"办学自主权"这一概念本身的研究却很少。中小学办学自主权从其本源上讲是一种"权力"，这种权力来源于哪里，权力的主体与客体

---

① OECD, *Education at a Glance 2010*, Paris: OECD Publications, 2012, pp. 502 – 511.

是什么,主体与客体间的关系呈现什么样的形态,权力发生作用的方式有哪些,对这些问题的深入剖析对于理解教育实践中的办学自主权至关重要。此类研究在高校办学自主权的研究中相对多见,但高校办学自主权与中小学办学自主权概念在内涵与外延上均有差别,因此对于中小学办学自主权的研究空白亟须填补。

2. 对于不同类别学校自主权需求的差异分析

教育公平的理念与构想虽然长期以来在我国的教育政策中被不断强化,但从现实层面看,地区之间、城乡之间与学校之间的差距仍是显而易见的。具体到办学自主权,不同学段、不同地区、不同办学水平的学校对学校各项事务自主程度、办学自主权的满意度、最为显著的权力需求、办学面临的主要困难、办学的压力来源等的看法是有差异的。因而对于此类研究,笼统地去谈中小学需要哪些自主权、中小学办学自主权如何保障已无法契合教育实践层面的需求,基于学校差异的更进一步的分析是目前研究中较为欠缺的部分。

3. "自下而上"的基于学校视角的研究

不管是在我国还是在西方,不管改革的原动力是政治的还是经济的因素,教育管理体制或教育分权化的改革都是以国家层面的政策方针为强大推动力的,中央政府向地方政府的放权与地方政府向学校的放权均属于一种"自上而下"的改革模式。进而,这种"自上而下"的视角在学界对于相关问题的研究中也成为一种主流的分析视角,但基于学校视角的"自下而上"或"自内而外"的研究却显现出一定的空白。任何形式的教育改革最终都要落实到一所所学校、聚焦到一项项教育教学活动中去,教育改革的成功也应以提升学校效能、提高人才培养质量为最终的价值指向。基于此,以学校为研究视角的对于办学自主权的探讨具有极强的现实意义。

4. 以"区域"为分析单位的实证研究

教育实践有着显著的地域性,我国幅员辽阔,区域之间在地理位置、自然环境、文化传统、风土人情等诸多方面存在较大差异。在国家层面的整体规划与把控之下,我国各个地区的教育事业在地方性的土壤中生长与发展,形成了共性之下形态各异的地方性的教育风貌,因而涉及某一具体的研究问题,每个地域的表现形式、表现程度、问题的症结与改善的策略均有所不同。中小学办学自主权是一个深植于教育实践的研究问题。因此,以"区域"为分析单位展开对中小学办学自主权的实证研究,对于此项研究的深化具有重要意义和价值。

第三节 关键概念

本书涉及的关键概念包括"办学自主权"、"中小学办学自主权"与"保障机制"。在对这三个关键概念进行界定之前,首先要明确本书中的"学校"与"中小学"两个概念。广义的学校是按照一定社会的需要,有目的、有计划、有组织地对年青一代进行培养和教育的场所;[①] 狭义的学校是指专门的教育机构。本书所述的"学校"取其狭义概念。同时,本书所探讨的"中小学"仅局限在公办学校,特指由国家和地方政府机构举办的小学、初中、高中、九年一贯制学校、完全中学及十二年一贯制学校。

一 办学自主权

"办学自主权"是本书最为核心的概念。从若干正式文本"扩大高校办学自主权""扩大中小学办学自主权""落实高等职业院校办学自主权""坚持民办学校办学自主权不受影响"等表述中可以看出,"办学自主权"在我国的文化语境中是各类学校享有权利的一种笼统的概括。然而,相关法律与政策文本中并没有对"办学自主权"这一概念给出明确的界定,不同类别与不同学段的学校各自拥有哪些办学自主权也没有进行具体的划分。目前学界对于"办学自主权"这一概念内涵的解读存在出发点与侧重点的不同,尚未达成一致。我国《教育法》给予了各级各类学校一系列权利,学校的办学自主权包含在这些权利之中。在一般意义上,"权利"对应的概念是"义务",而"权力"对应的概念则是"责任"。我国公办学校是由政府举办,其办学自主权源自政府和教育主管部门授予,其办学行为是向政府负责。也就是说,"办学自主权"中的"权",所对应的概念应该是"责任"。因此,本书将其定义为"权力",被包含在法律规定的学校的各项"权利"之中。

本书探讨的公办中小学的"办学自主权"是学校在符合相关法律和政策规定的前提下,自主确立办学目标、规划学校发展,自主开展教育教学活动,同时在学校人事管理、财务管理以及招生事务上拥有一定自主空间的专门权力。在后续分析中,本书将公办中小学的"办学自主权"进一步划分为"人事自主"、"财务自主"、"招生自主"、"课程教学自主"与

---

① 顾明远主编《教育大辞典》,上海教育出版社,2002。

"发展规划自主"等五个权力要素,每个要素再具体分解为学校在各项事务运行中的自主权力。

二 中小学办学自主权

从目前已出台的政策文本来看,各级各类学校办学自主权之间内涵的界限不是十分清晰。在我国《教育法》中对于学校以及其他教育机构所拥有的"权利"做出的规定如图1-2所示。

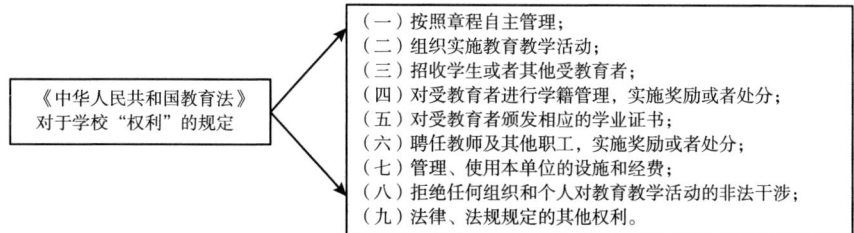

图1-2 《中华人民共和国教育法》对于学校"权利"的规定

资料来源:《中华人民共和国教育法》(1995年3月18日第八届全国人民代表大会第三次会议通过,根据2009年8月27日第十一届全国人民代表大会常务委员会第十次会议《关于修改部分法律的决定》第一次修正,根据2015年12月27日第十二届全国人民代表大会常务委员会第十八次会议《关于修改〈中华人民共和国教育法〉的决定》第二次修正),中华人民共和国教育部网站,2015年12月28日,http://www.moe.gov.cn/s78/A02/zfs_left/s5911/moe_619/201512/t20151228_226193.html。

从这九项"权利"来看,学校目前至少拥有自主管理权、教育教学自主权、学生奖惩权、教职工聘任权、教职工奖惩权、学校经费以及财物的使用权等。然而《教育法》所规定的学校的"权利"并不完全等同于办学自主权,且这九项"权利"是对各级各类学校以及教育机构所享有权利的高度概括,具体到公办中小学校,其学校"权利"与"办学自主权"都因公办中小学校的性质而显现出一定的特殊性。同时,本书的研究对象仅局限在公办中小学,相较于民办中小学,其办学自主权又必然呈现出较为显著的差异,因此有必要对本书中的"中小学办学自主权"做出明确界定。

我国《义务教育法》第二条规定,"义务教育是国家统一实施的所有适龄儿童、少年必须接受的教育,是国家必须予以保障的公益性事业"。①《教育大

---

① 《中华人民共和国义务教育法》(1986年4月12日第六届全国人民代表大会第四次会议通过,2006年6月29日第十届全国人民代表大会常务委员会第二十二次会议修订),中华人民共和国教育部网站,2010年1月29日,http://www.moe.gov.cn/s78/A02/zfs__left/s5911/moe_619/201001/t20100129_15687.html。

辞典》将公办学校定义为"国家和地方政府机构所办的学校的通称。经费来自政府拨款或地方居民纳税,教育行政部门确定办学方针和原则,统一教学计划和教学大纲,解聘校长和教师"。① 参照这些文本,我们大致可以对本书所关注的公办中小学的角色定位有一个基本把握。第一,在性质上,我国的公办中小学由国家、各级地方政府或公共组织举办,具有公益性,办学目的必须与国家的教育方针政策相一致;第二,在经费来源上,我国公办中小学的经费来源比较单一,主要依靠国家财政拨款;第三,在管理方式上,政府对公办中小学的各方面运行进行强有力的管制,介入和干预学校的各项经费使用、人事任免以及课程决策等事项。由此本书认为,公办中小学的基本特征致使其办学自主权相较于其他类别的学校有本质上的差异。

公办中小学在我国属于事业单位,政府为履行其文化教育职能,将一部分权力授予其举办的中小学,并要求学校对办学行为承担相应的责任。因而从权力来源上看,公办中小学的办学自主权是来源于政府的授权,学校有多少自主权在很大程度上取决于政府和教育主管部门授予其多少自主权,政府干预与管控的程度成为中小学校自主空间的关键变量。同时在我国教育法体系中,公办中小学的事业单位性质决定了它是作为"行政相对人"的角色而存在的,学校只能在政府的直接领导与管理下,间接承担社会的教育使命、履行国家的教育职能。在权力使用和运行过程中,政府拥有学校行政事务的决定权,可管控学校的人事安排、财务收支、课程教学等事务,学校在服从政府管理的前提下,根据国家规定所授予的权力对学校组织的内部成员进行管理。因此本书认为,公办中小学的"办学自主权"是一种以政府领导和管理为前提的相对意义上的自主,是学校在各项具体事务的运行过程中,为保障教育教学工作的有序进行,可根据面临的具体情境与问题进行自主管理和决策的权力,学校的自主权源自政府与教育主管部门的授权,且拥有权力的同时,学校也对政府与教育主管部门负有办学上的相应责任。

三 保障机制

"机制"一词源于希腊语"mechane",指的是机器的构造和工作原理。② 对于"机制"一词的本义,学者孙绵涛认为,"机制"一方面指机

---

① 顾明远主编《教育大辞典》,上海教育出版社,2002。
② 《现代汉语词典》,商务印书馆,2000,第 582 页。

器有哪些组成部分和为什么有这些组成部分，一方面指机器是如何工作的，以及为什么要这样工作。在本义的基础上，"机制"在不同的学科领域都有着不同的特定的意义，但从本质上来讲，均可概括为"事物或现象各部分之间的相互联系及其运行方式"。[1] 社会科学领域的"机制"，一般指为使某种制度或体制得以正常运行、发挥其预期功能的配套制度，为了实现制度特定的功能和目标，在把握机体内在规律的基础上，人为设定的制度系统内部组成要素的作用方式和运行规则。[2] 基于此，"保障机制"这一概念则可进一步理解为，为保障某种制度或体制的正常运行及作用的发挥，在把握机体内在规律的前提下，人为设定的、系统性的配套实施制度。对本书而言，国家层面对于落实学校办学自主权、赋予中小学校办学主体地位的政策导向是十分明确的，当前工作深入的重点在于如何基于区域教育的具体实践，为保障中小学办学自主权探索地方性的实施办法和推进策略，即构建办学自主权的保障机制。

第四节　研究方法与篇章结构

任何一项研究都需要依托一定的哲学基础作为理论与分析的根本出发点。哲学观影响了研究范式的选择，而研究范式又决定了具体采用什么样的研究方法。本书固然遵循"实证范式"这一教育管理研究的主流范式，然而仅依靠问卷得来的量化统计数据未必能够呈现出饱满且具有说服力的研究结论。具体到对中小学办学自主权的区域实证研究，"区域"和"实证"两个要素决定了本书若要获得翔实的研究数据和丰富的研究资料，必然不能仅依靠某种单一的研究方法，需在实证精神引领下，结合研究的具体情境融入多元的研究方法，通过文献分析、大样本问卷调查、深度访谈以及深入实地的案例研究等具体方法，在一切可能实现的空间内，搜寻多元的、不同视角的调查资料，以加深对研究问题的理解。简而言之，本书是在实证精神的基础上，引入了具体研究问题和情境所需的多元的研究方法，严格来讲，当归属后实证范式的范畴。

---

[1] 孙绵涛：《教育管理学》，人民教育出版社，2006，第283~285页。
[2] 陈静漪：《中国义务教育经费保障机制研究——机制设计理论视角》，东北师范大学，博士学位论文，2009，第23~25页。

一 研究方法

（一）文献研究法

文献研究法是根据特定的研究问题，采用有针对性的方法收集与分析文献资料，对研究问题的发展脉络进行深入的历史考察与分析的研究方法。① 本书的研究资料主要是以国内外"办学自主权"为核心、其他相关概念下的研究为辅助，以及数十年来国家出台的、涉及公办中小学校办学自主权问题的一系列法律条款与政策文本，对于研究内容的梳理进行了国内相关研究与国外相关研究的划分。同时，本书关注的中小学办学自主权问题与教育实践密切相关，因此在进行研究脉络梳理与主要观点归纳的过程中，本书是以时间为主轴，以实践领域的发展历程为主要脉络，进而引出相关领域国内、国外研究的历史地图。

（二）问卷调查法

问卷调查法是社会调查研究方法中一种具有明显的实证主义方法论色彩的具体方法。本书以"办学自主权"为分析框架进行调查问卷的设计。问卷在整体上划分为"基本信息"、"办学自主权落实情况相关问题"和"学校内部权力运行相关问题"三大模块。在分层抽样、整群抽样与简单随机抽样相结合的抽样方案设计下，本书在调查区域——豫中地区进行了大规模的问卷发放，参与抽样的学校分布在豫中地区的3个地级市市辖区、3个县级市以及1个县及其下辖的乡镇地区，调查对象主要包括学校的校级领导、中层干部与普通教师。自2016年4月起直至10月初，通过实地走访、邮寄调查、个别发送、集中填答等多种形式，共得到有效问卷3467份。大样本的问卷调查为本书提供了极其翔实且具有说服力的研究数据，有力地支持了笔者对研究问题的进一步分析与论述。

（三）访谈调查法

访谈调查法是研究者通过一种研究性的交谈，以口头谈话的方式从被

---

① 仇立平：《社会研究方法》，重庆大学出版社，2008，第239~240页。

研究者那里收集、建构第一手研究资料的研究方法。① 本书的正式访谈调查在走访豫中地区中小学校的过程中展开，主要针对学校领导、教师、教育行政部门人员、学生家长以及个别教研室工作人员展开访谈调查，并针对以校长为代表的校级领导、教师和教育行政部门人员等三类人群设计了非结构性的访谈提纲（见附录2、附录3与附录4）。本书的访谈调查采取方便抽样的方法，正式的访谈样本共计28人。访谈调查为本书后续的分析提供了更加鲜活、生动的研究资料。

（四）案例研究法

案例研究主要通过深入、全面的观察来描述和探索现象及事物。学者殷提出，案例研究是一项非常完整且翔实的研究策略，它涵盖了案例特有的研究设计逻辑，同时也明确了案例数据搜集的方法与案例数据分析的方式。② 在2016年4月到10月初，笔者前后共实地走访了豫中地区不同学段、不同办学水平与不同地域类型的8所学校。在走访学校的过程中，笔者深切地感受到每一所学校都有其独有的文化特质，其现实处境和面临的具体问题均有所不同。不同特质的学校案例为本书研究的深化贡献了"自下而上"的学校视角。

（五）比较研究法

比较研究是根据一定的标准，对两个或两个以上有联系的事物进行考察，寻找其异同，探求教育之普遍规律与特殊规律。③ 在研究开展的前期，国外对于学校办学自主权的相关研究文献为笔者提供了理论基础与研究方法的借鉴；西方国家在其教育发展史上的放权改革、赋权增能等历史经验与改革举措也为笔者提供了思路上的借鉴。在实证分析的过程中，本书在对豫中地区公办中小学校"共性"特征描述的基础上，着重比较了不同学校之间的差异。比较研究法在本书中是一种思维性引导，或是以上几种研究方法的辅助，渗透在整个研究的各个环节。

---

① 陈向明：《质的研究方法与社会科学研究》，教育科学出版社，2000，第181页。
② R. Yin, *Case Study Research Design and Methods*, Beverly Hills, CA: Sage, 1989, pp. 22-24.
③ 袁振国：《教育研究方法》，高等教育出版社，2000，第161页。

二 本书的篇章结构安排

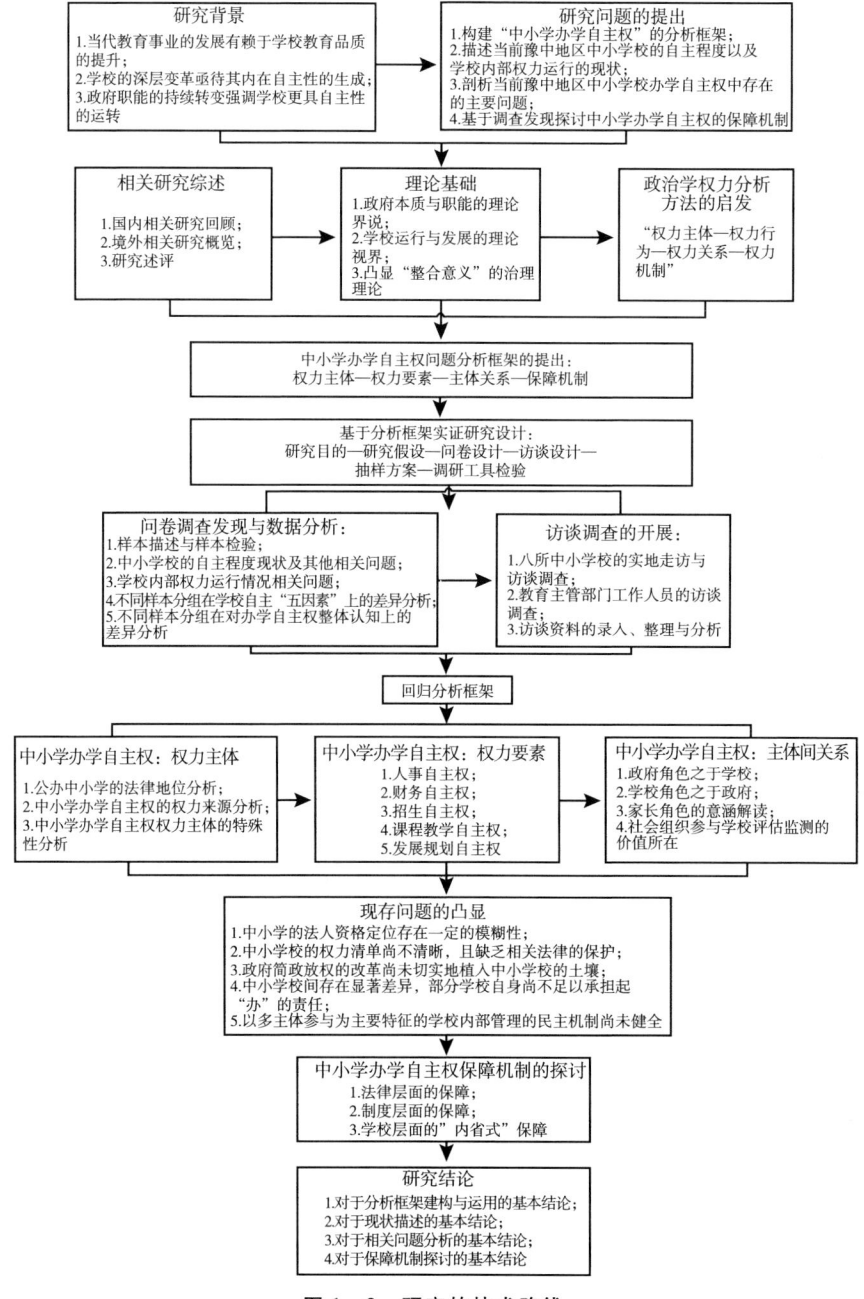

图1-3 研究的技术路线

第五节　研究价值与创新

什么样的问题是好的、值得研究的问题？学者陈晓萍认为，研究问题的重要性与新颖性是选题好的最重要的两个指标。[①] 学者风笑天认为，选题时应以问题的重要性、创造性、可行性与合适性为依据。[②] 学者吴康宁认为，一个好的研究问题应当是"真"问题，既是教育理论发展或教育实践改善迫切需要解释、解决的问题，也是研究者本人怀有研究的欲望、充满研究热情的问题。[③] 本书的选题是基于笔者的研究兴趣与研究方向，且在研究的初始，已对展开研究的现实可行性进行了较为全面的考虑。因此此处主要论述本书的重要性和新颖性，即研究价值与创新之处。

一　研究价值

（一）理论价值

1. 建构了中小学办学自主权研究的分析框架

我国传统的教育基本理论的研究存在两条路径：一条是从上向下看的路，即从其他学科汲取营养去研究教育基本理论的核心范畴；另一条是从下向上看的路，即从实践中获取一手资料来检验和修正教育基本理论的解释力度。然而，第一条道路在与教育实践相互作用的过程中出现了合理性的困境，教育理论成果并不能在实践领域直接带来教育教学质量的提升；第二条道路在与教育实践相互作用的过程中又面临着合法性的困境，来源于实践的成果虽然在实践层面得到了合理的解释，但常常无法融入教育理论研究的整体架构。[④] 如此一来，能够联结"宏观"与"微观"中层理论构建的必要性和重要价值就得到了凸显。在理论层面，本书最为重要的价

[①] 陈晓萍：《研究的起点：提问》，陈晓萍、徐淑英、樊景立主编《组织与管理研究的实证方法》，北京大学出版社，2008，第35~37页。
[②] 风笑天：《现代社会调查方法》，华中科技大学出版社，2009，第27~30页。
[③] 吴康宁：《教育研究应研究什么样的"问题"——兼谈"真"问题的判断标准》，《教育研究》2002年第11期，第8~11页。
[④] 柳海民、王晋：《教育基本理论研究的第三条道路——建构中层理论》，《教育理论与实践》2009年第1期，第3~7页。

值则是在相关理论与政策分析的基础上，构建了中小学办学自主权研究的分析框架，进而基于分析框架展开区域视角的实证研究，从而在理论阐释与实践描述之间建立起了完整链接。如果说理论可以解释为"揭示现象的若干概念之间，在特定条件下所存在的关系的一种陈述"，[①] 让人们可以更为清晰地理解复杂现象背后的逻辑与脉络，那么在这个意义上，本书的理论价值得到了很好的诠释。

2. 丰富了学校自主性的理论研究

学校组织的自主性问题在以往的研究中被关注的不多，但它已成为在当前背景下学校能否更好地生存与发展的关键性问题。学者蒲蕊认为，学校的自主性是学校本身具有的内在固有属性，是学校在与客体相互作用中所表现出的相对独立性以及自身的活力和个性。[②] 长期以来，对学校问题的研究往往与教育问题的研究等同或者相混淆，然而教育发展的规律却不能等同或者完全解释学校发展的规律。学校在社会中是作为一个组织而存在的，在履行教育职能的同时，学校还要谋求组织的自我保存与自我发展，[③] 而这一问题却在很长时间内被忽视了。社会越向前发展，人的自主性与组织的自主性就越会得到彰显，而学校作为以培养人为直接责任的社会部门，其组织内在自主性的生成必将引起教育学界更多的关注。办学自主权作为学校自主性的前提与关键要素，影响学校组织运行的方方面面，也更深层次地影响着学校自主性的形成与发展。因此，对于中小学办学自主权在学理阐释的基础上展开实证研究，将对于更深入地认识学校的自主性的现状、存在的问题与发展的方向有所助益。

（二）实践价值

1. 为把握中小学办学自主权的当下特征呈现实证依据

在研究开展之前，笔者曾围绕办学自主权这一核心问题与多位中小学校长和教师进行交流，在交谈中发现，并非所有学校校长都认为学校办学自主权不足，一些社会声望高、办学水平得到广泛认可的学校，往往拥有

---

① 陈昭全、张志学：《管理研究中的理论建构》，陈晓萍、徐淑英、樊景立主编《组织与管理研究的实证方法》，北京大学出版社，2012，第68页。
② 蒲蕊：《当代学校自主发展：理论与策略》，广东高等教育出版社，2005，第75页。
③ 陈桂生：《教育学视界辨析》，华东师范大学出版社，1997，第91页。

更大的"隐性"自主空间，但它们仍对自主权有着较大的需求；而在一些薄弱学校，校长与教师最为关心的往往不是办学自主权的问题，而是如何获取学校生存与发展所需的各种资源的问题。目前中小学的办学自主权在笼统的自主权不足的简单概括下，存在更加隐蔽且复杂的现象。因此本书认为，对于中小学办学自主权当下特征的全面描述与细致分析是非常必要的，这有助于更加理性且深入地认识这一问题，而本书通过大样本问卷调查、访谈调查及学校案例的描述，为更加清晰地把握豫中地区中小学办学自主权的当下特征呈现了立足实证的有力依据。

2. 为明确中小学的权力边界及其办学自主权的具体内容提供借鉴

当前，对于各级各类学校办学自主权的具体内容、权力边界的探讨是学界关注的热点问题。同时，不管是基于学校的长远发展还是教育法律体系的完善，舆论对于出台专门针对学校办学相关法律的呼吁不绝于耳，然而却面临操作层面的各种困难。本书在分析中小学办学自主权的过程中，对于中小学办学自主权具体涵盖了哪些内容、目前落实情况如何、满意度如何以及中小学目前最为关切的自主权的需求，都进行了全面的描述与分析，对探讨中小学的权力边界、政府的放权力度、中小学办学自主权具体内容等问题，可以提供实践层面的一些借鉴与参考。

3. 为构建中小学办学自主权的保障机制贡献了有洞察力的思考

教育管理学科的方法论体系是以指导实践为导向的，研究的最终目的在于为实践的改进做出贡献。对于本书而言，提出中小学办学自主权研究的分析框架，展开框架引路下的实证调查，进而将实证调查的具体发现引回分析框架，展开对于框架下四个要点的分析，最终落脚到对中小学办学自主权保障机制的探讨，整个研究过程围绕"办学自主权"这一核心概念，紧扣豫中地区中小学校的办学实践，在逐步推进、层层深化的研究过程中，既提升了研究本身的质量，也使得研究最后对于构建中小学办学自主权保障机制的探讨具有相当程度的积极意义，为教育实践的改善与发展贡献了有益的思考。

二　创新之处

（一）理论工具创新

以往对于办学自主权问题的研究，多从宏观层面强调落实中小学校办学自主权的意义和价值，或在教育实践中展开对办学自主权落实情况的调查研究。以上两类研究固然有着不可忽视的研究价值，也为本书的开展提供了有益的借鉴，但笔者认为此类研究一个非常重要的缺憾是理论观照的缺位，整个分析过程缺乏分析框架的引路，致使研究只能在办学自主权的"外围"去谈论目前学校办学自主权的不足和亟待落实的现状，而难以将研究进一步深化。教育领域的问题很多时候不是教育部门自身可以解决的，与教育有关的研究问题也需要其他学科理论工具的借鉴与启发。本书围绕"权"的概念进行研究思路的架构，在政治学"权力分析方法"的启发下，融合了管理学领域对于政府本质与职能的理论探讨以及教育学领域对于学校运行与发展的理论界说，结合中小学校的办学实践，共筑了本书展开分析的理论基础与框架理路，进而也使得本书相较于过往相关主题下的研究，实现了理论工具上的创新。

（二）研究内容创新

本书定位于区域视角的实证研究，由此在研究内容上实现了"区域性"的创新。在以往对于中小学办学自主权的研究中，也有很多以某几所学校为例，或以某个城市的某个城区为调查范围的研究，暂时还未达至"区域"的视角。所谓"区域"的视角，要有一定的广度和典型性意义，才能够凸显研究的价值所在。本书中的"区域"限定在豫中地区，主要包括省会城市郑州市以及许昌市、漯河市、平顶山市三个地级城市。之所以选择豫中地区作为研究的调查区域，主要是基于其典型性价值的考虑。我国东、中、西部地区之间社会经济发展水平与教育发展水平均有显著差异，但从总体上看，中部地区的发展相对更为贴近全国范围内的平均水平，中部地区也常常被舆论认为是"中国的缩影"。本书无意于寻找一个能够代表全部总体的调查区域，然而从研究价值与研究意义的角度考虑，以北京、上海、广州为代表的经济发达地区与经济社会发展较为落后的地区均非理想的调查区域，因为这些地区的基础教育发展或已相对完善，或仍相对落后。就"中小学办学自主权"问题的研究来说，中部地区的教育能够反映出更多、更复杂、更贴近全国大部分地区学校的问题，一方面有利于研究的深化，另一方面也能够使研究结论在更大的范围内具有借鉴和参考价值，提升研究的意义。豫中地区是河南省经济最为发达、教育优势资源较为集中的地区，本书的实证调查既涵盖了相对发达的省会城市、一般地级城市，也纳入了区域内的县级市、县和乡镇地区。

(三) 研究方法创新

以往对于中小学办学自主权问题的实证研究大多是谈论办学自主权的落实情况，通过调查反映出中小学校在哪些方面存在主权不足、有哪些亟待解决的问题等。本书认为现实中的很多现象，不是绝对化的"有"或者"没有"，而是在多大程度上"有"。因此，为提高资料收集的质量以及调查问卷本身的信效度，本书采用了李克特量表（Likert Scale）作为问卷中各题项展开的主要形式，整套调查问卷共涵盖了八个量表以及其他相关题目。"学校事务自主程度量表"是调查问卷中最为核心的一个量表，对学校在各项事务上自主程度的精准的把握，可以帮助本书更为真切地了解目前中小学校办学自主权的落实情况，也为后续的数据分析奠定基础。此外，本书检验了不同学校类型在对办学自主权的整体认知以及办学自主权"五因素"上的具体差异。虽然差异性检验并非技术意义上的方法创新，但具体到中小学办学自主权的研究，分析不同类别学校在自主权问题上的差异性，对于有针对性地探寻基于学校特质的改进路径具有重要意义，这也是以往研究中较少提及的。

第二章 理论基础与分析框架

"理论是一个命题或一系列命题,我们试图借用它们以系统的方式来解释一些现象。"[①] 对于一项研究的开展,相对成熟的理论基础可以帮助解释研究中观察到的现象或取得的研究数据,赋予研究资料以意义,使研究事实变得更为流畅和连贯;相反地,研究的过程也在验证理论的同时促进和深化了理论的发展,并且适时地修正、合并或替代了原有理论。[②] 简而言之,理论为我们理解研究现象提供了方法与视角。具体到中小学办学自主权研究,本章将首先对政府本质与职能的相关理论、学校运行与发展的相关理论以及治理理论进行梳理,并同时探讨其在本书中使用的适切性,进而在政治学权力分析方法的启发下,糅合本书关注的具体内容,围绕"办学自主权"的核心概念提出以"权力主体""权力要素""主体间关系""保障机制"为要点的四维分析框架。

第一节 理论基础及其适切性的探讨

一 政府本质与职能的理论界说

笔者在绪论中已指明,本书中的"中小学"特指公办中小学。"公办"这一特性就决定了学校是由国家和地方政府所举办的,办学所需的各项资源依靠国家财政供给,同时学校各项事务的运行接受政府的监管。那么,当我们谈及落实和保障中小学的办学自主权,改革的行为主体其实是政府和教育行政部门,而非学校。如此一来,研究公办中小学的办学自主权问

[①] J. H. Mcmillan, *Educational Research: Fundamentals for the Consumer* (4th ed.), Boston: Allyn & Bacon, 2003, pp. 6 - 7.
[②] 〔美〕威廉·维尔斯马、〔美〕斯蒂芬·G. 于尔斯:《教育研究方法导论》,袁振国主译,教育科学出版社,2010,第 21~22 页。

题，必然涉及政府对学校管理边界的问题，以及相关的政府学校关系、政府职能变革等研究问题。因此，政府本质与职能的相关理论，是本书在讨论政府与学校权力边界划分时的重要理论依据。英国学者穆勒（J. R. MacCulloch）在其著作中曾指出："在我们这个时代，无论是在政治科学中还是在实际争执中，争论最多的一个问题就是，政府的职能和作用的适当界限在哪里。"① 纵观中外各国的发展历程，政府职能的变革是基于特定国家与特定阶段的具体情况而不断调整、不断变化的动态的过程。因此，在人类社会发展史上并不存在某种固定的政府职能边界划分的最佳模式，仅能在具体到特定的国家或地区的特定历史阶段时，在具体的社会文化背景下，寻找到某种相对合理的权力配置模式。也正是因为如此，学界对于政府职能的探讨从未停止过，相关的理论也一直处于发展和修正之中。

"政府"这一概念的含义有广义与狭义之分。广义的"政府"是国家立法机关、行政机关和司法机关等公共机关的综合，是社会公共权力的代表；狭义的"政府"仅指国家政权机构中的行政机关。② 在本节对于政府本质与职能的探讨中，"政府"主要取其狭义的概念，而"政府职能"也就是指国家行政机构根据国家与社会发展的需要，依法承担的职责和发挥的功能。③ 对于政府的起源问题，从古至今政治思想家与哲学家从不同的视角出发，留下了许多经典的解释。

古希腊以柏拉图（Plato，公元前427～前347）和亚里士多德（Aristotle，公元前384～前322）为代表的哲学家，主张人与动物最为本质的区别就在于"人是天生的政治动物"，④ 人类需要社会化和政治化的生活，政府也即人类发展自然需要的产物。中世纪以奥古斯丁（Saint Aurelius Augustinus，354～430）为代表的政治思想家推崇基督教义，以"神权论"来解释国家与政府的起源，认为国家与政府是上帝造物的一部分。17～18世纪，以霍布斯（Thomas Hobbes，1588～1679）、洛克（John Locke，1632～1704）、卢梭（Jean-Jacques Rousseau，1712～1778）与康德

---

① 〔英〕约翰·穆勒：《政治经济学原理》下卷，胡企林等译，商务印书馆，1991，第366页。
② 赵如林：《市场经济学大辞典》下册，经济科学出版社，1999，第363页。
③ 王浦劬：《论转变政府职能的若干理论问题》，《国家行政学院学报》2015年第1期，第31页。
④ 〔古希腊〕亚里士多德：《政治学》，吴寿彭译，商务印书馆，1965，第7页。

(Immanuel Kant,1724~1804)为代表的学者从"社会契约论"的角度来讲述政府的起源。社会契约论认为,国家和政府本质是一种具有自我意识和生命意志的人为集合体,每个成员都将自身以及自己一切的权利置于这一集合体之中,接受集体公共意志的领导,集合体又以公共力量保障每个成员的人身和财产权利,同时使每个成员在联合的过程中仍可保持原有的自由,并只服从于自己的意志。① 然而,社会契约论无法回答或无法达成一致的是,在订立社会契约时,政府的权力边界如何确立、如何划分可让渡与不可让渡的权利;同时,在社会契约论的体系之下,个人是一种理想主义的、作为集体一分子的角色,但是现实生活中的个人总是具体的、现实的,大多时候是从个人利益出发的,这就与理想中的社会契约下的公共意志产生了矛盾与冲突,致使"契约"只能停留在理想主义的话语之中。随着时间的推移与人类社会的愈加复杂化,对于政府本质与职能的讨论渐渐出现了多元的视角。例如,亚当·斯密(Adam Smith,1723~1790)从法律哲学的视角对政府的本质进行深入分析后提出,政府的权力在理论和实践上都必须有一个明确的界限,同时必须遵循一定的规则去运行,否则必然遭到个人或团体不同形式的抵抗,而且并不存在某种依据去证明这种抵抗是不正当的。由此,亚当·斯密认为社会契约论存在本质上的逻辑缺陷,进而提出政府得以建立就是在本质上遵循了"权威原则"与"实利原则"。"权威原则"即政府成立的重要前提之一是能够得到民众的普遍认同与服从;另一个重要前提是"实利原则",即民众服从政府的统治意味着每个个体能够从这种服从中得到切实的利益,唯有建立在实质性利益的基础上,政府才得以建立。② 进入20世纪后,以凯恩斯(John Maynard Keynes,1883~1946)为代表的新古典自由主义经济学家开始将政府作为影响社会经济活动的重要变量引入研究领域,研究者开始探讨政府为何会失灵、政府应该在经济活动中发挥什么样的作用等问题,至此政府的本质与职能又在经济学的视角下得到了关注。现有的"公共选择理论"与"新制度经济学"相关理论从经济学的角度阐释了政府特有的区别于公共利益的特殊利益;同时,政府也可在市场因素无法发挥作用的情况下提供公共补给以弥补市场的不足。此外,在社会中各种以合作为

---

① 〔法〕让·雅克·卢梭(Jean-Jacques Rousseau):《社会契约论》,庞姗姗译,光明日报出版社,2009,第6~7页。
② A. Smith, et al., *Lectures on Jurisprudence*, Indianapolis: Liberty Fund, 1982, pp. 316–324.

基本形式的最优选择的形成过程中,政府往往是推动各种合作的最佳力量,通过制定各种规则,实现社会经济产出的最大化。① 世界银行于 1997 年在其发布的报告中明确指出,现代政府若要扮演好其角色,应至少能够胜任五项基本任务:建立完善的法律体系、维持稳定有序的政策环境、投资建设社会基本服务设施、扶持弱势群体以及保护生态环境。②

  从不同时期对于政府本质与职能的讨论可以发现,政府的职能处在动态的发展与变化之中,其演变趋势往往与外部环境的变化密切相关,因为政府职能本身就是政府与外部环境在互动中维持动态平衡的行为模式,且政府职能演变过程背后潜在的推动力量也是一定时期内外部环境中突出矛盾的集中体现。在以畜牧业和农业为主要生产方式的奴隶制或封建制的国家,社会分工相对单一,政府最为鲜明的存在意义是其在一定时期内强有力的统治职能,而社会管理与社会服务的职能相对较为落后。进入近代工业社会以后,西方资本主义国家在对内阶级镇压、对外侵占掠夺的过程中依然保持着强大的统治职能,然而随着社会经济的迅速发展及其带来的社会公共事务种类的细化与总量的增加,国家在这一阶段的社会管理与社会服务职能逐渐趋于明显,并愈加被强化。而自 20 世纪两次世界大战结束以来,一批社会主义国家兴起后其政府职能由初期的以统治职能为主逐渐也向以社会管理职能为主转变,与西方国家表现出一定的一致性。总体而言,社会经济的发展进步致使社会分工愈加细密,政府职能的发挥也随着时代前进的脚步愈加科学和严密,总体呈现出政治统治职能的逐渐减弱以及社会管理职能逐渐强化的大趋势。我国自改革开放以来就逐步迈出了转变政府职能的脚步,在十八届三中、四中全会以后,政府对于其职能转变的实施思路更为清晰,态度也更加坚定。本书对于中小学办学自主权的探讨,也正是在这样的宏观背景下展开的。学者钱振明曾指出,政府职能系统的内部具有一定的层次性,致使政府职能的发展是分层次进行的,同时也是一个循序渐进的

---

① 顾平安:《政府起源的经济学解释》,《国家行政学院学报》2003 年第 4 期,第 76~79 页。
② The World Bank, *World Development Report, 1997: The State in a Changing World*, Washington, D. C. : Oxford University Press for the World Bank, 1997.

过程。① 从现实层面看，虽然国家层面的改革方向明晰了、政策出台了，但具体到地方层面、学校层面，其具体的实现机制却无法自然而然地形成并有效运转。笔者认为，在研究中小学办学自主权这一教育实践领域的研究问题时，应在把握现象的前提下透视其本质，并逐层剖析，挖掘其本源。从目前外部环境看，对于中小学办学自主权的落实和保障最为显著的影响因素依然是政府的管制，后续章节中会针对实证调查的结果对此做更为详尽的阐释。基于此，对于政府本质与职能的探讨成为本书重要的理论基础，而当代在政府管理领域最具代表性的当数新公共管理理论及由其发展演化而来的新公共服务理论，为本书在探讨中小学办学自主权问题中政府的角色与职能定位提供了相应的理论依据。

（一）新公共管理理论

新公共管理（New Public Management，NPM）理论是 20 世纪 80 年代以来发端于西方国家公共管理领域的一种新的范式，在此之前，马克斯·韦伯（Max Weber，1864~1920）的"官僚制"与伍德罗·威尔逊（Thomas Woodrow Wilson，1856~1924）提出的政治行政二分法在很长时间内是西方各国所信奉的经典。从 20 世纪 70 年代开始，西方国家在政府管理的过程中，开始面临诸如机构臃肿导致的效率低下、经济低增长导致的高失业率与"滞胀"等危机，使得民众对于政府的信任危机愈加凸显，人们开始重新思考政府的角色与职能定位问题。传统的公共行政学难以针对新的问题与外在环境的变化给出有效的回应与适切的理论指导，以效率导向为主要特征的传统管理主义再次得到社会的关注，在吸纳了企业管理理论、公共选择理论与经济学理论的基础上，引发了新公共管理思潮引领下的政府改革运动，此间诞生的新公共管理理论也得以成为近年来在世界范围内影响各国行政革新的主导性理论之一。然而，新公共管理理论并不是一个非常明确的、有着严格界定的概念，而是西方国家于 20 世纪 80 年代以来公共行政改革的一种理念或模式，因此我们很难对其做出归纳性的概念界定，专家学者对于新公共管理理论也持不同的观点（如表 2-1 所示）。

---

① 钱振明：《现代政府职能的发展趋势及其本质》，《社会主义研究》1996 年第 1 期，第 24 页。

表 2-1 新公共管理理论的代表性观点

学者/组织	观点
雷尼(Jan-Erik Lane)	新公共管理是一种实践的理论,关注的是真实的现象,探讨政府如何通过竞争机制的引入提高管理的效能
波立特(Christopher Pollitt)	新公共管理理论主要由泰勒(Frederick Winslow Taylor, 1856~1915)在20世纪初创建的科学管理理论体系发展而来,强调的是企业管理中的理念、方法与模式在社会公共管理中的应用
休斯(Owen E. Hughes)	私营部门灵活的管理体制已得到政府的认同和一定程度上的吸纳,政府可借由"补助"(Subsidy)、"规制"(Regulation)与"订约"(Contract)等途径履行其职能,提供公共物品和社会服务
胡德(Christopher Hood)	新公共管理理念下的政府管理体制改革在实践上的特征是:由公共部门管理转向专业人员管理,制定明确可行的绩效标准,以绩效作为资源分配的主要参考,将组织拆解为若干更小的单元,强化内部竞争机制,营造企业化的管理风格;注重资源的节约使用
罗德斯(R. Rhodes)	"3E"理论:经济(Economy)、效率(Efficiency)和效能(Effectiveness)
拉森(Stewart S. Rason)	新公共管理理论认为,政府应参照企业的理念将公众视为顾客,构建市场化下的竞争机制,扩大私营部门及个人的自主权限,购买者应与供给者实现角色分离,以契约的形式进行资源配置,以市场反应测定绩效标准,实行弹性化工资制度
法汉姆(D. Farnham)和霍顿(S. Horton)	新公共管理的特征是:强调战略管理在公共事务运行中的意义,以理性的方式处理和解决问题;以权责对等、制定与执行分离的原则重构组织;权力重心下移,提倡扁平化的管理模式;构建可测量的组织效能指标体系;促进公共管理模式转变下的文化传统转换;吸收人力资源管理的相关经验;构建学习型组织;由传统信托关系逐步转变为契约关系
奥斯本(David Osborne)和盖布勒(Ted Gaebler)	企业型政府的基本原则:推进在服务供给者之间的竞争机制;以社区控制代替官僚控制从而实现向公民的授权;注重绩效;把民众看作顾客,把民众的选择看作政府的使命与目标动力;注重管理行为之前的预估;注重创造效益;提倡参与式管理的分权模式;引入市场机制;注重多元主体在社区问题解决中的作用
经济合作与发展组织(OECD)	推行绩效工资制度,提高人力资源管理水平;为员工参与决策创造机制;以目标管理替代传统管制;引入现代信息技术;提供服务;一定的营利性;合同外包;遏制垄断

续表

学者/组织	观点
陈振明	新公共管理的范式特征:强调职业化管理;制定明确的绩效标准,推行绩效评估;注重战略管理,以推行项目预算控制产出,为顾客提供回应性服务;推进以分散化、小型化为特征的结构性变革;引入竞争机制;吸纳私营部门管理经验;促进管理者与政治家、公众之间关系的变革
詹中原等	新公共管理的内涵:权力重心下移,授予自主空间,绩效管控,发展选择机制与竞争机制,提供回应性服务,完善人力资源管理,使用信息技术,使管理科学化,强化以政府作为中心的核心引领作用

资料来源:Jan-Erik Lane, *New Public Management*, London: Routledge, 2000, pp. 3 – 8; C. Pollitt, *Managerialism and the Public Service: The Anglo-American Experience*, Oxford: Basil Blackwell, 1990; O. E. Hughes, *Hughes Public Management and Administration: An Introduction*, London: Macmillan Press Ltd., 1994, pp. 1 – 2; C. Hood, "A Public Management for All Seasons?" *Public Administration*, 1991, (69): 3 – 19; R. Rhodes, "Introduction," *Public Administration*, 1991, 69 (1): 1 – 2; Stewart S. Ranson, *Management for Public Domain*, St. Martin's Press, 1994, pp. 14 – 15; D. Farnham, S. Horton, *Managing the New Public Services*, London: Macmillan Press Ltd., 1996, pp. 259 – 260;〔澳大利亚〕欧文·E. 休斯:《公共管理导论》,彭和平译,中国人民大学出版社,2001,第71页;陈振明:《评西方的"新公共管理"范式》,《中国社会科学》2000年第6期;詹中原等编著《新公共管理——政府再造的理论与实务》,台北:五南图书出版公司,1999,第75页。

从中西方学者对于新公共管理理论的诸多观点来看,新公共管理简单来讲就是将私营企业的管理模式引入公共部门,使政府的管理行为得以应对市场化的发展,并在此过程中借由信息技术与网络的使用,重构组织管理模式以增强政府的活力、保障公共服务的品质并促进政府管理效能的提升。① 然而,新公共管理理论在其发展后期受到了许多质疑与批判,其主要原因是新公共管理对于政府管理职能的探讨均基于一个基本假设——公共部门与私营部门的管理活动没有实质性的差异,因而把绩效、产出等作为政府管理的价值取向,却忽略了政府作为国家管理者应秉持的公平、正义等价值取向。不管是在理论层面还是实践层面,公共部门的管理与私营部门的管理,其差异是显而易见的。简单以私营企业管理模式替代政府公共管理模式,势必会导致以民主政治为意涵的公共性的缺失,而公共性的缺失进而带来的是公共行政合理性与合法性的

---

① 王定云、王世雄:《西方国家新公共管理理论综述与实务分析》,上海三联书店,2008,第42~45页。

丧失。① 政府领导并非企业家，公共管理人员也并非市场活动中的理性经纪人，因此为社会公众谋求公共利益是其根本上的价值出发点，而非实现个人利益的最大化。同时，公共管理部门在组织运行中往往面临着复杂多变的政治环境，致使公共管理人员在工作开展过程中所需的知识、经验、技能等均与私营部门的管理人员存在显著差异。

新公共管理理论固然存在着内在局限性，其支持者也并未能对其缺陷做出修正，然而作为公共管理理念、方式上的一次具有根本性意义的方向性调整，新公共管理理论可用于探讨教育改革和教育管理问题。自我国经济体制由传统计划经济向市场经济过渡以来，中央政府在不同时期多次出台相关政策，推进教育行政权力由中央政府向地方政府的转移，由地方政府向不同类别学校的转移，以刺激地方与学校办学的积极性、提高教学效率。同时，我国自2009年起在全国义务教育学校范围内实施绩效工资制度，② 将绩效考核的结果作为发放教师工资的主要依据。具体到本书，新公共管理理论的基本主张也将为相关问题的阐释提供适切的理论支撑。当前公办中小学的生存与发展面临着前所未有的复杂局面，行政指令、市场因素、家长与社会力量的介入都会给学校的管理带来种种冲突与困扰，多方力量交互在学校场域之中，如何扮演好一个协调者的角色，成为学校适应外在环境的变化、处理好多元主体间的关系、集各方资源办好学校的重要因素。在这个意义上，新公共管理理论所倡导的在公共事务管理中吸纳私营企业的管理理念对于学校在当前环境下的组织发展能够产生一定的启发。

（二）新公共服务理论

新公共服务（New Public Service，NPS）理论最初是以珍妮特·V. 登哈特（Janet V. Denhardt）与罗伯特·B. 登哈特（Robert B. Denhardt）为代表的学者基于对新公共管理理论弊端的批判与反思而提出的。如果说新公共管理理论认为政府的职能是"掌舵"而非"划桨"，那么新公共服务

---

① H. G. Frederickson, *The Spirit of Public Administration*, San Francisco: Jossey-Bass Publisher, 1997.
② 国务院审议并原则通过《关于义务教育学校实施绩效工资的指导意见》，明年起义务教育学校实施绩效工资，确保义务教育教师平均工资水平不低于当地公务员平均工资水平，同时对义务教育学校离退休人员发放生活补贴，中华人民共和国教育部网站，2008年12月22日，http://www.moe.gov.cn/jyb_xwfb/s6052/moe_838/tnull_42745.html。

理论的基本主张则是政府的职能在于"服务"而非"掌舵"。相对于新公共管理理论，新公共服务理论是对顾客理念的一种背离与超越，是对公民价值和公众利益的一种回归。具体言之，新公共服务理论的七大基本原则如表2-2所示。

表2-2 新公共服务理论的基本原则

原则一	政府的职责是服务，而非掌舵
原则二	追求公共利益，公共利益是目标，而非副产品
原则三	战略地思考，民主地行动，推进满足公共需要的政策、规划通过集体努力与合作而达成
原则四	超越企业家身份，公务人员应服务于公民而非企业顾客
原则五	政府履行职责并非只需关注市场，还须关注依法行政、社会价值准则、职业标准与公民利益
原则六	尊重人的价值，注重合作与共享，而非简单以生产率论成败
原则七	尊重公民与公共服务的价值，成为公共利益的倡导者，而非企业家式的管理者

资料来源：〔美〕珍妮特·V.登哈特、〔美〕罗伯特·B.登哈特：《新公共服务：服务，而不是掌舵》，丁煌译，中国人民大学出版社，2004，第40~41页。

由这七大基本原则可以得出，新公共服务是阐释公共行政活动在以"公民"为中心的治理系统中所扮演角色的一种理论，[①] 其理论基础已经由新公共管理理论的企业管理理论、公共选择理论与经济学理论转向了民主公民权理论、社区与公民社会理论、组织人本主义思想与后现代的话语理论。[②] 新公共服务理论以"公民"说为主要特征，强调公共利益，并把为公众服务作为政府履行职能的规范性基础与根本的价值指向。对公民权利的高度关注使得新公共服务理论的支持者坚信公共机构只要做到尊重公民、坚守公共价值，通过合作与共享等方式维持组织的运行，组织目标最终就能够达成。新公共服务理论认为，公民实现其权利的主要途径是积极参与公共事务，这种参与一方面可以使决策过程相对透明化，一定程度上防止公民权利受到侵犯；一方面也可通过民主决策机制的构建提升政府决

---

① 褚卫中、褚宏启：《"新公共服务"理论及其对当前公共教育管理改革的启示》，《教育理论与实践》2007年第27期，第23~27页。
② 柳云飞、周晓丽：《传统公共行政、新公共管理和新公共服务理论之比较研究》，《前沿》2006年第4期，第170~174页。

策的合理性与合法性。

然而，新公共服务理论也并非没有争议，它对于其核心概念"公民"并未做出明确且深入的界定。从其理论支持者的相关表述来看，"公民"的形象都带有一定的理想化的特征，似乎是一种被刨除了个人利益的群体，这相对于新公共管理理论中"顾客"的说法有很大的差异性。但从实质上讲，不管是"公民"还是"顾客"，其指代的是同一个群体——政府回应的对象。新公共管理理论是把政府的回应对象当作一个群体概念去解释的，"顾客"说代表的是政府公共内在管理理念的变革；而新公共服务理论是以个体为单位去解释政府行为的回应对象，以"公民"说强调公民对公共事务的参与，凸显其对民主与公共价值的追求。不管是"顾客"还是"公民"，这个群体的特性不会因其名称、定义的不同而产生任何差异，从群体的角度出发需要强调其公共价值，从个体的角度出发也不能忽视公民个人利益。从这个意义上看，新公共服务理论可以看作对新公共管理理论的一种补充，二者之间虽存在价值出发点的背离，但若以一种整合的眼光去看待，既关注公共管理效率，又强调民主与公共价值，或许可以建构一种更为完善的公共行政模式。

对于本书而言，新公共服务理论的价值与启示主要在于其追求公共利益、凸显公民权利、强调民主协商的服务理念。当服务理念被政府采纳，直接推动的是服务型政府的构建。在新公共服务理论模式下，政府及公务人员与社会公民之间是公共服务的提供者与公共服务的受益者的关系，公民在这一体系中处于主人翁的地位。服务型政府行使公共权力的主要价值指向是实现公共利益的最大化，为公民参与公共事务开辟渠道，为公民的生存与发展谋取福利。文化教育事业是政府的一项基本职能，而从我国传统来看，教育事业的开展往往需要政府在资源上的大量投入与政策上的大力保障，因此当教育发生大的变革，几乎都与政府职能转变或国家层面路线、方针、政策的变化密切相关，这也更加印证了政府角色定位及其行政理念对于教育行政管理体制改革的重要影响。从新公共服务理论的价值理念出发，学校在根本上是以个体的成长与适应社会为己任的社会组织，如果说社会的责任是"致力于它的所有成员的圆满生长"，[1] 那么学校教育就是社会履

---

[1] J. Dewey, *The School and Society: Being Three Lectures*, Supplemented by a Statement of the University Elementary School, The University of Chicago Press, 1907, pp. 19-20.

行这一责任的主要途径与手段。由此一来，满足民众对教育的需求就成为政府在教育领域公共服务的最主要职责，对学生及其家长负责应成为学校办学的最主要目标，学生的学业成就与综合素养的提升也应成为衡量学校办学水平的最重要指标。新公共服务理念下的教育公共服务，相较于过去更加强调政府在教育活动各方利益主体之间的协调作用，而非单纯追求教育效益，政府对于教育公共服务的供给也以公民理念为根本出发点，以民主精神为基本价值前提。

二 学校运行与发展的理论视界

研究学校的办学自主权，本质上是研究学校的发展，尤其是自主发展的问题，因此展开相关问题的研究必然有赖于学校发展、学校运行等相关理论的支撑。在教育社会学的视角之下，教育是一种复杂的社会现象，且"教育的作用是使人社会化"。[1] 学校作为承担社会教育使命的主要机构，在整个教育体制中处于主干地位。不同层级、不同类别的学校在传递社会文明遗产与价值观念的同时，也担负着不同阶层、不同群体对于学校教育的期许以及使全体社会成员实现社会化的使命。因此，作为社会的有机组成部分，除了学校组织的运行与发展无法独立于社会政治、经济与文化等因素的影响之外，我们也无法摒除这些因素单独探讨学校相关问题。但同时，学校又是一个具备相对自主性的组织，不同于一般意义上的科层制的组织机构，有其自身独特的运行规律。学者吴康宁认为，学校的组织结构存在着一定的异质性，学校场域内的两股主要力量——学生与教师所代表的文化内涵有着显著差异。教师文化是一种"规范性文化"，也是一种"权威性文化"，而学生文化更为显性的特征是一种"需求性文化"。[2] 显而易见地，这两种文化背后的两个群体有着相异的诉求与社会属性，双方在一定程度上存在着潜藏的冲突与对抗。学校的任何一项改革举措或是教育教学活动，对教师群体与学生群体有着不同的影响与意义，这也从根本上导致了学校发展所谓"共同愿景"的勾画往往沦为空谈。此外，由于校长、教师等人员具备很强的专业性，学校组织内部往往存在着多个权威中心，且这种隐性的影响力往往不服从于学校组织的科层制秩序，致使专业

---

[1] 金一鸣主编《教育社会学》，河北教育出版社，1996，第1~2页。
[2] 吴康宁：《教育社会学》，人民教育出版社，1998，第257页。

性与科层制的冲突也往往会干扰学校正常的管理秩序。

不管是外部环境施加于学校的各种影响,还是学校组织本身的独特性与复杂性给学校管理带来的种种困扰,都导致了学校组织的运行、发展与变革是一个极其难以找寻普遍规律的过程,每一所学校面临的外部与内部问题也千差万别。当涉及学校的办学自主权问题,学校各项事务的自主程度、自主权的大小、校长和教师对于自主权的满意程度,甚至制约学校发展的是不是办学自主权问题都无法一概而论。看待问题的出发点与视角往往在很大程度上影响了人们的主观判断,对特定的某所学校而言,由学校管理者的角度出发、由学生与家长的角度出发、由教育行政部门的角度出发,或是由其他社会部门的角度出发,其关注点和利益诉求有所不同,也就很难在某一问题上达成一致。因此,研究学校组织的运行和发展,若仅从某种单一的视角出发便会存在很大的局限性,这就要求研究者需通过多重视角去分析、观察学校运行中的各种因素。在这个过程中,理论的意义就是能够为研究者以及从不同视角出发的利益群体提供可以借鉴的概念框架及分析问题的思维路径,以更加理性的眼光洞察学校运行中的"黑箱"。在本书中,剖析学校自主权与发展的相关问题,主要依托的是组织理论与变革理论。

(一) 组织理论

组织是人类为了达到某些特定目标而建构的社会单元,[①] 在高度组织化的现代社会中,学校也是各类组织中的一种。研究学校的办学自主权问题,其本质是学校组织如何在适宜的自主空间内取得最佳的学校效能,以最优的方式实现人才培养目标的问题。虽然自主权问题所涉及的影响因素相当复杂,但办学行为过程的发生主要是在学校场域内,是以学校组织为主要载体的,这就决定了对于办学自主权问题的分析要以学校组织的性质、结构、特征等因素为讨论的前提。组织理论(Organization Theory)所研究的对象就是人类社会中的各类组织,英国学者 D. S. 皮尤将组织理论界定为研究组织的结构、职能、运转,以及组织中的群体行为、个体行为的知识体系。[②] 自 20 世纪初诞生以来,组织理论在历经百余年的发展中不

---

① E. Gross, A. Etzioni, *Organizations in Society*, Prentice Hall College Div., 1985, pp. 5 – 7.
② 〔英〕D. S. 皮尤:《组织理论精粹》,彭和平等译,中国人民大学出版社,1990,第 3 页。

断移植、演绎，从最初应用于工业领域逐步渗透入其他社会领域，为各类组织的研究提供了较为清晰有序的分析思路。组织理论作为对社会组织的本质及运行规律进行研究的知识体系，其本身随着社会发展与文化变迁在不断地修正与完善。综合考虑历史阶段、理论内容等划分标准，我们认为组织理论的发展演变大致可划分为古典组织理论时期、行为科学理论时期、现代组织理论时期与组织理论发展的新时期。

19世纪与20世纪之交，古典组织理论的形成与发展以马克斯·韦伯的科层制理论、亨利·法约尔（Henri Fayol，1841~1925）的组织过程理论与弗雷德里克·泰罗（Frederick Taylor，1856~1915）的科学管理理论为主要代表，其主要特征是以管理学的理念研究组织问题，组织仅仅是作为一种管理的方式与手段而得到重视。泰罗和法约尔的理论解说更加关注组织运行过程中的管理与决策；而韦伯则侧重对于组织结构的研究，认为组织必须遵循一定的原则才能得到更高的生产效率。对于学校组织的运行，古典组织理论者认为各类社会组织的活动内容虽然千差万别，但管理行为是共通和共存的，因此学校组织与一般意义上的社会组织并没有什么差异。基于这样的出发点，古典组织理论强调学校管理的科学化与管理行为的理性化，以效能产出为追求，却未能对学校组织中人的因素给予足够的重视。这一缺陷使古典组织理论遭到诸多诟病，尤其是学校教职工的主观能动性在这样的理念下被忽略了，其工作积极性得不到充分的展现。叶圣陶先生曾深刻指出：“教育是农业，不是工业。”在这个意义上，学校组织就是培育农作物的土壤，是承载生命力的场所，而非简单的、一味追求效率的机械化流程所能替代。对于今天的学校管理来说，古典组织理论似乎已不适用，多年来欧洲学校对于摆脱集权化、标准化与等级控制的持续努力更使得古典组织理论已成为过时理论，然而学校在组织上的一些基本特征仍"有助于科层化解决方案的落实"。[①]

自20世纪30年代末开始，组织理论的发展进入行为科学时期。这一时期理论发展的初始动力来源于对古典组织理论弊端的修正，在科技进步与工业迅速发展的时代背景下，单纯把组织成员界定为以经济利益为完全驱动的纯理性人的观点已显现出其落后性。人们开始反思，若以感性存

---

① 〔挪威〕波·达林：《理论与战略：国际视野中的学校发展》，范国睿主译，教育科学出版社，2002，第34~36页。

的视角看待组织成员，组织会发生怎样的变化，由此一股行为主义的热潮在西方学界兴起，这一时期以梅奥（George Elton Mayo，1880~1949）、伦西斯·利克特（Rensis Likert，1981~1903）等学者为代表的组织理论的发展也明显地体现出行为主义的色彩。梅奥注重对于组织中人的情感、态度、个体行为、群体行为以及人权关系等方面的研究，认为组织中发挥作用的并非只有权力，作为有情感的、活动着的、有个体需要的行为主体，组织中人的作用不可忽略。利克特通过一系列社会调查发现，低效率的组织往往是处于信奉"工作中心论"的领导的管理之下，而有着高效率产出的组织领导往往是"雇员中心论"者，他们把关注点集中在个人、高效工作团队等有关人的因素。利克特认为，完整的组织须具备合理的人员结构，组织中的每一个人、每一个工作团队都能够在其中有效发挥自身的价值。基于此，他阐释了高效率组织内部单元结构的设想，并提出了参与式的领导理论。[①] 行为科学时期组织理论的发展对于学校组织管理的理念产生了一定启发，学校管理者开始反思如何通过科学的管理手段运行学校，如何了解学校教职工的意见与需求，怎样的领导方式能够更好地促进学校组织的发展等问题。

20世纪60年代后，行为科学时期的组织理论可以看作对于古典组织理论的一种补充，而在此之后步入的现代组织理论阶段则以一种系统的视角，着重分析组织与外部社会之间的关系。现代组织理论区别于前两个阶段的最本质特征是它将组织视为开放的、权变的系统，与外部环境存在一种动态的平衡，而非封闭的、与外界隔绝的独立存在。现代组织理论比较有代表性的当数卡斯特（F. E. Kast）与罗森茨韦克（J. E. Rosenzweig）的系统与权变组织理论，他们以系统观念阐释了一种从组织与其周边环境的相互作用中，以整体的眼光看待组织的路径，并提出组织的权变观念以剖析在多变的环境中如何进行适宜的组织设计与管理。系统理论最初应用于自然科学领域，系统方法与观念在社会组织研究中的使用，是此领域理论发展的重要反映。卡斯特与罗森茨韦克的观点不仅强调组织与外部环境的互动，也注重分析组织内部各个部分之间的相互联系与相互作用，并在此前提下着力寻求达到组织目标的最优途径。[②] 由于系统理论有着很强的概

---

① 朱国云：《组织理论：历史与流派》，南京大学出版社，1997，第112页。
② J. M. Shafritz, J. S. Ott, *Classics of Organization Theory* (3rd), Wadsworth, 1992, pp. 294-295.

括性与抽象性，卡斯特与罗森茨韦克为将研究深入组织微观层面，进而又提出了权变的观念。"权变"即承认组织的外部环境与内部各个子系统均有自身特点，认为组织管理应在最大限度上寻求组织内外各个系统之间的一致性，通过了解组织在不断变化的环境中的运行情况，不断调整管理行为，以最为适宜的途径实现组织目标。① 系统与权变的理论对于学校管理的影响一方面体现在更加深入剖析了学校与社会之间相互作用的关系形态，即社会给予学校组织运行所需的各种资源，学校通过系统化的教育形式为社会发展输送所需的人才；一方面又体现在学校管理者应在对学校组织各方面情况有着深入了解的前提下，根据外在环境与内部因素的变化，随时调整学校管理的策略、方式与目标，以在相对较长的时间范围内维持学校组织的平稳发展。20世纪70年代，针对学校组织不同于一般意义上的科层制组织的特殊性质，科恩（M. D. Cohen）、韦克（K. E. Weick）等学者提出"松散结合理论"，认为组织并非紧密联结，而是以某种理性的方式"黏合在一起"的系统，是由实体、过程、活动以及那些联系相对松散的个体组成的。② 松散结合理论将学校界定为一种观念上松散的组织结合体，具体体现在学校教育的目标、教育过程中所采取的手段以及学校内部成员所表现出的流动性等特征上，由此论证传统的科层制的管理手段并不适用于学校组织。在"松散结合理论"的视角之下，学校组织与组织中个人之间的联结作用得以凸显，学校管理者更加关注教职工的利益与需求，并力图使个人需求与学校组织需求之间得以联结并达成一致，以实现个人与组织的共同利益。

进入20世纪80年代以后，时代的发展与技术的进步推进了社会组织的变革，加深了人们对于组织的认识，组织理论也逐步完善，进入了理论发展的新时期。在这一阶段，对学校组织影响最大的当属以沙因（Edgar Schein）为代表的组织文化学派理论与彼得·圣吉（Peter M. Senge）提出的学习型组织理论。沙因是组织文化研究的奠基人，他认为组织中最为基础、最为本质的当属组织文化，组织文化管理应成为领导理念的核心。要了解一个组织的文化内涵及其运作模式，需借助一定的概念工具，由此沙

---

① F. E. Kast, J. E. Rosenzweig, *Organization and Management: A System and Contingency Approach*, Mcgraw-Hill Book Company, 1979, p. 116.
② K. E. Weick, "Loosely Coupled System Relaxed Meanings and Thick Interpretations," Unpublished manuscript, Cornell University, 1980.

因提出组织文化模型理论,将组织文化划分为三个层次:处于组织文化最高层次的人造品、处于组织文化第二层次的价值理念以及处于组织文化第三层次的基本的、无意识的潜在假设。[1] 这一理论对于学校组织管理产生了深刻影响,在规范了学校的运行秩序后,学校管理者开始注重学校文化以及办学理念的构筑,在同类型、同学段的学校中凸显其办学特色。彼得·圣吉在其著作《第五项修炼——学习型组织的艺术与实务》一书中对"学习型组织"理论进行了系统的解说。[2] 在学习型组织中,组织成员得以持续发挥其价值,实现所期待的满意结果,同时又能以不断进步的理念与思想帮助组织营造良好的学习氛围,进而促进所有组织成员共同进步。[3] 在学校组织中,校长既是组织发展的设计者,也是组织运行的管理者,而学生以及教职工学习的过程,构成了学校作为学习型组织的最重要基础。[4] 学校作为与"学习"关系最为密切的组织,学习型组织理论对于学校提高管理效率、调动教职工积极性、营造民主氛围以及构筑共同愿景有着重要的启示意义。

组织理论的发展经历了由关注科层制下的组织效率,到关注组织中人的因素对于组织发展的影响,再到关注以文化引领为内核的组织发展,在这个过程中组织理论不断地得到修正和完善,各个阶段的组织理论也都对学校组织的管理产生了深刻影响。对于中小学办学自主权问题的研究,组织理论的意义是为本书在探讨学校组织的本质特征、学校组织的自主性、学校与社会及政府的关系等问题时,提供一个可资参照的成熟理论框架。

(二) 学校改进理论

本书认为,落实与保障中小学的办学自主权,并非绝对意义上的放权或赋权,而是在对学校内外环境有一个全面把握的前提下,为学校的发展寻找适度的自主空间和相应的自主权。对于公办学校来说,学校运行与发

---

[1] J. M. Shafritz, J. S. Ott, *Classics of Organization Theory* (3rd), Wadsworth, 1992, p. 497.
[2] P. M. Senge, *The Fifth Discipline: The Art and Practice of the Learning Organization*, New York: Doubleday Currency, 1990.
[3] P. Senge, A. Kleiner, C. Roberts, R. Ross, B. Smiths, *The Fifth Discipline Fieldbook: Strategies and Tools for Building a Learning Organization*, New York: Doubleday, 1994, p. 3.
[4] P. Dalin, V. D. Rust, "Towards Schooling for the Twenty-First Century," *British Journal of Educational Studies*, 1996, 24 (100): 23 - 27.

展所依赖的资源支持绝大部分是国家财政给予的,这就从根本上决定了公办中小学不存在绝对意义上的自主。笔者在调研与访谈过程中更是深切地感受到,很多师资力量相对薄弱、办学水平亟待提升的学校,其关注点并不在学校自主权限的大小,而是寄望于行政部门给予学校发展更多的资源支持以提升办学质量;而办学力量相对较强,尤其是对特色化发展有着更高追求的学校,则往往对自主权有着更大的需求。基于学校之间的差异性,办学自主权并非越大越好,关键在于找寻适宜学校发展、能够促进学校改进的最佳的自主程度。对于办学自主权问题的讨论,其根本前提应是如何促进学校的改进和办学质量的提升。

自20世纪70年代开始,美国学校在有效学校运动的进程中开始研究学校的效能问题,致力于描述高效能学校有哪些基本特征以及促进学校发展的相关因素。然而,这一时期的研究由于忽略了对学校如何实现高效能的过程的描述,因而受到了一定的批判和诟病。在这样的背景下,对于"学校改进"(School Improvement)问题的研究得以开展起来。学校改进作为一种注重过程的研究,不仅关注学校应对外界因素与发展、变革的能力,更关注学校走向高效能、追求卓越的过程。[1] 经济合作与发展组织提出,学校改进是一种系统的、持续的努力,它旨在改善学校内部条件与其他相关因素,以促进学校教育目标更好的实现。[2] 学校改进关注的是以学校为基本单位的变革,注重分析学校作为一个组织如何变化、如何发展的过程,并探索在这一过程中哪些因素能够激发学校实现高效能。因此,不同于仅仅关注办学结果的学校效能研究,学校改进是一种动态的、关注学校目标实现的过程。同时,作为一种理论,学校改进背后蕴含着一系列的理论假设:学校是教育变革的中心,外部的改革要兼顾学校之间的差异;学校改进是一个需要全面规划的系统性的变革方式,是一个长期的过程;对于教育目标的实现,学校在各类社会组织中占据主导地位,也承担主要责任;学校在改进过程中,需采取灵活的方式以实现组织内部的平衡;为实现改进,学校组织需逐步走向结构化,使变革的理念成为组织成员的行

---

[1] R. Halsall, "School Improvement: The Need for Vision and Reprofessionalisation," *British Educational Research Journal*, 2001, 27 (4): 505-508.

[2] W. VanVelzen, M. Miles, M. Ekholm, U. Hameyer, D. Robin, *Making School Improvement Work: A Conceptual Guide to Pratice*, Belgium: Leuven, 1985.

为自觉。①

学校改进的理论与实践对于我国学校的改革与发展的启示在当下以及未来将愈加得到凸显，因为人们已逐渐意识到，以学校为单位的变革将是我国宏观教育变革走入深水区后，深化变革、实现质变的必然路径。近几十年来，我国学校改革的实践在汲取了美、英等西方发达国家的经验后，也形成了独特的发展脉络，而在这一发展过程中，学校作为一个组织的自主性意义是被不断强化的。社会的进步与教育的发展要求学校提升自主性，而自主性的增强或办学自主权的扩大又不可避免地使学校组织成为改革进程中各方利益主体间矛盾冲突的主要承担者。学校改进理论虽至今仍在发展之中，但其对当前研究学校发展问题的重要意义在于：一方面，它为学校的管理与改革举措提供了最终价值的指引，即一切改革都要以促进学校改进、提升教育教学质量与人才培养质量为根本前提；另一方面，学校改进理论对学校变革主体地位的强调以及学校组织内部如何实现平衡提供了有益的借鉴。

三 凸显"整合意义"的治理理论

治理理论作为本书最为重要的理论基础，笔者认为，它的价值主要体现在"整合意义"上。对中小学办学自主权问题的探讨，所涉及的主体包括学校、政府、家长以及其他社会组织。新公共管理理论与新公共服务理论为政府的本质与职能、政府向学校简政放权等问题的探讨提供了理论基础，组织理论与学校改进理论为学校如何在完善组织内部机制的前提下应对外界各种变化，而治理理论将学校、政府、家长、社会等主体与因素均系统性地纳入讨论之中，以一种全局性的眼光再次审视中小学的办学自主权问题，也即它的"整合意义"。

到目前为止，治理理论尚未成熟，仍在不断地发展和深化。全球治理委员会（Commission on Global Governance）在 1995 年发表的研究报告中指出，治理是公私机构管理其共同事务的诸多方式的总和，是一种使相互冲突的或不同的利益团体得以调和且采取联合行动的持续过程。② 此外有关

---

① D. Hopkins, D. Reynolds, "The Past, Present and Future of School Improvement: Towards the Third Age," *British Educational Research Journal*, 2001, 27 (4): 459 – 475.
② The Commission on Global Governance, *Our Global Neighborhood: The Report of the Commission on Global Governance*, Oxford: Oxford University Press, 1995, pp. 2 – 3.

"治理"的代表性观点,如英国学者格里·斯托克(Gerry Stoker)提出作为理论的治理的五个论点,并指出治理所偏重的统治机制并不依靠政府的权威和制裁,它之所以发挥作用,是要依靠多种进行统治的以及互相产生影响的行为者的互动。① 治理理论的主要创始人之一詹姆斯·N.罗西瑙主要从区别于"统治"的角度对治理做出界定。他认为与政府统治相比,治理的内涵更为丰富,既包括政府机制,也包括非正式的、非政府的机制。② 英国学者罗伯特·罗茨(Robert Rhoads)分析若干不同治理的定义后指出,"治理标志着政府管理含义的变化,指的是一种新的管理过程,或者一种改变了的有序统治状态,或者一种新的管理社会的方式",并将治理的主要作用机制概括为六个方面。③ 近年来,随着西方治理理论的不断发展和国家层面的政策推动,我国也掀起了对于治理和教育治理等相关问题研究的热潮。我国学者俞可平认为,治理的理想状态是要达到善治,即使公共利益最大化的社会管理过程,并提炼出善治的十个基本要素。综合中西方学者的观点,治理的过程兼顾了多元主体的话语权,强调的是问题解决过程中基于民主的理性沟通,其本质是权力向社会的回归,最终目的是达到公众利益的最大化。由统治到治理,体现出一个国家政治文明的不断进步和政府执政能力的增强,也是社会发展到一定阶段时,全体社会成员更加理性参与国家权力分配与运行的高度概括。④

教育事业作为政府的一项重要职能,其发展改革离不开政府的政策支持与财政投入,也无法挣脱行政部门的主导与管控。因此,各个阶段政府对教育领域政策的变化以及"政府－学校"关系的演变往往也反映出政府职能的转变趋势。改革开放以来,市场因素取代计划控制作为资源配置主体的地位不断上升,进而引发了社会各个领域的深刻变革。在此过程中,我国政府也不断转变职能,由以计划指令、行政管制为主要手段的管制型政府向以社会本位、公民本位为主导的服务型政府转变,

---

① 〔英〕格里·斯托克:《作为理论的治理:五个论点》,《国际社会科学杂志》(中文版) 1999 年第 1 期,第 21~28 页。
② 〔美〕詹姆斯·N. 罗西瑙主编《没有政府的治理——世界政治中的秩序与变革》,张胜军、刘小林等译,江西人民出版社,2001,第 5 页。
③ 〔英〕R. A. W. 罗茨:《新的治理》,《马克思主义与现实》1999 年第 5 期,第 42~45 页。
④ 蒿楠:《论教育治理体系下的学校自主发展》,《教育理论与实践》2016 年第 29 期,第 10~11 页。

把"完善和发展中国特色社会主义制度,推进国家治理体系和治理能力现代化"作为新时期全面深化改革的总目标。作为对国家战略的回应,教育领域明确了"形成政府宏观管理、学校自主办学、社会广泛参与的格局"的改革任务。① 对于"教育治理"的内涵,有学者将其概括为"国家通过一定的机构设置和制度安排,协同各类社会组织、利益群体和公民个体,共同管理教育公共事务、推动教育发展的过程"。② 教育治理强调多元主体共同参与教育事业的发展与决策,在兼顾不同利益主体权利需求的过程中,实现民主化的管理。由此一来,政府对教育领域的管制职能、学校的角色与地位、社会其他部门在教育事务中的话语权等都会发生相应的变化。教育治理体系的构建是国家治理体系与治理能力现代化建设的重要组成部分,治理理念主导下的政府职能转变也将为教育事业的发展创造更为开放、更具活力的外部环境。对于学校而言,如何把握新的历史发展机遇并承担起教育治理体系中应有的角色责任,如何以学校为本位协调好自身与政府和社会的关系,如何发挥学校组织在教育治理体系中的关键性作用,是当前应思考的关键问题。③

毫无疑问的是,学校组织的传统角色在教育治理的时代被重新塑造,不管基于治理理论的观照还是国家层面的政策引导,学校内在自主性与独立性的意义都已不言自明。那么学校要自主,相应办学自主权的获得是最为基础的前提。若从社会学的视角出发,治理的核心要义就是促进权力的分流,使权力主体趋向于多元化。这样一来,能够治理学校、深化学校组织变革的就并非只有政府下放给学校的办学自主权,还有学校内部职工的专业权力、家长与社会组织对学校教育教学活动的参与权与决策权。在传统的科层制的管理模式下,学校是作为类似于教育行政部门的执行机构而存在,公办学校的校长更像是行政架构中的官员或学校的"经理人",而非真正意义上的学校领导者与管理者,学校内外的权力关系呈现出以由上而下的单向、纵向为主导的形态。治理理论为学校权力关系的重构提供

---

① 袁贵仁:《深化教育领域综合改革,加快推进教育治理体系和治理能力现代化——在2014年全国教育工作会议上的讲话》,《中国教育报》2014年2月13日,第1版。
② 褚宏启、贾继娥:《教育治理中的多元主体及其作用互补》,《教育发展研究》2014年第19期。
③ 蒿楠:《论教育治理体系下的学校自主发展》,《教育理论与实践》2016年第29期,第10~11页。

了全局性的引导，教育行政部门与学校之间、学校校长和教职工之间的纵向关系均应形成一种双向的互动，以沟通与对话的形式为学校问题的解决寻找最佳途径。同时，社会组织、专业机构以及其他利益相关群体与学校之间也应趋向于实现一种平行、协商的互动形式，以嵌入式的参与切实地发挥作用，对学校运行与发展产生实质性的有益影响。在教育治理体系中，权力关系纵横交错，而纵向关系与横向关系的交叉点和联结点就是学校。因而在"治理"的概念之下，学校不再是教育体系中单纯被动执行教育政策、完成教育教学使命的机构，而是整个教育体系中对各方利益主体均可能动地发挥作用，促进教育治理体系良好运转的重要主体，其办学主体的作用将被赋予重要意义与价值。

第二节 分析框架的提出

在第一章，本书已对"中小学办学自主权"这一核心概念进行了界定，然而如何深入解析这一概念并在相关理论的关照下构建分析框架对于整个研究具有更加重要的意义。在教育改革向前推进、不断深化的过程中，人们逐渐意识到，教育事业是一项复杂的系统性工程，其内部各个组成部分密切联结、互相影响。同时，作为一个重要的社会部门，教育事业的发展与变革又与其他社会部门有着千丝万缕的复杂联系。教育领域若要发生真正的改变，必然受到其他社会部门与整体社会环境的影响和制约，仅凭教育部门单方面的改变与努力，教育改革很难取得真正意义上的成功，这也往往是致使改革推进者"信心不足、望而却步"[①] 的重要因素。教育问题虽然发生在教育领域内部，但它嵌入社会结构之中并深刻受其制约，[②] 因此教育事业的生存与发展、教育改革的成功有赖于社会其他部门的共同配合与支持。对于本书而言，中小学的办学自主权问题，其实质在于中小学如何在平衡各方因素的前提下为学校的运行与发展争取适宜的自主空间，这就涉及学校与外部环境关系、学校发展中的主要矛盾、学校内部民主机制构建等问题的讨论，而这些问题的分析与回答，也并非

---

① 吴康宁：《改革·综合·教育领域——简析教育领域综合改革之要义》，《教育研究》2014年第1期，第41~46页。
② 庄西真：《教育政策执行的社会学分析——嵌入性的视角》，《教育研究》2009年第12期，第19~24页。

单纯的教育研究的视角与教育学科理论可以给予的。因此笔者认为,在建构本书分析框架过程中,应将视野投向更广阔的学科领域以寻找研究"办学自主权"问题最为适切的研究理路。基于此,本书以政治学的方法为主引,糅合社会学、管理学等相关理论的辅助,并结合教育学视角下的中小学办学实践,层层整合、归纳,最终形成了中小学办学自主权研究的分析框架。

一 政治学"权力分析法"的启发

本书以辩证唯物主义认识论为研究方法的哲学基础,也即认同世间万物相互联系、相互制约,并处于永不停息的发展与变化之中,进而推动了客观世界向前迈进的脚步。当我们把视角缩放到人类所处的社会,便能发现各种社会现象均是不同社会力量相互作用的产物,是这种相互作用致使人类社会发生变化、实现进步。就像恩格斯所描述的,这是"一幅由种种联系和相互作用无穷无尽地交织起来的画面",在这样的图景中,"一切都在运动、变化、生成和消逝"。① 由此出发,"权力"也是社会现象的一种,存在于社会关系网络之中,两种力量相互作用若不平衡,一方主导、控制另一方,便形成了"权力"。政治学科以一种极其敏锐的眼光,认为"权力"就是"事物之间相互作用的力量",② 从而揭示了人类社会中"权力"的本质。作为一种力量,权力的作用就是通过不平衡的相互作用中的主导地位,达成期望中的特定结果从而实现自身的利益或目标。由此可见,"权力"是一种非常宽泛且灵活的概念,在人类社会中存在着各种各样的权力,根据权力的性质、结构、作用方式等因素,我们可对权力做出各种各样类别的划分。因此,研究权力问题,既要有方法论的指引,又要结合具体所研究权力的特性进行分析。

从一般意义上来讲,政治学就是研究政治的学科,权力问题是政治学的主要研究对象之一。③ 长期以来在不断发展的历程中,政治学对于权力问题的研究形成了一套相对成熟的分析理路。虽然政治学对权力问题的解析大多聚焦于政治权力,与本书所关注的办学自主权在概念、本质特征以及作用对象上都相去甚远,但在方法论意义上,政治学的"权力分析法"

---

① 《马克思恩格斯选集》第 3 卷,人民出版社,1995,第 359 页。
② 李景鹏:《权力政治学》,北京大学出版社,2008,第 27 页。
③ 王浦劬:《政治学基础》,北京大学出版社,2005,第 15 页。

能为本书分析框架的构建提供不可或缺的借鉴与启发。具体言之，政治权力分析的基本理论框架是从"政治权力"这一概念工具出发，进而建构了以政治权力主体、政治权力行为、政治权力关系以及政治权力运行机制为主要维度的理论框架。[①] 对于政治权力主体的剖析，其主要意图是明确权力能量的来源问题。任何一种权力作用的发生，均源于主体间的不平衡性，解释政治权力的来源，也就是要找寻在不同的政治主体之中是哪一方处于主导地位，并以其主体的能动性促进能量向权力的转化，进而实现其目标或利益。对于政治行为的梳理，其主要目的是归纳权力产生之后，权力主体如何借由权力能量的发挥作用于客体，客体又是如何反作用于权力主体的，这其中又涉及权力作用得以发挥的条件、过程以及不同的作用模式等问题。对政治权力关系的描述，本质上就是在描绘政治活动中各个政治实体以政治行为为作用中介发挥各自能动性的过程中所形成的关系格局，对这一格局的描绘有助于我们更加深入地分析各个政治实体的利益诉求以及权力在这一格局中发挥作用的途径与形式。研究政治权力的运行机制，就是发现政治权力运行的逻辑形式与内在规律，从而在整体意义上深化对政治权力的认识与研究，这其中又关涉对于政治权力结构及其功能转化机制、权力能量形成机制、权力运行的原理等问题的探讨。以上四个方面整合在一起，就构成了政治权力结构的整体样态，也建构了政治权力研究的基本理论框架。[②]

中小学的办学自主权在本质特征上与政治权力有着显著的差别。权力分析法虽然只是聚焦于权力的研究，但它在权力研究的方法论意义上有一定的应用价值，对于本书分析框架的建构给予了至关重要的理论观照。更加重要的是，具体到中小学办学自主权，其权力主体、权力行为、权力关系以及运行机制均须结合办学自主权的本质特征、学校办学的具体内容等因素加以分析和探讨。政治学的权力分析法对本书最大的价值在于其提供了权力问题研究相对成熟的分析理路，是一种高位的方法论指引，却并不能简单嫁接到中小学办学自主权的研究中来。基于此，如何在权力分析方法与中小学办学自主权的具体特征之间实现方法与逻辑的对接、理论与实践的对接是本书在下一环节应明确的关键性问题。

[①] 李景鹏：《论权力分析在政治学研究中的地位》，《天津社会科学》1996 年第 3 期，第 22 ~ 25 页。
[②] 李景鹏：《权力政治学》，北京大学出版社，2008，第 17 ~ 225 页。

二 "中小学办学自主权"的分析框架

笔者在绪论部分已经提及,"办学自主权"在我国的文化语境中是对各级各类学校享有权利的一种笼统概括,目前并没有一个公认的、确切的统一界定。在这样的前提下,研究者对核心概念的界定与剖析对于整个研究就更为重要。因此,在提出中小学办学自主权研究的分析框架之前,应再次回归对中小学办学自主权的基本概念的检视。我国《教育法》对学校及其他教育机构所能行使的一系列权利做出了规定:按照章程自主管理;组织实施教育教学活动;招收学生或者其他受教育者;对受教育者进行学籍管理,实施奖励或者处分;对受教育者颁发相应的学业证书;聘任教师及其他职工,实施奖励或者处分;管理、使用本单位的设施和经费;拒绝任何组织和个人对教育教学活动的非法干涉;法律、法规规定的其他权利;国家保护学校及其他教育机构的合法权益不受侵犯。① 这是一个对各级各类学校享有权利的概括性规定,是一个法律意义上的概念。然而本书认为,学校所谓"办学自主权",并不能等同于法律规定的这一系列"权利",因为此处的"权利"是一种更加宽泛的概念,当具体到"公办中小学",具体到"办学"行为,这一系列"权利"则有着更加有针对性的内涵指向。英文的表述给予了我们对于这三个概念最为直观的区分:"权利"是"Right","权力"是"Power",而"办学自主权"是"Autonomy"。为避免概念上的混淆,笔者认为应先对"权利"、"权力"与"办学自主权"这组概念进行辨析。

(一)"权利"与"权力"的概念辨析

1. 权利

在一般意义上,"权利"是一种法律概念,它表示的是由法律公正认

---

① 《中华人民共和国教育法》(1995 年 3 月 18 日第八届全国人民代表大会第三次会议通过,根据 2009 年 8 月 27 日第十一届全国人民代表大会常务委员会第十次会议《关于修改部分法律的决定》第一次修正,根据 2015 年 12 月 27 日第十二届全国人民代表大会常务委员会第十八次会议《关于修改〈中华人民共和国教育法〉的决定》第二次修正),中华人民共和国教育部网站,2015 年 12 月 28 日,http://www.moe.gov.cn/s78/A02/zfs__left/s5911/mo e_619/201512/t20151228_226193.html。

可和保护的某种利益。① 在政治哲学的语境中，"权利"表示由某种制度安排而得到的保护和尊重、提供给个人的受到法律保障的某种利益、反映个人价值的合理正当要求等。② 在法理起源上，权利就是作为自然人所固有的自由与权利，当过渡到公民社会，权利也就是作为公民所拥有的基本权利。大多数国家的宪法或基本法，均对其国家公民所享有的一系列权利做出明确的规定，在诸如《世界人权宣言》《经济、社会及文化权利国际公约》《公民权利和政治权利国际公约》等国际人权文献和公约中，对于公民的基本权利如自由权、社会保障权、受教育权、生命权、人身安全权、名誉权等权利也有所规定。③ 在这些权利中，除了如选举权、被选举权等政治权利，其他的各项权利并非国家宪法或法律才能够赋予，而是作为自然人的存在与生俱来的自由与权利，是最为基本的人权。简而言之，利益是权利的核心，权利就是经过社会的权衡、协调、界定后得到公认并受到保障的利益，而权利的界定与保障，其背后的作用力量则来自权力。④

2. 权力

"权力"通常来说指的是国家权力、政治权力这一类的公共权力，这是一种法律意义上的表述，因为这些权力必须通过特定的权力主体，经由相应的法律程序授予。同时，这类权力所行使的范围、方式也都以法律条文的形式明确规定下来，从而彰显其权力来源的正当性与权力运行机制的合法性。

对权力的理论界说以德国社会学家马克斯·韦伯的观点最具代表性意义，他认为"权力"就是社会交往中某一方的意志强加于另一方行为之上的可能性，⑤ 是一种控制力或威慑力。在韦伯的权力学说中，权力所涉及的现象与范围都非常宽泛，而非单一的公共权力。同时，权力作用中的两方主体也不是被动接受某种安排，均是有意识选择的结果，因此韦伯

---

① 〔英〕戴维·M. 沃克：《牛津法律大辞典》，北京社会与科技发展研究所组织翻译，光明日报出版社，1988，第773~774页。
② 〔英〕戴维·米勒、〔英〕韦农·波格丹诺编《布莱克维尔政治学百科全书》，中国问题研究所等译，中国政法大学出版社，1992，第661页。
③ 杨海坤：《宪法基本权利新论》，北京大学出版社，2005，第5页。
④ 漆多俊：《论权力》，《法学研究》2001年第1期，第18~32页。
⑤ 〔英〕戴维·米勒、〔英〕韦农·波格丹诺编《布莱克维尔政治学百科全书》，中国问题研究所等译，中国政法大学出版社，1992，第595页。

所说的权力在本质上是一种社会关系。法国思想家福柯（Michel Foucault，1926~1984）提出"微观权力理论"，认为看待权力问题并不应仅仅与国家机器联系起来讨论国家权力，主张把关注的重点放在权力运作的方式上，以一种具体化的、微观的视角从权力的底层去理解权力，因此他运用谱系学的方法对各种权力关系现象进行分析以解释权力在微观层面的运行机制。[①] 同时福柯认为，权力并不属于某一个人或某一个组织，且权力并非静止不动的，而是处于一种常态化的流动过程，这种流动又往往受制于不同个人、组织、机构之间对话、协商与竞争的方式。[②] 其后，美国社会学家丹尼斯·朗（Dennis Hume Wrong）在其著作《权力论》中提出权力是对他人产生预期效果的能力，是一种过程性的能力。他将权力明确划分为"控制权"（Power over）与"行动权"（Power to），前者就是特定社会关系下的权力也即政治权力，后者是一般意义上的作用于他人的能力的权力，是一种泛化的权力。[③]

（二）中小学"办学自主权"的概念检视

笔者认为，"办学自主权"（Autonomy）是一种相对特殊的概念。本书对于办学自主权的讨论，是将其定义为"权力"，被包含在法律规定的学校"权利"之中。在"办学自主权"的权力类属上，本书倾向于将其纳入丹尼斯·朗权力理论下的"行动权"的范畴。基于此，"办学自主权"是一种各级各类学校在符合相关法律法规和政策规定的前提下，自主确立办学目标、规划学校发展，自主安排教育教学活动，同时在学校人事管理、财务管理以及招生事务上拥有一定自主空间的专门权力。本书将公办中小学的"办学自主权"进一步划分为"人事自主""财务自主""招生自主""课程教学自主""发展规划自主"五个权力要素，每个要素再具体分解为学校在各项事务开展中的自主权力。在五个权力要素下，笔者将"办学自主权"共拆解为32项二级指标，以深化、细化、具体化对"办学自主权"问题的分析，具体将在本书后续章节中做出详细阐释。

---

① 〔法〕米歇尔·福柯：《必须保卫社会》，钱翰译，上海人民出版社，1999，第26页。
② G. Danaher, T. Schirato, J. Webb, *Understanding Foucault*, SAGE Publications, 2012.
③ 〔美〕丹尼斯·朗：《权力论》，陆震纶、郑明哲译，中国社会科学出版社，2001。

（三）中小学办学自主权研究分析框架的提出

前文已提及，本书分析框架的建构最为重要的启发源自政治学研究中的"权力分析法"，也即以权力主体、权力行为、权力关系以及权力运行机制等四个要点为主要分析维度的结构化理论工具。具体到中小学办学自主权的研究，在"权力分析法"的分析理路的指引之下，仍需结合中小学办学的具体内容对这一理论工具进行重构。本书从"办学自主权"这一基本概念出发，构建了以"权力主体""权力要素""主体间关系""保障机制"为主要分析要点的四维分析框架。如图2-1所示，在"权力主体"部分，将主要对公办中小学的法律地位、中小学办学自主权的权力来源、中小学办学自主权权力主体的特殊性进行分析；在"权力要素"部分，本书结合中小学校的办学实践，将办学自主权具体划分为"人事自主""财务自主""招生自主""课程教学自主""发展规划自主"五个维度，每个维度下又细分若干个具体的指标，通过大样本的问卷调查、访谈等形式，力求得到相对贴近现状的，对中小学在各项事务上的自主程度以及学校内部权力运行的描述；在"主体间关系"部分，本书将以学校为中心，分析在办学过程中各个参与主体与学校之间的关系，具体而言，涉及"政府角色之于学校""学校角色之于政府""家长角色的意涵解读""社会组织参与学校评估监测的价值所在"等四个部分。结合实证调查的发现，在对中小学办学自主权"权力主体""权力要素""主体间关系"三个要点分析的基础上，本书将目前豫中地区中小学校办学自主权存在的问题进行提炼、抽取与归纳，作为对研究框架下最后一个要点"保障机制"进行分析的重要基础。

在"保障机制"部分，本书针对前三个要点分析中所凝练的现存问题，从"法律层面的保障""制度层面的保障""学校层面的内省式保障"三个层面对当下公办中小学校办学自主权的保障机制进行了探讨。

如图2-1所示，整体言之，对于中小学办学自主权问题的分析，以中小学的"办学自主权"为核心概念，以"权力主体""权力要素（行为）""主体间关系""保障机制"为分析框架的四大要点，由对中小学办学自主权"权力主体"的分析过渡到对"人事自主""财务自主""招生自主""课程教学自主""发展规划自主"等"权力要素"的逐个解读，并在此基础上剖析学校办学自主权运行关涉的几类重要主体、分析主体之间的关系。最后，在提炼前三个要点分析中所凸显的一系列问题的基础上，探讨在当前大环境下具有现实意义的公办中小学校办学自主权的保障机制。

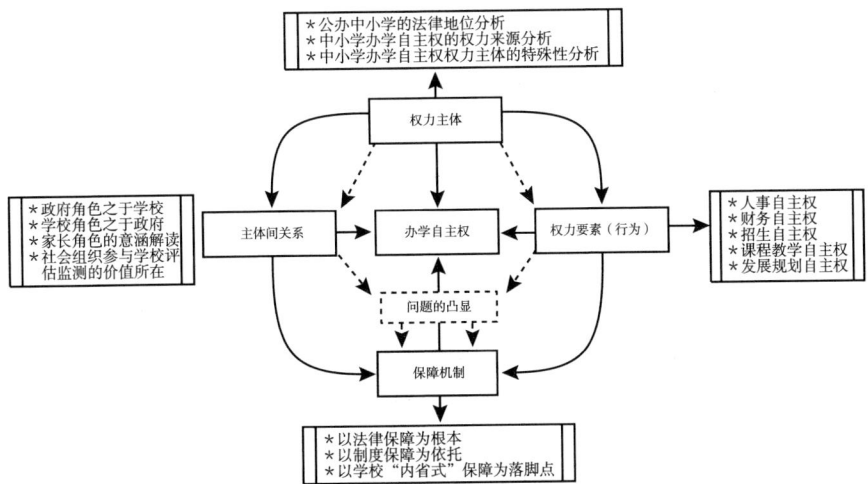

图 2-1 中小学"办学自主权"分析框架

第三章 中小学办学自主权的实证研究设计

在研究范式上，本书是在秉持实证精神的基础上，根据研究的具体情境引入多元的研究方法，在严格意义上归属后实证主义的范畴。20世纪中叶以来，实证研究的理念与方法在社会科学研究领域占据着举足轻重的位置。实证主义的研究传统认为，科学的研究设计与通过数据测量得出的变量间的因果关联是推出研究结论的重要参考之一。因此，在展开实证调查之前，如何针对研究问题、基于分析框架进行逻辑严密的实证研究设计对于整个调查流程至关重要。研究设计要明确研究目的、提出研究假设、完成问卷与访谈等调研工具的设计并确定调查的抽样方案。在完成实证研究设计的前提下，本书的调查问卷通过多次专家论证、预调查，并借助社会科学统计软件对调研工具进行反复的检验、修正，最终得以确立。对于整个研究而言，本章是在由学理阐释转向实证调查的过程中具有过渡性意义的重要环节。

第一节 基于分析框架的实证研究设计

一 研究目的

在展开实证调查之前，通过研究文献的梳理以及教育实践领域对于此问题的讨论，我们对于中小学办学自主权的现状会有一个笼统的、未经论证的基本认知：目前我国中小学的办学自主权没有得到很好的落实，中小学的运行缺乏足够的自主空间。然而，这样的一个基本判断是不是贴近真实的现状？当我们无法做出确切的判断，且需要得到更加细化、深入的信息时，实证调查就成为最有力也是必不可少的重要步骤。实证调查的目的在于为研究的开展收集资料，以翔实的数据、访谈资料深入描述中小学办学自主权的当下特征以及学校内部权力运行的现状，进而为本书第三个模块的讨论提供依据。

在实证调查的部分,本书将首先在中小学办学自主权研究分析框架的基础上明确实证调查所需要搜集的信息内容,在此基础上将"办学自主权"这一核心概念进行具体化的分解,并进一步将其具体化为若干可测量的变量,以此进行问卷的编制与访谈提纲的设计。根据研究的具体内容,本书以豫中地区为调查地区,选取公办中小学校级领导、学校中层干部和普通教师作为主要的调查对象,以大样本问卷、非结构性访谈、案例探讨等形式,获取研究所需的第一手资料。

二 研究假设

研究假设是形成研究设计的关键关节,也是展开实证研究的基本出发点。简单来讲,研究假设就是阐明两个或多个变量之间关系的陈述句。[①] 社会学家 R. S. 鲁德纳(R. S. Rudner)曾提出,对于一项研究而言,方法论的意义在于其"证明逻辑"(Logic of Justification),而非采用什么工具或手段。[②] 也就是说,研究方法本身并无任何意义,如何选取适切的研究方法去证实研究假设或推翻研究假设具有更加重要的实质价值。

(一)研究假设的基本原则

对于研究假设有效性的衡量,学者萨尔坎德(Neil J. Salkind)认为好的研究假设应符合五个标准:以陈述句的方式表达,能够说明变量之间的关系,在理论或文献研究的基础上提出,简短、精练,具备可检验性。[③] 学者科林格认为衡量研究假设有效性有三个最为主要的标准:第一,假设与研究目的的适切性,即研究假设要能够严格地界定对研究问题有价值的变量,并能够清晰地排除与变量无关的信息;第二,研究假设要具备可检验性,这一点与萨尔坎德的观点非常一致;第三,研究假设要优于其他理论,在限制条件较少的前提下能够得到更广泛的应用,从而解释更多的事实。[④] 我国学者孙健敏认为有效的研究假设应符合五点要求:第一,研究

---

① T. W. Tunks, E. J. Mason, W. J. Bramble, "Understanding and Conducting Research Applications in Education and the Behavioral Sciences," *Journal of Research in Music Education*, 1980, 28 (2).
② R. S. Rudner, *Philosophy of Social Science*, Englewood Cliffs: Prentice-Hall, Inc., 1966, p. 5.
③ N. J. Salkind, *Exploring Research* (4th ed), New Jersey: Prentice-Hall, Inc., 2000.
④ F. N. Kerlinger, *Foundations of Behavioral Research*, Holt, Rinehart and Winston, 1986.

假设要有明确的定义，表述精准，对于概念的界定做到十分明确；第二，研究假设应能够根据可观察的客观标准去衡量，也就是要具有实证参考物；第三，研究假设必须具体化，不能以笼统、抽象的语言来表述；第四，研究假设要能够借由可利用的工具进行检验；第五，研究假设要建立在已有研究的基础上，与已有理论相关，且不能与已验证的正确理论或相关事实相矛盾。① 本书的研究假设是基于研究问题的需要，并充分考虑了以上相关标准而提出的，在这一环节力求做到兼顾这两个方面的需求。

（二）研究假设的提出

本书的研究对象是公办中小学的办学自主权，那么研究假设就必然是以学校为分析单位的对办学自主权的假设。然而，对于学校自主权问题的描述，又必须以学校中的"人"为调查对象，也就是学校校长、中层干部、教师、学生、家长等。那么，调查问卷及访谈提纲的设计也必须以学校中"人"的感受与行为为主要的参考指标，因为唯有这样，问卷中所有题项的设置才能够具体化、具备可操作性与可测量性。在综合考虑研究假设的基本要求与本研究关注的具体问题的基础上，本书共提出了以下四个方面的研究假设。

假设1：目前豫中地区中小学校的自主程度整体处于一般偏下水平

基于对相关文献的搜集、梳理与分析，笔者发现在分析中小学办学自主权相关问题的学术论文中，认为我国中小学校办学自主权不足、自主程度不高是一种主流的观点。在各类教育报刊中，也时常能看到中小学校长对于目前学校办学自主权不足的评论以及对办学自主权真正落到实处的强烈呼吁。在笔者前期访谈中，几乎所有的学校领导都认为目前学校没有什么自主权，并尤其体现在学校人事与学校财务两个维度上。综合考虑以上几点后，提出研究的第一个假设：目前豫中地区中小学校的自主程度整体处于一般偏下水平。

假设2：不同类别的学校在学校自主五因素上存在显著差异

基于第二次预调查512个样本的数据，将"学校事务自主程度量表"的全部32个变量引入探索性因素分析程序，共萃取了5个共同因素。在正式样本数据录入后，笔者再次进行探索性因素分析，删除了一个变量后，

---

① 孙健敏：《研究假设的有效性及其评价》，《社会学研究》2004年第3期，第30~35页。

剩余 31 个变量在因素组型上与预调查样本的因素分析结果一致，而后再针对 31 个变量建构的因素组型进行验证性因素分析，相关指标均在合理范围内，由此正式确立了学校自主的"五因素"，即"人事自主"、"财务自主"、"招生自主"、"课程教学自主"与"发展规划自主"。在问卷基本信息部分，设置了收集调查对象所在学校的学段、地区类型、办学水平的三道题目，在后期的数据分析中，分别以此为分组变量对正式样本进行分组，进而分析不同学段学校在学校自主五因素上的差异、不同地区类型学校在学校自主五因素上的差异、不同办学水平学校在学校自主五因素上的差异。以上几点归结起来即为研究假设 2：不同类别的学校在学校自主五因素上存在显著差异。

假设 3：不同类别的学校在对办学自主权的总体认知上存在显著差异

不同的学校之间必然存在差异，即使"硬件"水平差别不大，但在"软件"因素上也必然"千校各异"，故而在强调管理精细化、有针对化的今天，探讨不同类别学校在办学自主权问题上是否存在差异、存在怎样的差异等问题，具有重要的研究价值。基于此，在问卷第二部分，设置了两道题目测量被调查者对于办学自主权总体感受（即认为目前学校的办学自主权"几乎没有""很小""一般""较大""非常大"）与对学校办学自主权的满意程度（即"很不满意""不太满意""一般""较为满意""非常满意"）。延续假设 2 中就学校的学段、地区类型、办学水平对于样本的分类，提出研究假设 3：不同类别的学校在对办学自主权的总体认知上存在显著差异。由于"总体认知"是对办学自主权的"总体感受"与"满意程度"的简单概括，研究假设 3 可进一步分解为假设 3.1 与假设 3.2：

假设 3.1：不同类别的学校在对办学自主权的总体感受上存在显著差异；

假设 3.2：不同类别的学校在对办学自主权的满意程度上存在显著差异。

假设 4：不同职位人群对于办学自主权的总体认知存在显著差异

毫无疑问，个体之间是存在差异的，且这种差异在外部表征之余，往往更多地体现在人的心理层面。在问卷基本信息部分，设置了一道题目收集被调查者所处职位的基本信息，即"校级领导"、"中层干部"与"普通教师"。就学校组织来说，学校领导、中层干部、普通教师以及其他教职工，由于其职位素质要求不同、具体工作内容不同、群体之间对于职业的期望也不同，就很有可能在涉及某些具体问题的时候，讨论的切入点与关注点也有所差异。对于学校的办学自主权问题，关心最多、感受最深的莫过于校长，教师群体虽是学校组织管理中的重要参与者，但在日常工作的绝大多数时间，教师往往把精力投入课程教学、班级管理等一系列教育教学活动，对于学校的管理最为关切的多为涉及自身职业发展、薪酬待遇的相关问题，对于学校自主权等更为上位的问题的关切程度、理解角度与学校领导之间不甚相同。基于此，提出研究的假设4：不同职位人群对于办学自主权的总体认知存在显著差异。延续假设3，由于"总体认知"是对办学自主权的"总体感受"与"满意程度"的简单概括，研究假设4可进一步分解为假设4.1与假设4.2：

假设4.1：不同职位人群对于办学自主权的总体感受存在显著差异；

假设4.2：不同职位人群对于办学自主权的满意程度存在显著差异。

三 问卷设计

（一）问卷设计的原则

问卷调查法作为一项快速、高效且具有针对性的搜集数据的方法，是研究在实证调查阶段所倚仗的最为重要的工具手段，因而问卷设计的环节在整个实证研究设计中占据了重要位置。问卷调查通常以假设演绎为内在的逻辑思路、以标准化和结构化的操作程序为主要特征，并以个人作为调查对象的主要分析单位，[①] 因而问卷设计的质量直接关乎整个实证调查的成效，在问卷设计之前对于研究分析框架的把握以及从问卷调查中收集哪些研究资料是非常关键的。在分析框架和研究假设都非常清晰的前提下，变量的界定、操作的步骤、分析的方法也将会非常高效。因此，笔者认为，研究调查问卷的设计最为基本的原则就是要以研究的分析框架为基础，以研究目的和具体的研究问题为题项设置的主要依据，尽可能全面地、详尽地覆盖研究所需的信息。同时，在问卷设计的过程中，要尽可能地从被调查者的视角出发，贴近被调查者的话语习惯进行相关题项的表述，以在最大限度上获取准确的信息，提高问卷的效度。此外，问卷的设计还应遵循系统性、方便性、科学性等原则，使问卷在整体上结构合理、可操作性强并具有良好的信度与效度。

---

① 风笑天：《方法论背景中的问卷调查法》，《社会学研究》1994年第3期，第13~18页。

（二）量表的编制

研究的调查问卷在整体上分为三个部分。第一部分：基本信息，共设置四道题目分别对被调查者所在学校的学段、学校所在区域、办学情况（是否示范性学校）以及受访者职务等基本信息的收集。第二部分：办学自主权落实情况相关问题，以"学校事务自主程度量表"为主对学校运行中各项事务的自主程度进行调查，同时设置七道题目了解被调查者对于其学校目前办学自主权的整体感受、满意程度、最显著的权力需求、权力无法完全落实的主要障碍、学校办学过程中的压力来源、办学主要的负责对象以及对学校办学影响最大的外部因素等信息。第三部分：学校内部权力运行相关问题，主要以"校长负责制实施情况量表""教代会制度实施情况量表""党组织职能履行情况量表""教育教学活动参与情况量表""学校决策参与情况量表""教师专业自主程度量表""学校与社区互动情况量表"为主要调查工具，并设置一道题目了解被调查者对于社会组织参与学校评估的态度。

通常来讲，一般问题若要转化为真正可操作、能够研究的问题，一个关键步骤就是要把大的问题逐步分解，直至研究者能够将问题中所涉及的概念进行准确的定义、操作和测量，能够把概念之间的关系通过具体的数据进行检验。[①] 因而在确定量表所需收集的信息后，要确定研究问题中所涉及的变量、分析变量之间有可能隐藏的关系，就需要明确具体指标或题项的设置。总体而言，研究的调查问卷主要涉及八个量表的编制，在这八个量表中，又以"学校事务自主程度量表"为重中之重，以下笔者主要对八个量表中分量表以及题项的设置分别进行解释。

1. 学校事务自主程度量表

本书对于学校自主维度的划分，主要是基于对公办中小学校办学具体内容的考虑，同时参考了过往文献中对于相关研究问题的维度建构。经济合作与发展组织于2008年发布各成员国在初中阶段公办学校各项事务自主决策情况的统计资料，在报告中将公办学校"管理事务决策权配比"（Percentage of Decisions Taken）划分为"教学自主决策权"（Organisation of Instruction）、"人事管理决策权"（Personnel Management）、"规划与结构决策权"（Planning and

---

[①] 陈晓萍：《研究的起点：提问》，陈晓萍、徐淑英、樊景立主编《组织与管理研究的实证方法》，北京大学出版社，2012，第49~51页。

Structure)、"资源决策权"(Resources) 等四个维度。① 张振华在其博士学位论文《高校办学自主权及其落实问题研究》的问卷设计中,将高等学校的办学自主权划分为"招生自主权""学科专业设置自主权""教学自主权""科研开发和社会服务权""国际交流合作权""机构设置与人事管理自主权""财务管理使用自主权"七个维度。② 冯丽敏在其硕士学位论文《中小学办学自主权研究——以北京市基础教育体制改革校为例》中对于中小学办学自主权的探讨,主要从"课程和教学管理""考试招生制度""办学体制""内部管理体制""财务和经费管理"等方面展开。③ 庞旭在其硕士学位论文《公立中学办学自主权现状与保障机制研究》中将公立中学的办学自主权划分为"招生自主权""教育教学自主权""人事自主权""组织管理自主权""财产管理与使用自主权"五个维度。④ 诸如此类的研究问卷与量表虽与本书所关注的中小学办学自主权问题并非完全契合,但为本书量表的设计提供了很好的启发与借鉴。

学校是作为一种社会组织而存在的,是一种"有计划、有组织进行系统教育的机构",⑤ 因而学校组织的日常运转所涵盖的具体行为,既包括学校作为社会组织所必需的人事管理、财务管理等行为,也包括学校作为教育组织在诸如招生、课程教学、学校发展规划等专业领域的行为。《教育法》第二十七条、第二十九条和第三十条中对于设立学校的基本条件做出了明确规定,同时明确了学校的权利与义务,包括按章程自主管理、开展教育教学活动、招生、学籍管理、颁发学业证书、管理设施与经费、贯彻国家教育方针政策、维护教职工与学生合法权益、遵照国家规定收取费用等等。⑥

---

① OECD, *Education at a Glance 2008*, Paris: OECD Publications, 2009, pp. 489 - 491, 转引自冯大鸣《西方六国政府学校关系变革》,上海教育出版社,2011,第 71~73 页。
② 张振华:《高校办学自主权及其落实问题研究》,南京农业大学,博士学位论文,2012,第 193~195 页。
③ 冯丽敏:《中小学办学自主权研究——以北京市基础教育体制改革校为例》,首都师范大学,硕士学位论文,2013,第 62 页。
④ 庞旭:《公立中学办学自主权现状与保障机制研究》,首都师范大学,硕士学位论文,2013。
⑤ 《辞海·教育学·心理学分册》,上海辞书出版社,1987,第 41 页。
⑥ 《中华人民共和国教育法》(1995 年 3 月 18 日第八届全国人民代表大会第三次会议通过 根据 2009 年 8 月 27 日第十一届全国人民代表大会常务委员会第十次会议《关于修改部分法律的决定》第一次修正 根据 2015 年 12 月 27 日第十二届全国人民代表大会常务委员会第十八次会议《关于修改〈中华人民共和国教育法〉的决定》第二次修正),中华人民共和国教育部网站,2015 年 12 月 28 日,http://www.moe.gov.cn/s78/A02/zfs_ _left/s5911/mo e_ 619/201512/t20151228_ 226193.html。

《国家中长期教育改革和发展规划纲要（2010—2020年）》第三十九条中明确提出要扩大普通高中在"办学模式、育人方式、资源配置、人事管理、合作办学、社区服务"等方面的自主权。① 本书在梳理相关法律条文与重要文件中对于中小学办学自主权的相关规定，参照目前中小学办学的实践内容的基础上，将本书中"中小学办学自主权"的具体维度明确为"人事自主""财务自主""招生自主""课程教学自主""发展规划自主"。同时本书认为，若要调查目前中小学办学自主权的落实程度，最为直观的途径是将"办学自主权"的五个维度进一步具体化为学校各项事务中的自主权，以Likert五级量表的形式请被调查者就其对学校在各项事务中自主程度的认知或感受进行打分。相较于直接询问学校在某项事务上有没有自主权，以Likert量表的形式调查学校在各项事务上的"自主程度"，以分值的高低判断学校在各项事务上的自主程度，能够更加精准、真切地反映学校办学自主权落实的现状，因为现实中的很多问题并非绝对意义上的"有"或"没有"，而是何种程度的"有"。

本书所建构的"学校事务自主程度量表"由"人事自主分量表""财务自主分量表""招生自主分量表""课程教学自主分量表""发展规划自主分量表"组成，各分量表题项的设计在前期访谈、问卷专家论证、问卷预调查等环节中多次修正、完善而最终确定，量表的结构如表3-1所示。

表3-1 学校事务自主程度量表

量表	一级指标（分量表）	二级指标	
学校事务自主程度量表	人事自主分量表	A1	学校教师的招聘与解聘
		A2	学校其他工作人员的招聘与解聘
		A3	学校中层干部的任免
		A4	学校教师的职称评定
		A5	教职工的奖惩
		A6	学校干部及教师的培训
		A7	对学校人事自主权的总体评价

---

① 《国家中长期教育改革和发展规划纲要（2010—2020年）》，中华人民共和国教育部网站，2010年7月29日，http://www.moe.gov.cn/srcsite/A01/s7048/201007/t20100729_171904.html。

续表

量表	一级指标（分量表）	二级指标	
学校事务自主程度量表	财务自主分量表	B1	学校教育教学经费的使用
		B2	学校基础物质环境的建设
		B3	教育教学所需设备的采购
		B4	教职工工资的发放
		B5	教职工福利的发放
		B6	学生奖、助学金的发放
		B7	对学校财务自主权的总体评价
	招生自主分量表	C1	招生的规模
		C2	生源的地域分布
		C3	录取方案的制定
		C4	对学校招生自主权的总体评价
	课程教学自主分量表	D1	学校课程体系的设置
		D2	学校教学计划的制定
		D3	教学所需教材的选取
		D4	学校教学事务的管理
		D5	学生学业评价指标的制定
		D6	学校教研工作的开展
		D7	校际交流与合作
		D8	对学校课程教学自主权的总体评价
	发展规划自主分量表	E1	学校章程的制定和修改
		E2	学校办学目标的确立
		E3	学校发展规划的制定
		E4	年度与学期工作计划的制定
		E5	校内机构与岗位的设置
		E6	对学校发展规划自主权的总体评价

2. 校长负责制实施情况量表

在中小学校内部的权力运行中，校长处于核心的位置，"办学自主权"由教育行政部门下放给学校后，权力如何进行二次分配以及如何使用，在一定程度上有着更加实质性的意义。我国中小学校自20世纪80年代中期以来逐步实行校长负责制，校长作为学校的法人代表，受国家与社会的委托,以实现办学目标为前提,对学校的教育教学工作与学校组织管理工作全面负责。① 具体来讲,校长负责制下中小学校长的权力可以大致归纳为"决策指挥权""干部任免权""职工奖惩权""学校财经权"四个方面。1991年由原国家教育委员会印发的《全国中小学校长任职条件和岗位要求(试行)》中,对中小学校长的岗位职责进行了更加明确的阐释,包括贯彻执行党和国家的教育方针政策、执行党的知识分子政策和干部政策、组织管理学校教学工作、发挥学校教育在形成良好育人环境中的主导作用等。② 校长负责制下校长权力的具体内容与校长职责具体化的表述为本书建构"校长负责制实施情况量表"提供有益的参考。如表3-2所示,量表参照校长负责制下校长权力的具体内容,以"决策指挥权""干部任免权""职工奖惩权""学校财经权"为主要指标,同时由于校长权力并非本书关注的核心问题,因此并未在这四个维度之下再设二级指标。

表3-2 校长负责制实施情况量表

量表	指标
校长负责制实施情况量表	M1 决策指挥权(对本校教育教学和行政工作进行决策和统一指挥,如制定学校教改方案、规划并实施学校内部劳动人事分配制度改革等) M2 干部任免权(提名和任免学校中层干部和副校长,报上级主管部门批准或备案) M3 职工奖惩权(对工作成绩显著的教职工给予奖励,对严重违纪并给学校工作造成重大损失的教职工予以行政处分) M4 学校财经权(合理支配与使用学校经费、教育教学设施设备和学校其他财产)

3. 教代会制度实施情况量表

教职工代表大会制度是我国中小学校民主管理的重要内容,是教师与其他学校职工行使民主权利、参与学校民主管理和监督的主要途径。我国中小学自1979年开始试行这项制度,1985年《中共中央关于教育体制改革的决定》中明确规定要把建立健全"以教师为主体的教职工代表大会制

---

① 王世忠:《校长负责制表述质疑》,《中小学管理》1999年第10期,第8页。
② 《全国中小学校长任职条件和岗位要求(试行)》,《人民教育》1991年第9期,第12~13页。

度"作为中小学校加强民主管理及民主监督的主要内容。① 在此之后,《教育法》与《中华人民共和国教师法》(以下简称《教师法》)中对教代会制度的施行有了更加明确的规定,确立了其法律地位。教代会制度在操作上类似于人民代表大会制度,参与教代会的教职工代表经由一定的选举程序而产生,以民主集中的形式参与学校重大事务的讨论与决策,是一种间接的民主形式。在教代会制度之下,学校校长若要落实党的路线方针政策,使学校工作的规划和措施能够真正改善学校的办学实践,就需要听取学校教职工的意见,保障教职工参与学校民主管理的权利,调动其工作积极性。因此,教职工代表大会制度就是学校内部的民主集中制,是对校长负责制下的高度集中的管理制度的一种有益补充。② 然而在现实层面,教代会制度究竟拥有怎样的职权,其作用有没有得到有效的发挥,是实质性的民主还是形式化的民主,依然需要通过调查来证实。教职工代表大会的职权包括听取并讨论校长工作报告、就学校发展规划等重大问题提出意见和建议、讨论通过学校规章制度及教职工奖惩等事项、支持学校领导行使职权、评议和监督学校领导的工作、讨论决定教职工福利等事项。③ 基于此,本书编制"教代会制度实施情况量表",如表3-3所示。

表3-3 教代会制度实施情况量表

量表		指标
教代会制度实施情况量表	N1	教代会是学校实行民主管理、民主监督的主要形式
	N2	教代会可充分行使学校重大决策的审议权
	N3	教代会可充分行使对学校重要规章制度的决定权
	N4	教代会可充分行使对学校领导的评议、监督及选举权
	N5	教代会可审议决定有关教职工生活福利的重大事项
	N6	教代会提案以及做出的决定,得到了学校领导的认真处理和落实

4. 党组织职能履行情况量表

中小学校的党组织在学校内部发挥的是政治核心作用,作为党的领

---

① 《中共中央关于教育体制改革的决定》(1985年5月27日发布),中华人民共和国教育部网站,http://www.moe.gov.cn/jyb_sjzl/moe_177/tnull_2482.html。
② 许小平、杨挺:《中小学教代会制度实施困境与对策研究》,《教学与管理》2010年第10期,第15~17页。
③ 《学校教职工代表大会规定》,《中华人民共和国国务院公报》2012年第17期。

导在基层的延伸，党组织既领导学校的发展，又是学校民主管理和监督的重要实现形式。2016年由中央组织部与教育部党组联合印发的《关于加强中小学校党的建设工作的意见》中指出，党组织是中小学校开展一切工作的基础性力量，党组织应在中小学校中发挥其政治核心作用，指引学校发展方向，负责学校党组织的思想作风建设，参与学校运行中的重大事务决策并监督其实施，对于校长负责制下的学校管理体制予以支持，推进学校思想政治工作与学生德育工作，在维护学校中各方主体合法权益的前提下推进学校的健康发展等。① 本书在以"办学自主权"为研究问题的前提下，主要关注的是党组织在学校内部权力运行中实际扮演什么样的角色，在学校的办学实践中党组织的职能是否得到了有效的发挥。因此，本书根据中小学校党组织的基本职能，编制"党组织职能履行情况量表"，如表3-4所示。

表3-4 党组织职能履行情况量表

量表	指标
党组织职能履行情况量表	O1 党组织参与学校重大问题的讨论和决策 O2 党组织发挥政治核心作用，协调、监督思想政治教育工作 O3 党组织参与人事决策，对学校干部进行教育、管理和监督 O4 党组织对工会、共青团、少先队、学生会等群众组织进行政治思想和组织领导，定期讨论工作 O5 党组织做好统战工作，发挥民主党派在学校中的作用

5. 教育教学活动参与情况量表

教育教学活动是学校最为基础、最为常态的日常表现，是学校组织得以成立的核心价值所在。只要学校存在，教育教学活动就必然处于一切活动的中心地位。学校领导与教师是教育教学活动的直接组织者，尤其是对教师来讲，教学活动不仅是其日常工作的基本组成，更是体现其专业水平与师德素养的主要评价尺度之一。从本质上讲，教育教学是教师以及学校领导者的一种专业层面的权力，他们是理所当然的直接参与者，也是实施教育教学活动的主体。相对而言，学生以及学生家长则是教育教学活动的

---

① 仲组轩：《关于加强中小学校党的建设工作的意见》，《中国组织人事报》2016年9月30日，第1版。

客体和主要受益者，他们在教育教学活动中的参与程度一方面关系教学的实质成效，另一方面也反映了学校内部的民主生态。同时，学校在开展教育教学活动的过程中，是否有效地利用所在社区的各种资源，社区力量是否积极参与到学校的办学活动中，直接反映了学校办学的开放程度，也间接体现了学校在人才培养中的灵活性与多元性。基于此，问卷中设置了"教育教学活动参与情况量表"，以调查学校领导和教师对于不同主体在学校教育教学活动中参与程度的看法，如表3-5所示。

表3-5 教育教学活动参与情况量表

量表	指标
教育教学活动参与情况量表	P1 学生（或学生自治组织，如学生会、共青团、少先队等） P2 学生家长（或家长委员会等组织） P3 社区

6. 学校决策参与情况量表

"决策"是管理科学中一个非常重要的概念，现代决策理论认为决策是管理活动的中心，是个体或者组织为了实现组织发展目标，对一定时期内组织活动的内容、方式、方向等做出选择或进行调整的过程。教育决策在宏观意义上通常指对国家教育发展与改革有着重大意义的政治行为；[①]在微观意义上一般指在教育组织内部，领导者为达到一定的教育目的对组织的发展方向、发展目标、发展方略等做出的决定。本书中的"学校决策"意指微观意义上的学校组织内部的决策，对一所学校来讲，决策水平的高低对学校组织的良性发展具有重要作用。我国中小学校在校长负责制下，其他学校领导、中层干部、教职工以及学生等虽能通过相应的民主机制参与到学校的管理和决策中，但实质上参与程度在大多数情况下是难以衡量的。学校校长以及校长领导下的校务委员会无疑是学校决策中参与程度最高的群体，除此之外，学校教职工、学生、学生家长以及学校所在社区在多大程度上参与了学校的决策，既关乎学校内部权力运作的民主性，也反映学校作为一个组织的开放性。基于此，本书设计"学校决策参与情况量表"，如表3-6所示。

---

① 王晓辉：《关于教育决策的思考》，《北京大学教育评论》2003年第10期，第78页。

表3-6　学校决策参与情况量表

量表	指标
学校决策参与情况量表	Q1　学校教职工 Q2　学生(或学生自治组织,如学生会、共青团、少先队等) Q3　学生家长(或家长委员会等组织) Q4　社区

7. 教师专业自主程度量表

教师是教育教学活动的直接承担者,社会对于学校功能以及人才培养的所有期许,都要通过一个个教师、一次次教学任务以及教师对学生其他形式的引导去实现。可以说,教师的角色是一种"物质工具所不能代替的工具与手段",① 教师的基本素养和专业能力对人才培养的质量有着至关重要的作用。1966年联合国教科文组织在巴黎召开"教师地位与政府间特别会议",并在会议通过的文件《关于教师地位的建议》中提出教育工作应被看作一种专门的职业,此后教师专业化发展的理念逐渐被接受和认可。② 评判一种职业是否具有专业性的地位,其关键要素就在于该职业的从业者是否拥有充分的专业自主权。所谓教师的专业自主,指的是教师在遵循专业伦理规范的前提下,能够依据其专业素养,对专业领域的任务自主做出专业判断,不受到外部力量的干预。③ 教师的专业自主权是教师职业在专业领域所应拥有的权力,笔者认为,若要对其进行具体化的罗列,应参照法律文本的相关规定。《教师法》中对于教师的权利和义务均做出了非常明确的规定,教师拥有的权利包括:开展教育教学活动及教学改革与实验;参与学术互动,从事科学研究;指导学生的学业发展并对其进行评价;获取相应的工资报酬和国家规定的各项福利及假期;通过各种形式参与学校民主管理;参加进修与培训。④ 笔者认为,教师的专业自主权就是

---

① 叶澜:《"新基础教育"论——关于当代中国学校变革的探究与认识》,教育科学出版社,2014,第355页。
② 万勇:《关于教师地位的建议》,《全球教育展望》1984年第4期,第1~5页。
③ 李茂森:《教师专业自主:何以可能与如何可能》,《教育发展研究》2008年第2期,第48页。
④ 《中华人民共和国教师法》(1993年10月31日第八届全国人民代表大会常务委员会第四次会议通过,1993年10月31日中华人民共和国主席令第15号公布,自1994年1月1日起施行),中华人民共和国教育部网站,http://www.moe.gov.cn/s78/A02/zf s_ left/ s5911/moe_ 619/tnull_ 1314.html。

教师权利在专业领域的具体体现，故而抽取教师权利中对教学、科研等专业层面的具体规定建构了"教师专业自主程度量表"，如表3-7所示。

表3-7 教师专业自主程度量表

量表	指标
教师专业自主程度量表	R1 教师可自主地进行教育教学活动 R2 教师可自主地开展教育科研活动 R3 教师可自主地指导学生的学习和发展 R4 教师可对学校工作提出意见和建议，参与学校的民主管理 R5 教师可自主选择参加进修或其他形式的专业培训

8. 学校与社区互动情况量表

在现代社会，学校教育虽然是国家与社会培养人才的最主要途径，但从学生成长的角度来看，学校以外的家庭、社区等主体同样担负着一定的教育使命。在一般意义上，社区即是在社会活动中具有一定的互动关系与共同文化维系力的群体及其活动的区域，它是一种地理空间和社会空间的融合，并以社区内部在活动中所形成的各种关系为核心内容。学校所在的社区是一个教育社会学意义上的概念，指的是学校组织主要的活动地域，包括与学校联系紧密的街道、村落等。学校与社区之间的互动通常指学校与所在社区内的组织机构及社区成员间的交流与合作。[①] 随着教育改革的不断深入，人们越发意识到教育系统与社会其他部门以及家庭之间存在着合作的现实可能，且教育质量提升与人才培养目标的实现也愈加呼唤这样的合作。在当前学校教育工具化与功利化的色彩较为浓重的现实之下，社区因素的融入能够为教育活动本身提供更多的可能性，既丰富了学校教育的内涵，又能够借助学校资源推进整个社区的文化教育活动，以"学习型组织"的文化辐射力实现一种"大教育"的意义。本书关注的是学校，因此更强调社区因素对学校的影响与意义。学校作为一种开放的、动态的组织系统，它的生存与发展不仅受到来自组织内部因素的影响，同时时刻被组织外部的社会因素深刻感染，因为任何一种社会组织都必须与其所

---

① 刘淑兰：《学校与社区的互动》，四川教育出版社，2003，第62~63页。

在的外部环境发生各种资源与信息上的交换。对于学校来讲，社区一方面能够调动各种有益于开展教育活动的社区资源，推进学校教育，尤其是以培养学生综合素养为核心的教育的发展；另一方面社区对学校教育教学活动以及重大事项决策的参与能够促进学校内部管理的主体多元化，提高决策的科学性与民主性。就我国当前中小学管理的普遍状况来看，社区参与学校内部事务决策的程度还处于较低水平，学校与社区之间的互动更多地体现在信息的公开、教育教学设施的开放与学生培养的沟通行为上。基于此，本书编制"学校与社区互动情况量表"，如表3-8所示。

表3-8 学校与社区互动情况量表

量表	指标
学校与社区互动情况量表	S1 向社区公开学校的教育改革理念与进展 S2 向社区公开学校的教育教学活动情况 S3 向社区公开学校的师资队伍基本情况 S4 向社区公开学校的年度计划与总结 S5 向社区公开学校的设施设备及经费使用情况 S6 向社区开放使用学校的场地、设施及设备 S7 主动收集家长和社区对学校事务的意见和建议 S8 积极邀请家长和社区参与学校活动 S9 为家长提供各种形式的培训与指导 S10 定期开展家庭教育指导活动 S11 积极与社区其他机构合作开展教育活动

（三）问卷结构呈现

在研究分析框架的基础上，笔者明确了问卷调查所需收集的信息，进而进行了问卷结构的设计与问卷量表的编制。在调查问卷初步形成后，笔者通过多次的论证与试测对其进行修正与完善（具体过程将在本章下一节"调研工具的检验与确立"中进行详细阐释），正式调查问卷的结构如图3-1所示。

四 访谈设计

根据研究需要，研究的访谈调查主要针对五类人群而展开，分别是教育行政部门人员、中小学校长、学校中层干部、教师和学生家长。在这五

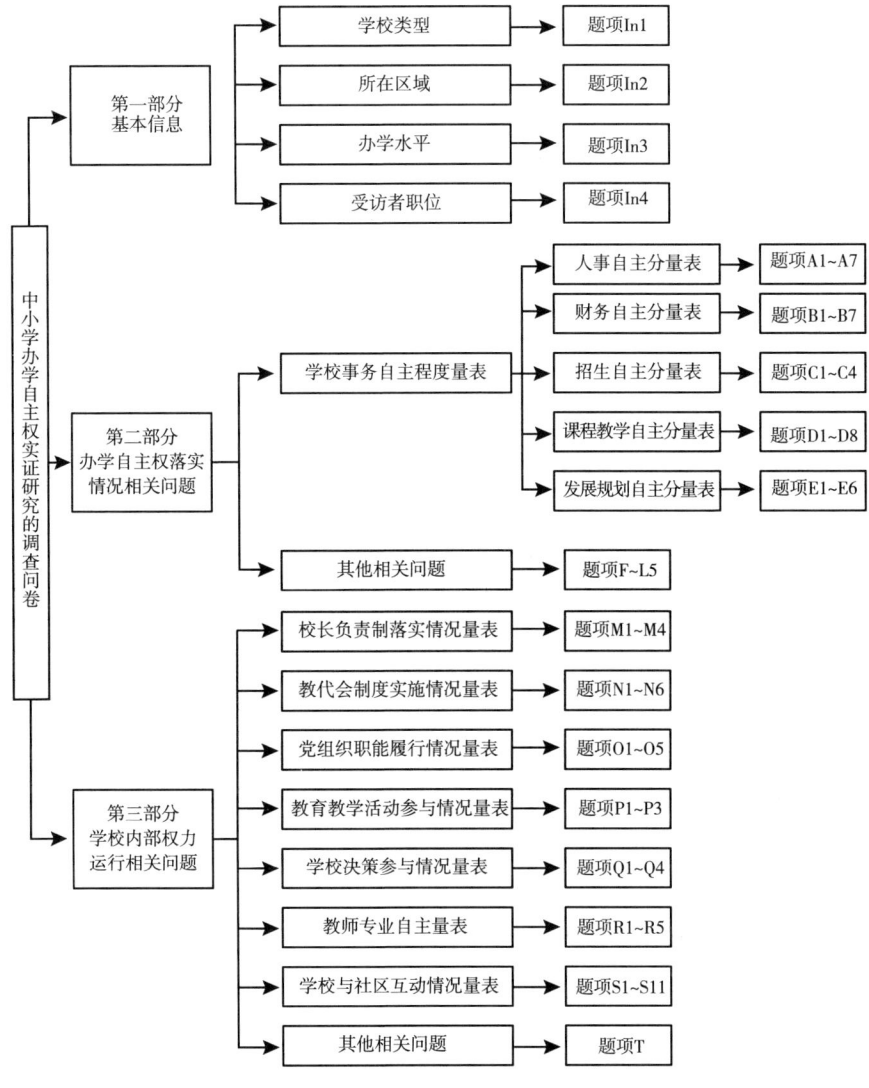

图 3-1 调查问卷的结构呈现

类人群中,中小学校长与其他校级领导是本书最为主要的访谈对象,因而也是笔者在访谈设计中重点关注的。同时,根据研究问题的具体需要,笔者也访谈了部分教育行政部门工作人员、学校教师、学生家长等,以期从不同的视角去深化对研究问题的讨论。针对学校领导、教师和教育行政部门工作人员,笔者分别就研究问题设计了非结构化的访谈提纲,以下具体说明。

对于学校的办学自主权问题，感受最多、认识最为深刻的莫过于中小学校的校长。政府与学校的关系、学校与社会的关系、学校与市场的关系，在学校内外形成交叉和联结，作为学校的法人代表，校长处于各种权力关系交叉的中心地带，是整个教育制度链条上承接上下、联结内外的关键角色。本书面向校长以及书记、副校长等校级领导采用的是非结构化访谈，主要以当面访谈的形式开展，部分采用电话访谈的形式。在访谈内容上，围绕"办学自主权"这一核心内容，展开"对学校办学自主权的总体看法""人事自主相关问题""财务自主相关问题""招生自主相关问题""课程教学自主相关问题""发展规划自主相关问题""办学影响因素相关问题""校长权力相关问题""学校内部民主相关问题""社会组织评估相关问题"十个主题的访谈，每个主题之下设有若干具体问题（见附录2）。

对于教师群体访谈的主要目的是更加深入了解学校内部民主和权力运行的相关现状，尤其是教师对于学校重大事务决策的参与程度、教师在专业上的自主程度以及教师在工作中与学生家长的沟通情况等。在访谈过程中笔者感受到，大部分教师对于学校的"办学自主权"问题并未投诸过多的关注，但对于关乎教师切身利益的相关规定以及影响其具体工作开展的事项，往往能够具体地、细致地描述自身的体会与看法，这些信息为本书深入了解中小学内部运行所面临的问题提供了极佳的一手资料。本书面向中小学教师群体的访谈同样采用非结构化的访谈提纲，在访谈形式上结合了当面访谈与电话访谈。在访谈内容上，以"对办学自主权的总体看法""教师专业自主相关问题""教师参与学校决策相关问题""家校沟通相关问题"等为主题，展开一系列具体问题的访谈（见附录3）。

对教育行政部门工作人员的访谈，主要目的是从"政府-学校"关系的角度，了解教育行政部门人员对中小学办学自主权相关问题的看法。公办中小学的举办者是政府，办学所需的各项资源均须得到政府的大力支持，这就决定了政府行为必然对学校的办学产生深刻且不可规避的影响。就办学自主权问题来说，一所学校有多大的办学自主权，在很大程度上就取决于其上级教育主管部门对其下放多少自主权，学校所在地政府管理下的人事管理制度、财务制度等则是从更加上位的角度影响学校的办学行为。基于此，笔者认为应尽可能多地对教育行政部门人员及其他政府部门人员进行访谈，以更加深入地解析目前中小学办学过程中面临的问题以及自主权不足的深层原因。在访谈内容上，以"'政府-学校'关系相关问题"与"学校办学自主权相关问题"为主题，每个主题下设置若干具体问题（见附录4）。

五　抽样方案

任何一项社会调查均须依赖调查对象以获取研究资料，而调查对象又是由接受调查的个体所构成，这就决定了在大多数情况下，研究者受条件的限制只能从调查对象的总体中抽取一部分个体进行调查和资料收集。从组成某个总体所有元素的集合中采取一定的方式抽取一个子集或一部分元素的过程即为抽样。[①] 在面对研究总体数量多与有限的人力、财力、时间等成本的矛盾时，科学的抽样能够为研究者节约成本、提高效率，因此抽样方案的明确也是展开调查之前的重要步骤。我国幅员辽阔，自然环境复杂多样，地区差异显著，不同的地理位置、经济发展水平和历史文化特质孕育出各异的地域风貌。同时，我国东、中、西部以及城乡之间经济发展水平的巨大差异，导致不同地区和地域类型所面临的问题也各不相同。当前，我国在基础教育阶段实行的是国务院领导，省、自治区和直辖市人民政府统筹规划，市、县级人民政府具体负责实施的地方负责、分级管理的体制。在这样的基础教育管理体制下，中央政府主要负责宏观教育政策、方针、路线、法规、规划等的制定，而各级地方政府则结合本地区的具体情况，在中央的宏观引导下制定符合地区发展实际的教育发展规划和教育教学计划并推动其实施。因此，我国各个地区的教育不仅发展水平不同，地方特色也尤为显著，同样的问题在不同地区有着不同的表征与原因。因此，在抽样方案部分，本书首先明确调查区域，进而再根据研究问题确定具体的抽样方法。

（一）调查区域简介

本书展开实证调查的地区限定在豫中地区。豫中地区是河南省的一级行政区划，包括省会城市郑州市和许昌市、漯河市、平顶山市等另外三个地级城市以及巩义市、汝州市等两个省直辖县级市。之所以选择豫中地区作为研究的调查区域，主要是基于对其典型性价值的考虑。

从全国范围来看，我国东、中、西部之间社会经济发展水平与教育发展水平均有着显著差异，中部地区的经济社会发展水平相对更为贴近全国

[①] 风笑天：《现代社会调查方法》，华中科技大学出版社，2013，第57页。

范围内的平均水平，"中部"也常常被舆论认为是"中国的缩影"。本书无意于寻找一个能够代表全部总体的调查区域，然而从研究价值与研究意义的角度考虑，以北京、上海、广州为代表的发达地区与经济社会发展较为落后的地区均非理想的调查区域，因为这些地区的基础教育发展或已相对完善，或仍相对落后。就"中小学办学自主权"问题的研究来说，中部地区的教育能够反映出更多、更复杂、更贴近全国大部分地区学校的问题，一方面有利于研究的深化，另一方面能够使研究结论在更大的范围内产生借鉴和参考价值，提升研究意义。

根据我国经济分区，中部地区包括山西、河南、安徽、湖北、江西与湖南六个相邻的省份，而河南省所在区域自古以来就被定位为"中原地区"，是无可置疑的中部地区的代表性省份之一。从更大的范围看，豫中地区所在的河南省近年来在基础教育人才培养上处于稳步发展中。根据教育部发展规划司2015年发布的教育统计数据，河南省小学、初中及高中学校类别及数量的相关统计数据（如表3-9所示），可以为本书的抽样调查提供一个大致的参考。

表3-9 2015年河南省中小学校统计数据

单位：所，个

小学	学校数			教学点数
	24673			9260
初中	初级中学	九年一贯制学校	职业初中	合计
	3784	781	0	4565
普通高中	完全中学	高级中学	十二年一贯制学校	合计
	152	547	71	770

基于研究有针对性以及展开实证研究可行性的考虑，本书将调查地区进一步缩小，最终定位在豫中地区。该地区是河南省经济最为发达、教育优势资源较为集中的地区。豫中地区城市群中涵盖了省会城市、一般地级市与省直辖县级市，本书调查抽样地区既涵盖了省会城市与一般地级城市的市辖区，也纳入了县级市、县以及乡镇地区，这么做的主要考虑是尽量使本书的调查样本覆盖各个学段、不同地区类型和不同办学水平的公办中小学校，既丰富了调查样本，也为后续本书在描述"共性"的基础上，针对不同类型学校间在办学自主权相关问题上的差异性分析奠定有效的前

提。具体而言，豫中地区参与抽样学校的地区分布如表3-10所示。此外，由于乡镇、农村地区在行政区划上本身已包括在县级市以及县的范围内，因而此处不再单独列出。

表3-10　豫中参与抽样学校的地区分布

市辖区	S区	省会城市市辖区
	C区	省会城市市辖区
	N区	地级市市辖区
县级市	G市	省直辖县级市
	Y市	Z市下辖县级市
	X市	Z市下辖县级市
县	M县	Z市辖县

（二）抽样方法

为使调查抽样尽可能涵盖不同地区类型、不同办学水平的公办中小学校，且力求使样本接近豫中地区各个学段公办学校的总体比例，因而在整体策略上，本书采取的是分层抽样、整群抽样与简单随机抽样相结合的方法。同时，本书的调查对象是学校中的"人"，即以校级领导、中层干部和普通教师三类为最主要的人群，因此也尽可能兼顾样本中这三类人群的比例，做到科学、合乎实际。在调研过程中，本书先后进行了多次问卷的收集，每次问卷回收后先进行无效问卷的剔除，而后对样本分布的合理性进行评估，再以方便性为原则就样本中缺失的部分再次进行问卷收集。最终研究样本的分布状况，将在本书的第五章做出详细阐释。

第二节　调研工具的检验与确立

调查问卷是本书最主要的调研工具，因此在问卷最终形成之前，本书基于初步完成的实证研究设计，对调研工具进行了多次检验。问卷施测前，笔者于2016年3~4月共进行了两轮专家集体论证。第一次专家论证成员以此研究领域的学者为主，第二次专家论证成员以此教育实践领域的专家为主。问卷在两轮专家论证后进行了有针对性的修改，力求问卷的呈现既能够满足开展学术研究搜集资料的需求,又能符合教育实践领域的话语体系。在两轮专家论证后,笔者以调整后的问卷进行了两次预调查。第一次预调查在小范围内进行,目的仅在于根据答题情况调整不合理的题项;第二次预调查严格按照一般社会调查的步骤进行,选取较为适切的样本规模,回收数据后进行了问卷信度与效度的分析,最终正式问卷得以确立。问卷形成的过程如图3-2所示。

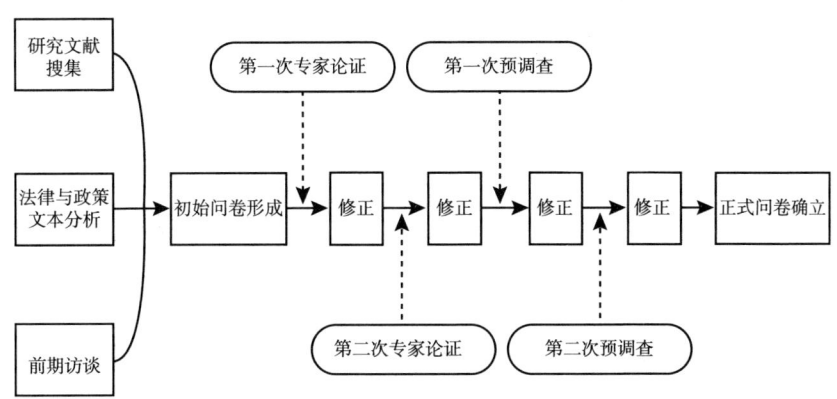

图3-2 调查问卷的形成过程

一 问卷施测前的探讨与修正

本书问卷的初次编制于2016年3月完成,并于2016年3月24日进行了第一次专家论证。此次专家论证成员包括本研究领域的一位正高级专家、一位副高级专家和本专业研究方向的八名博士研究生。专家与博士研究生从研究问题出发,对问卷的整体架构和具体指标的设置进行了深入剖析,力求问卷设计与研究问题达到高度契合,能帮助研究者有效地收集研究数据;同时,专家与博士研究生对问卷的统计方法、数据分析方法以及数据后期处理可能会遇到的困难都进行了全面的探讨,提出了非常有价值的改进意见。

此后,笔者于2016年4月1日对问卷进行了第二次专家论证。此次专家论证成员包括一位高中校长、一位九年一贯制学校的校长、一位教育行政部门工作人员以及一位长期从事中小学校长与教师培训的副高级专家。此次论证邀请的几位专家来自教育实践领域,对中小学校的办学情况非常了解。由于问卷调查的对象是中小学校长与教师，问卷题目及其表述是否符合教育实践活动中的习惯会直接影响到调查结果的准确度，因此本次专家论证也正是基于这样的初衷，请教育实践领域的专家对问卷的设计提出改进意见。

在两轮专家论证后，调查问卷主要做出了如下改动：问卷从整体上划分为"基本信息"、"办学自主权落实情况相关问题"及"学校内部权力运行相关问题"；问卷基本信息部分删去了与办学自主权问题相关度不高的题目，如学校规模、教师和学生人数等题目；同时，删去主观性较强的题目，如学校在本区域的办学水平、学校排名等问题，以提高基本信息的准度与精度；问卷把"办学自主权"这一核心概念划分为"人事"、"财务"、"招生"、"课程教学"及"发展规划"五个维度，进而重新整合问卷，把相应维度下的题目进行归类，使问卷的结构更加清晰；问卷中的量表均采用 Likert 五点计分法，以便于后期的资料收集与数据分析；在专家建议下，对问卷个别题目的表述进行了细微调整，使之更接近中小学实践领域的话语体系，以配合答题者的表达习惯。

二 问卷的初次检验与修正

第一次预调查于 2016 年 4 月上旬进行，笔者就近选取了"××市教育行政干部高级研修班"与"××市初中校长高级研修班"共 82 名学员作为调查样本，共发放问卷 68 份，回收问卷 56 份，回收率 82.36%；其中有效问卷 42 份，有效率 75%。

表 3-11 第一次预调查对象基本信息（N=42）

变量	样本分布百分比
所在学校类型	小学 2.4%；普通初中 45.2%；普通高中 23.8%；完全中学 2.4%；九年一贯制学校 26.2%
学校所在区域	市/县城的中心城区 57.1%； 市/县城的边缘城区或城乡接合部 23.8%； 市/县城以外的乡镇或农村 19.0%
所在学校办学情况	省级示范性学校 7.1%；市级示范性学校 21.4%； 县/区级示范性学校 9.5%； 普通学校 52.4%；薄弱学校 9.5%
所处职位	校级领导 45.2%；中层干部 14.3%；普通教师 40.5%

作为问卷的初次检验，此次预调查在小范围内进行，其主要目的仅在于根据研修班学员对问卷题目的回答情况对不合理的题项做出调整，在这个阶段尚未对问卷的信度和效度进行分析。问卷在初次检验后主要做出了如下改动：针对回收问卷中容易造成多选的题目，把一些单选题改为"可多选"或"选两项"，以求在最大限度上覆盖被调查者对相应问题的看法，提高回收资料的准确度；针对回收问卷中"其他：＿＿＿＿＿＿＿"部分几乎无人填写的情况，删去了需要大量文字表述去回答的题目，全部以选择题的形式进行，题项力求在最大限度上覆盖相应问题可能涉及的所有情况，以简化被调查者的答题步骤，提高问卷回收的有效率；针对问卷答题现场的反应情况，对问卷第17题的题项进行合并，最终定为四个题项，突出重点，提高答题效率；根据研究问题的需要，增设第14题和第22题。

三　问卷的二次检验与信效度分析

第二次预调查于2016年4月中下旬进行。本书问卷中最为核心的"学校事务自主程度量表"变量总数为32个，参考社会科学研究领域的一般做法，预调查样本规模一般控制在题项最多"分量表"总数的5~10倍。由此推论，预调查理想的样本规模应以160~320人为宜。但考虑到本轮预调查要对量表进行因素分析，在进行因素分析时，以较大规模的样本做分析所呈现出的因素组型相对于以较小样本规模做分析呈现出的因素组型要更为稳定。因此，笔者认为本轮预调查的样本规模应适度扩大，以在更大程度上保障因素组型的稳定性。参考第一次预调查问卷的有效回收率，笔者在调查地区选取2所高中、2所初中和5所小学共计9所学校进行了预调查，发放问卷800份，回收问卷689份，回收率86.12%；其中有效问卷512份，有效率74.31%。

表3-12　第二次预调查样本基本信息表（N=512）

变量	样本分布百分比
所在学校类型	小学30.5%；普通初中34.6%； 普通高中32.6%；九年一贯制学校2.3%
学校所在区域	市/县城的中心城区26.4%； 市/县城的边缘城区或城乡接合部39.6%； 市/县城以外的乡镇或农村34.0%

续表

变量	样本分布百分比
所在学校办学情况	省级示范性学校 1.2%;市级示范性学校 18.2%;县/区级示范性学校 20.1%;普通学校 47.5%;薄弱学校 13.1%
所处职位	校级领导 2.1%;中层干部 2.7%;普通教师 95.1%

(一) 信度检验

所谓信度就是问卷量表的可靠程度,信度检验即测量问卷量表工具所测得结果的稳定性(Stability)与一致性(Consistency),问卷量表的信度越大,则表示其测量的标准误越小。[①] 通常情况下,对量表信度的检验所采取的方法是 L. J. Cronbach 所创的 Cronbach's α。当 Cronbach's α 值在 0.60 至 0.65 之间时,最好舍弃;当 Cronbach's α 值在 0.65 至 0.70 之间时,是最低的可接受值;当 Cronbach's α 值在 0.70 至 0.80 之间时,说明量表信度就相当好;当 Cronbach's α 值在 0.80 至 0.90 之间或 0.90 以上时,表示量表信度极佳。[②] 对于调查问卷信度的检验主要涉及问卷中的八个量表以及"学校事务自主程度量表"下的五个分量表。如表 3-13 所示,"学校事务自主程度量表"的 Cronbach's α 值为 0.948,各分量表的 Cronbach's α 值为 0.854~0.938,信度指标极佳,说明量表各题项间具有极高的内在一致性。

表 3-13 预调查"学校事务自主程度量表"的可靠性统计量

量表	Cronbach's α	基于标准化项的 Cronbach's α	项数
人事自主分量表	0.854	0.856	7
财务自主分量表	0.902	0.905	7
招生自主分量表	0.914	0.914	4
课程教学自主分量表	0.897	0.900	8
发展规划自主分量表	0.938	0.938	6
学校事务自主程度量表	0.948	0.949	32

[①] 吴明隆:《问卷统计分析实务——SPSS 操作与应用》,重庆大学出版社,2010,第 237 页。
[②] R. F. De Vellis, *Scale Development: Theory and Applications*, London: SAGE, 1991.

如表 3-14 所示，本书调查问卷第三部分各量表的 Cronbach's α 值介于 0.737 和 0.948 之间。"教育教学活动参与情况量表" Cronbach's α 值为 0.737，信度系数相对于其他几个量表略低，但仍在可以接受的范围内，考虑到预调查样本数量相对较小，数据结果会影响量表的信度系数，因此暂且不对其进行调整。其余几个量表 Cronbach's α 值均在 0.841 以上，信度系数极佳，说明各量表内在一致性较强。

表 3-14 预调查问卷第三部分各量表的可靠性统计量

量表	Cronbach's α	基于标准化项的 Cronbach's α	项数
校长负责制落实情况量表	0.841	0.841	4
教代会制度实施情况量表	0.944	0.945	6
党组织职能履行情况量表	0.948	0.949	5
教育教学活动参与情况量表	0.737	0.747	3
学校决策参与情况量表	0.881	0.885	4
教师专业自主程度量表	0.895	0.897	5
学校与社区互动情况量表	0.930	0.931	11

（二）效度检验

"效度"就是指"测验或量表所能正确测量的程度"，简单来讲，就是指测验结果的正确性与可靠性。效度在类别上一般分为内容效度（Content Validity）、效标关联效度（Criterion-related Validity）与建构效度（Construct Validity）。[1] 在预调查效度检验的环节，本书主要论证的是"学校事务自主程度量表"的内容效度与建构效度。内容效度指的是量表题项的适切性与代表性，通常利用双向细目表进行检验，也可将编制好的量表请相关领域的专家进行检视。本书在问卷设计和量表编制的过程中，进行了两个轮次的专家论证，论证专家既包括本学科领域的资深学者、青年学者和多位博士生，也包括教育实践领域的专家、多位中小学校长与教师。在两轮的论证后，笔者根据专家意见对问卷及量表进行了反复修正与完善，由此认为本书问卷的量表具备了"专家效度"。此外，本书在这个环节将主要根据

---

[1] 吴明隆：《问卷统计分析实务——SPSS 操作与应用》，重庆大学出版社，2010，第 194～195 页。

预调查的数据结果检验量表的建构效度,即能够稳妥地、适当地赋予变量操作性定义的程度,[1] 或者是量表能够依据某种理论构念对其加以解释的程度。在统计学上,通常采取因素分析(Factor Analysis)的方法检验量表的建构效度,通过研究量表众多变量间的内部依赖关系观测数据的基本结构。因素分析因其作用的不同分为探索取向与验证取向,在此环节,本书针对预调查数据,对"学校事务自主程度量表"进行探索性因子分析(Exploratory Factor Analysis,EFA)。将量表内 32 个题项全部纳入,采取主成分分析的提取方法,并以最大方差法进行正交旋转。如表 3-15 所示,KMO 值为 0.934,KMO 指标大于 0.900 时,表示变量间的关系是极佳的,非常适合进行因素分析。Bartlett 的球形度检验的近似卡方值为 12190.318,其原假设是相关系数矩阵为单位阵,Sig=0,拒绝原假设,说明变量之间存在相关关系,因此适合做因素分析。

表 3-15 KMO 和 Bartlett 的检验

取样足够度的 Kaiser-Meyer-Olkin 度量		0.934
Bartlett 的球形度检验	近似卡方	12190.318
	df	496
	Sig	0

如表 3-16 所示,因素分析后共萃取了 5 个因素,5 个因素的特征值分别占总特征值的 15.535%、15.438%、14.443%、10.919%、10.648%,5 个因素特征值之和占总特征值的 66.983%。

表 3-16 解释的总方差

单位:%

成分	初始特征值			提取平方和载入			旋转平方和载入		
	合计	方差的百分比	累计百分比	合计	方差的百分比	累计百分比	合计	方差的百分比	累计百分比
1	12.685	39.640	39.640	12.685	39.640	39.640	4.971	15.535	15.535
2	3.395	10.609	50.249	3.395	10.609	50.249	4.940	15.438	30.972
3	2.623	8.197	58.446	2.623	8.197	58.446	4.622	14.443	45.415

---

[1] Eliot R. Smith, *Research Methods in Social Relations*, Holt, Rinehart, and Winston, 1991.

续表

成分	初始特征值			提取平方和载入			旋转平方和载入		
	合计	方差的百分比	累计百分比	合计	方差的百分比	累计百分比	合计	方差的百分比	累计百分比
4	1.454	4.543	62.990	1.454	4.543	62.990	3.494	10.919	56.334
5	1.278	3.993	66.983	1.278	3.993	66.983	3.408	10.648	66.983
6	0.996	3.114	70.096						
7	0.973	3.039	73.136						
8	0.765	2.392	75.528						
9	0.721	2.254	77.781						
10	0.573	1.791	79.572						
11	0.536	1.677	81.249						
12	0.469	1.465	82.714						

注：提取方法：主成分分析。

表3-17给出的是旋转后的因素载荷值，其中旋转方法采用的是Kaiser标准化的正交旋转法。通过因素旋转，各个因素所对应的内容有了明确的解释：因素1对应B1~B7变量，即"财务自主分量表"；因素2对应E1~E6变量，即"发展规划自主分量表"；因素3对应D1~D8变量，即"课程教学自主分量表"；因素4对应A1~A7变量，即"人事自主分量表"；因素5对应C1~C4变量，即"招生自主分量表"。5个因素各自包含的变量与量表预设的5个二级指标（即分量表）得到对应，因此在第二次预调查后，量表暂时不需要调整，在正式调查回收全部有效样本后，再根据因素分析的结果进行调整。

表3-17 旋转成分矩阵

	成分				
	1	2	3	4	5
B5	0.815				
B2	0.754				
B7	0.743				
B6	0.703				
B3	0.692				

续表

	成分				
	1	2	3	4	5
B1	0.682				
B4	0.672				
E3		0.845			
E2		0.832			
E4		0.774			
E6		0.749			
E1		0.704			
E5		0.697			
D7			0.734		
D4			0.706		
D2			0.699		
D8			0.695		
D5			0.659		
D6			0.652		
D1			0.589		
D3			0.525		
A3				0.774	
A2				0.743	
A1				0.627	
A7				0.619	
A4				0.590	
A6				0.555	
A5				0.477	
C3					0.894
C4					0.873
C2					0.856
C1					0.779

注：提取方法：主成分分析。

旋转法：具有 Kaiser 标准化的正交旋转法。旋转在 6 次迭代后收敛。

第四章 实证调查发现与数据分布

在完成分析框架建构与实证研究设计的基础上,本书进入了正式调研阶段,以自编的"中小学办学自主权区域实证研究的调查问卷"与针对不同调查对象群体所设计的访谈提纲为主要调研工具。在调研过程中,本书采取分层抽样、整群抽样与简单随机抽样相结合的方式,在豫中地区各个地级市的市辖区、县级市、县、乡镇的公办中小学校展开调研。参与抽样的学校分布于豫中地区各地级市的3个市辖区(S区、C区、N区)、3个县级市(G市、Y市、X市)与1个县(M县),在每个地区分别在市区(县城)和乡镇两个层级抽取若干中小学校。同时,对于普通高中的抽样,考虑到目前我国普通高中在实施素质教育的过程中发展起来一批示范性学校,故而在省、市级示范性高中和普通高中各自抽取若干样本。在抽样过程中,尽可能地使样本结构接近各个学段公办中小学校的总体比例。同时,本书以方便性为原则,实地走访了8所中小学校,就本研究主题展开深度访谈并进行典型案例的采集。此8所学校具体包括2所公办小学、3所公办初中与3所公办高中。

本章呈现的是实证调查部分的核心内容,将首先对调研的正式样本进行描述,进而通过数据结果检验调查问卷的信度与效度,在此基础上借助SPSS 20.0数据分析软件对数据进行处理,以因素分析、描述性统计、相关分析、线性回归分析、差异性检验等具体方法,逐步呈现数据分析的结论。

第一节 样本描述与样本检验

一 样本描述

本书采取了问卷调查与访谈调查两种形式展开调研,因此在样本描述的环节,分别对问卷调查的样本与访谈调查的样本进行描述。

(一) 问卷调查样本描述

通过实地走访、邮寄调查、个别发送、集中填答等多种形式,共发放问卷近 5500 份,回收问卷 4679 份,其中有效问卷共 3467 份,有效率为 74.1%。对于无效问卷的剔除,问卷出现漏填现象,整份问卷中漏填及未作答的题项超过 3 个;问卷出现规律性作答现象,如连续多个题目选择相同答案或连续性的、波浪形的答案;问卷出现明显逻辑错误,如前后观点相矛盾,明显不符合逻辑的作答;问卷出现单选题却勾选两项以上选项的现象。以上四个标准,若符合任意一项,问卷均做无效处理。通过严格的筛选,本书在问卷调查部分最终获得了 3467 个有效样本。

在 3467 个正式样本中,如表 4-1 与图 4-1 所示,在总体样本中有 1526 个样本所在的学校类型为小学,占样本总体的 44.0%;有 999 个样本所在的学校类型为普通初中,占样本总体的 28.8%;有 816 个样本所在的学校类型为普通高中,占样本总体的 23.5%;有 13 个样本所在的学校类型为完全中学,占样本总体的 0.4%;有 109 个样本所在的学校类型为九年一贯制学校,占样本总体的 3.1%;有 4 个样本所在的学校为十二年一贯制学校,占样本总体的 0.1%。

表 4-1 调查对象所在学校类型

单位:%

	频率	百分比	有效百分比	累计百分比
小学	1526	44.0	44.0	44.0
普通初中	999	28.8	28.8	72.8
普通高中	816	23.5	23.5	96.4
完全中学	13	0.4	0.4	96.7
九年一贯制学校	109	3.1	3.1	99.9
十二年一贯制学校	4	0.1	0.1	100.0
合计	3467	100.0	100.0	

注:因四舍五入,存在总数与分项合计不等的情况。

如表 4-2 与图 4-2 所示,在 3467 个样本总体中有 942 个样本所在的学校位于市/县城的中心城区,占样本总体的 27.2%;有 1123 个样本所在的学校位于市/县城的边缘城区或城乡接合部,占样本总体的 32.4%;有 1402 个样本所在的学校位于市/县城以外的乡镇或农村,占样本总体的 40.4%。

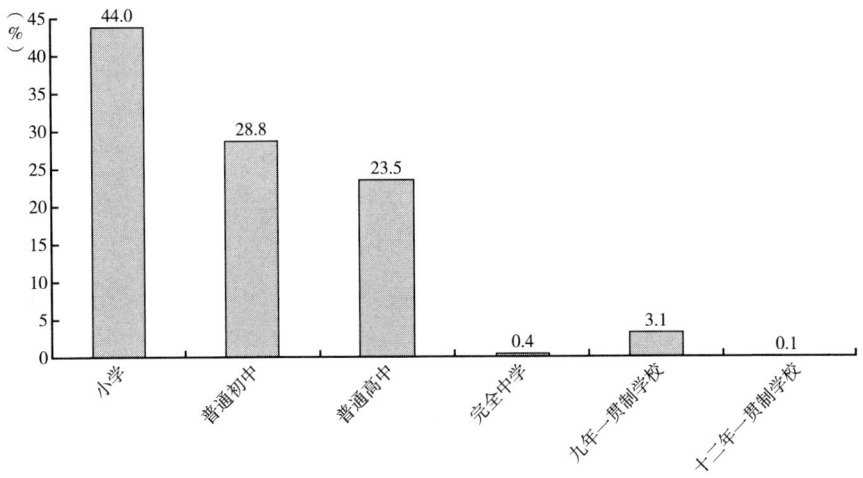

图 4-1　调查对象所在学校类型

表 4-2　调查对象所在学校区域

单位：%

	频率	百分比	有效百分比	累计百分比
市/县城的中心城区	942	27.2	27.2	27.2
市/县城的边缘城区或城乡接合部	1123	32.4	32.4	59.6
市/县城以外的乡镇或农村	1402	40.4	40.4	100.0
合计	3467	100.0	100.0	

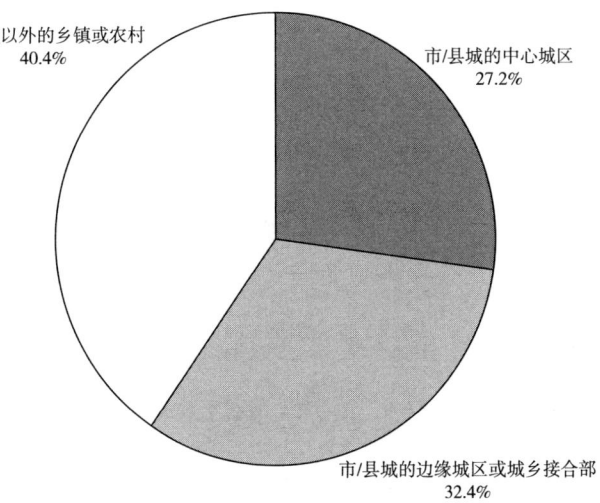

图 4-2　调查对象所在学校区域

如表4-3与图4-3所示，在3467个样本总体中，有265个样本所在的学校为省级示范性学校，占样本总体的7.6%；有463个样本所在的学校为市级示范性学校，占样本总体的13.4%；有693个样本所在的学校为县/区级示范性学校，占样本总体的20.0%；有1562个样本所在的学校为普通学校，占样本总体的45.1%；有484个样本所在的学校为薄弱学校，占样本总体的14.0%。但是此处应注明的是，在调研过程中笔者发现，部分被调查者对于自身所在的学校是不是示范性学校并没有一个非常准确的认知，很多时候还停留在过去"重点校"的刻板印象里。

表4-3 调查对象所在学校办学水平

单位：%

	频率	百分比	有效百分比	累计百分比
省级示范性学校	265	7.6	7.6	7.6
市级示范性学校	463	13.4	13.4	21.0
县/区级示范性学校	693	20.0	20.0	41.0
普通学校	1562	45.1	45.1	86.0
薄弱学校	484	14.0	14.0	100.0
合计	3467	100.0	100.0	

注：由于四舍五入的原因，存在总数与分项合计不等的情况。

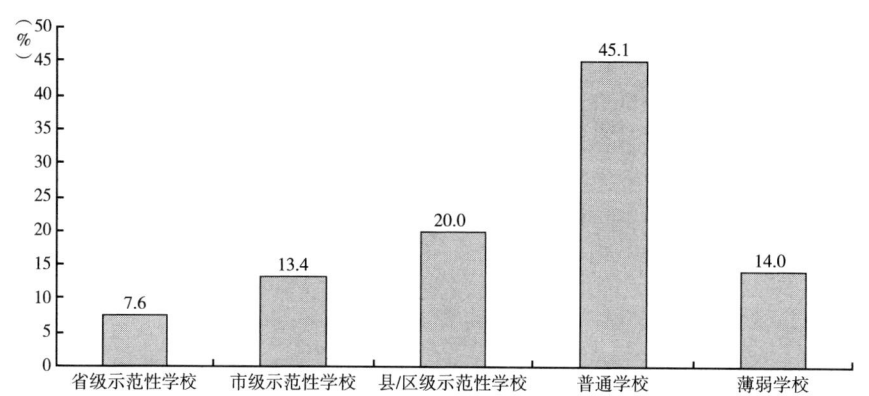

图4-3 调查对象所在学校办学水平

在过去很长时间内，基础教育的"重点校"政策将稀缺的优势教育资源向部分重点学校倾斜，在社会经济发展水平相对较低的年代，为提升人才培养的效率发挥了重要作用。然而,"重点校"政策在本质上体现的是一种非均衡化的资源分配模式,虽然培养出了一批批的精英人才,却也人为地加剧了地区之间、城乡之间以及学校之间的教育不均衡发展问题,直接阻碍了我国教育公平的前进脚步。2006年6月,"重点校"政策随着全国人大常委会所通过的《中华人民共和国义务教育法》的颁布走向了终结,该法第二十二条明确规定:"县级以上人民政府及其教育行政部门应当促进学校均衡发展,缩小学校之间办学条件的差距,不得将学校分为重点学校和非重点学校。学校不得设重点班和非重点班。"[①]然而,"重点校"政策虽然取消了,但"重点校"长期以来在优势资源的重点支持下已经形成了一套运行相对平稳的办学模式,其办学优势在同类学校中依然十分明显,在社会大众以及学校教职工的传统印象中,"重点校"依然是重点校,并未随着政策的取消而丧失其一贯的优势地位,由此也间接造成了大众对于重点校认知的模糊。对于普通高中,原国家教委自1995年起开始实施示范性高中政策,其主要目的是引领周边高中的发展,进而以普通高中教育发展带动教育水平的全面提升,最终实现基础教育的整体均衡发展。因此,"示范性"的提法,仅仅是针对普通高中,在初中和小学阶段,国家政策的导向是强调均衡化、均等化发展,并不存在所谓"重点校""示范性学校"的提法。河南省自2005年秋季起全面取消了省、市重点高中等称号,改称"示范性普通高中",省级、市级"示范性普通高中"须经过专家对学校办学实力、办学方向及学科建设等因素进行全方位的综合评估方可命名。重点高中的称号虽早已取消,但目前仍存在混淆"重点高中"与"示范性高中"的现象。总之,对于基础教育阶段"示范性学校"认知的不清晰,致使问卷调查对象对于其所在学校办学水平的作答并不是十分精准,笔者观察发现,部分教师在作答时是基于一种对学校在区域内同类学校中办学水平的传统印象,大众视野中的"好学校"就是"示范性学校",因此对于问卷中这一基本信息的统计,最适切的处理方式是仅从办学质量或办学水平的高低程度去理解,而无法精准地强调是不是示范性学校或是

---

① 《中华人民共和国义务教育法》(1986年4月12日第六届全国人民代表大会第四次会议通过 2006年6月29日第十届全国人民代表大会常务委员会第二十二次会议修订),中华人民共和国教育部网站,2010年1月29日,http://www.moe.gov.cn/s78/A02/zfs__left/s5911/moe_619/201001/t20100129_15687.html。

哪个等级的示范性学校。

如表4-4与图4-4所示，在总体样本中有266个调查对象为校级领导，占样本总体的7.7%；有376个调查对象为学校中层干部，占样本总体的10.8%；有2825个调查对象为普通教师，占样本总体的81.5%。

表4-4 调查对象职位

单位：%

	频率	百分比	有效百分比	累计百分比
校级领导	266	7.7	7.7	7.7
中层干部	376	10.8	10.8	18.5
普通教师	2825	81.5	81.5	100.0
合计	3467	100.0	100.0	

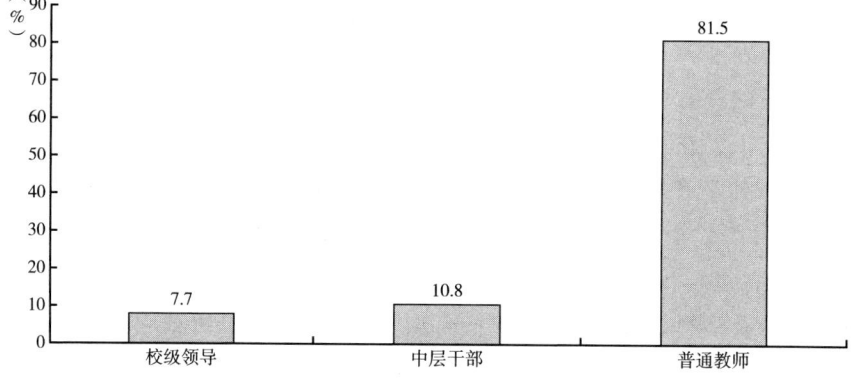

图4-4 调查对象职位

（二）访谈样本描述

在大样本问卷调查之余，访谈调查法在研究的具体方法上是问卷调查最为主要的补充手段。一个复杂的研究问题，即使研究者尽可能地在问卷中呈现研究所需收集的各方面信息，尽可能地在科学抽样的前提下扩大样本规模，也往往难以深入地、极具信服力地印证或否定研究假设，揭示现象之下的深层原因。因为数据所呈现给我们的是一种总体上的特征，可一旦聚焦到某一个具体的案例、某一个具体的事件或某一个人时，数据则即刻变为一种苍白的存在。社会科学研究面对的往往是复杂的研究现象,而现象的描述与分析又往往通过人的语言表达、理念传输而达成其意义建构,在这种情况下,访谈调查法的价值随即得到了凸显。"访谈"也即研究者"寻访""访问"被研究者并与其"交谈"和"询问"的活动,是一种研究性的交谈;① 它本身就是一种言语事件,是一种"现实"存在的形式,因此能够反映出一定的社会现实,帮助研究者挖掘真实的研究资料。② 本书在访谈调查样本的抽样方法上,采取的是方便抽样的方法,在力所能及的范围内尽量寻找较为熟悉的调查对象作为访谈样本,这么做主要是基于对访谈效果的考虑。对于本书而言,从发现研究问题到提出研究问题,从前期访谈到实证研究设计,从正式调研到深入分析,访谈调查贯穿研究的全部过程。本书正式的访谈样本共计28人,分布于豫中地区的各学校/区域,具体信息如表4-5所示。

表4-5 访谈调查样本描述

走访学校/区域	访谈对象	简介
Y市实验小学	校长 中层领导1人 教师1人	Y市是Z市下辖的县级市,Y市实验小学位于Y市中心城区,建校已近四十年,目前共有49个教学班4000余名学生。该校曾获得"依法治校示范校""省优秀家长学校"等称号
Z市Y小学	校长 教师2人 学生家长3人	Y小学位于Z市老城区,建校于20世纪中叶,是Z市被认可程度较高的公办小学之一。目前学校共有50余个教学班约4000名学生。该校提倡班级与学生的自我管理,奉行"让全体学生当家做主"的教育理念
C镇第一初级中学	校长 教师2人	C镇第一初级中学位于Z市下辖县级市X市的CG镇,是一所典型的乡镇学校。该校建校于20世纪80年代末,教育教学质量在同类学校中被认可程度较高,曾获得"教育教学管理示范校""家长示范学校"等称号
M县第一初级中学	书记 教师2人	M县是Z市的下辖县,M县第一初级中学位于M县老城区,建校已有30余年的历史,目前共有40余个教学班3000余名学生。该校在艺术教育、分层教学方面积累了较成熟的经验,在区域内办学声誉较好

---

① 陈向明:《质的研究方法与社会科学研究》,教育科学出版社,2000,第165页。
② E. G. Mishler, "Research Interviewing: Context and Narrative," *American Journal of Sociology*, 1988, 94 (2): 192.

续表

走访学校/区域	访谈对象	简介
P市S中学	副校长	P市S中学是一所建校时间较短的普通初中,位于P市的中心城区,学校占地面积小,但规划合理、设施现代化。近年来,该中学在促进学校个性化、追求"自主勤奋"学风的目标下,办学质量稳步提升
Z市A中学	副校长 教师2人 学生家长1人	Z市A中学是Z市历史最为悠久的中学之一,也是省内公布的首批示范性高中之一,位于Z市中心城区,新建校区位于Z市新城区,校区面积相对较大。该校近年来被确定为Z市普通高中多样化发展试点学校
Y市第二高级中学	校长 教师1人	Y市第二高级中学是一所"市级示范性学校",位于Z市下辖县级市Y市的边缘城区,是一所寄宿制学校。该校占地面积较大,教职工人数近500人,师资力量较强
X市实验高级中学	校长	X市实验高级中学位于Z市下辖县级市X市,位于X市中心城区,建校于20世纪末,是该市办学规格最高的一所普通高中,是一所"省级示范性学校",目前有300余名教师和4000余名学生
G市	教体局1人	省直辖县级市
C区	教体局2人	Z市市辖区,位于Z市老城区
X市	教体局1人 教研室1人	Z市下辖县级市

二 样本检验

(一) 信度检验

录入正式样本数据后,研究借助SPSS 20.0软件对问卷量表的信度再次进行检验,在具体方法上,同样是参照其Cronbach's α判断量表的信度。检验结果如表4-6所示,"学校事务自主程度量表"的Cronbach's α值为0.942,各分量表的Cronbach's α值介于0.857和0.921之间,信度指标极佳,说明量表各题项间具有非常高的内在一致性。

表 4-6 学校事务自主程度量表的可靠性统计量

量表	Cronbach's α	基于标准化项的 Cronbach's α	项数
学校事务自主程度量表	0.942	0.944	32
人事自主分量表	0.857	0.859	7
财务自主分量表	0.878	0.882	7
招生自主分量表	0.911	0.911	4
课程教学自主分量表	0.883	0.888	8
发展规划自主分量表	0.921	0.922	6

如表 4-7 所示,本问卷第三部分各量表的 Cronbach's α 值介于 0.798 和 0.950 之间,"教育教学活动参与情况量表"的 Cronbach's α 值为 0.798,信度系数相对其他几个量表略低,但仍在可以接受的范围内,其余几个量表 Cronbach's α 值均在 0.822 及以上,信度系数极佳,说明各量表内在一致性较强。

表 4-7 问卷第三部分各量表的可靠性统计量

量表	Cronbach's α	基于标准化项的 Cronbach's α	项数
校长负责制落实情况量表	0.822	0.822	4
教代会制度实施情况量表	0.942	0.943	6
党组织职能履行情况量表	0.950	0.950	5
教育教学活动参与情况量表	0.798	0.801	3
学校决策参与情况量表	0.891	0.891	4
教师专业自主程度量表	0.895	0.898	5
学校与社区互动情况量表	0.940	0.941	11

(二) 效度检验

针对正式样本数据录入后问卷的效度检验,主要是检验"学校事务自主程度量表"的建构效度,在具体方法上是先借助 SPSS 20.0 工具进行探索性因素分析,直至因素组型达到合理水平,进而再借助 AMOS 21.0 软件对其进行结构方程模式的验证性因素分析。

1. 探索性因素分析

（1）第一次因素分析

将"学校事务自主程度量表"内 32 个题项全部纳入因素分析程序，采取主成分分析的提取方法，并以最大方差法进行正交旋转。如表 4-8 所示，KMO 值为 0.949，KMO 指标大于 0.90 时，表示变量间的关系是极佳的，非常适合进行因素分析。Bartlett 的球形度检验的近似卡方值为 70543.747，其原假设为相关系数矩阵为单位阵，Sig. = 0，拒绝原假设，说明变量之间有共同因素存在，适合做因素分析。

表 4-8 KMO 和 Bartlett 的检验

取样足够度的 Kaiser-Meyer-Olkin 度量		0.949
Bartlett 的球形度检验	近似卡方	70543.747
	df	496
	Sig.	0.000

如表 4-9 所示，因素分析后共萃取了 6 个因素，6 个因素的特征值分别占总特征值的 15.098%、13.153%、12.978%、11.161%、10.443%、4.356%，6 个共同因素可以解释测量题项 67.189% 的变异量。

表 4-9 解释的总方差

单位：%

成分	初始特征值			提取平方和载入			旋转平方和载入		
	合计	方差的百分比	累计百分比	合计	方差的百分比	累计百分比	合计	方差的百分比	累计百分比
1	11.894	37.169	37.169	11.894	37.169	37.169	4.831	15.098	15.098
2	3.532	11.038	48.207	3.532	11.038	48.207	4.209	13.153	28.251
3	2.268	7.086	55.293	2.268	7.086	55.293	4.153	12.978	41.229
4	1.459	4.558	59.851	1.459	4.558	59.851	3.572	11.161	52.390
5	1.330	4.155	64.006	1.330	4.155	64.006	3.342	10.443	62.833
6	1.019	3.183	67.189	1.019	3.183	67.189	1.394	4.356	67.189
7	0.811	2.536	69.725						
8	0.758	2.368	72.093						
9	0.694	2.169	74.262						
10	0.589	1.840	76.101						

续表

成分	初始特征值			提取平方和载入			旋转平方和载入		
	合计	方差的百分比	累计百分比	合计	方差的百分比	累计百分比	合计	方差的百分比	累计百分比
11	0.571	1.786	77.887						
12	0.522	1.632	79.520						

注：提取方法：主成分分析。

表 4-10 呈现的是旋转后的因素载荷值，其中旋转方法采用的是 Kaiser 标准化的正交旋转法，通过因素旋转，各个因素所对应的内容解释如下：因素 1 对应 E1~E6 变量，即"发展规划自主分量表"；因素 2 对应 B1~B7 变量，即"财务自主分量表"；因素 3 对应的是"课程教学自主分量表"中的变量 D1、D2、D4、D5、D6、D7、D8，分量表中的变量 D3 并未被纳入因素 3；因素 4 对应 A1~A7 变量，即"人事自主分量表"；因素 5 对应 C1~C4 变量，即"招生自主分量表"；因素 6 对应 D3 变量，即未被原分量表对应因素纳入的唯一变量。考虑到因素 6 仅解释测量题项 4.356% 的变异量，因此在第二次探索性因素分析中，考虑先将变量 D3 删除后，再观察新的因素组型。

表 4-10 旋转成分矩阵

	成分					
	1	2	3	4	5	6
E3	0.837					
E2	0.829					
E4	0.799					
E1	0.754					
E6	0.731					
E5	0.686					
B2		0.738				
B7		0.710				
B3		0.708				
B1		0.703				
B5		0.675				
B6		0.651				
B4		0.570				
D4			0.702			

续表

	成分					
	1	2	3	4	5	6
D5			701			
D6			0.672			
D2			0.667			
D7			0.628			
D8			0.579			
D1			0.556			
A2				0.755		
A3				0.723		
A1				0.715		
A4				0.655		
A7				0.618		
A6				0.540		
A5				0.516		
C4					0.872	
C3					0.854	
C1					0.842	
C2					0.839	
D3						0.609

注：提取方法：主成分分析。
旋转法：具有 Kaiser 标准化的正交旋转法。旋转在 11 次迭代后收敛。

（2）第二次因素分析

删除变量 D3 后，再将"学校事务自主程度量表"其余的 31 个题项纳入因素分析程序，依然采取主成分分析的提取方法，并以最大方差法进行正交旋转。如表 4-11 所示，KMO 值为 0.949，而 KMO 指标大于 0.90 时，表示变量间的关系是极佳的，非常适合进行因素分析。Bartlett 的球形度检验的近似卡方值为 68774.989，其原假设为相关系数矩阵为单位阵，Sig. = 0，拒绝原假设，说明变量之间有共同因素存在，因此适合做因素分析。

表 4-11　KMO 和 Bartlett 的检验

取样足够度的 Kaiser-Meyer-Olkin 度量		0.949
Bartlett 的球形度检验	近似卡方	68774.989
	df	465
	Sig.	0

如表 4-12 所示，第二次因素分析后共萃取了 5 个因素，5 个因素的特征值分别占总特征值的 15.211%、13.500%、13.342%、12.051%、10.595%，5 个共同因素可以解释测量题项 64.699% 的变异量。

表 4-12 解释的总方差

单位：%

成分	初始特征值			提取平方和载入			旋转平方和载入		
	合计	方差的百分比	累计百分比	合计	方差的百分比	累计百分比	合计	方差的百分比	累计百分比
1	11.647	37.572	37.572	11.647	37.572	37.572	4.716	15.211	15.211
2	3.519	11.352	48.924	3.519	11.352	48.924	4.185	13.500	28.711
3	2.268	7.315	56.239	2.268	7.315	56.239	4.136	13.342	42.053
4	1.456	4.696	60.935	1.456	4.696	60.935	3.736	12.051	54.104
5	1.167	3.764	64.699	1.167	3.764	64.699	3.284	10.595	64.699
6	0.967	3.118	67.817						
7	0.809	2.608	70.425						
8	0.750	2.420	72.845						
9	0.653	2.108	74.953						
10	0.585	1.887	76.840						
11	0.570	1.839	78.679						
12	0.518	1.672	80.351						

注：提取方法：主成分分析。

表 4-13 呈现的是旋转后的因素载荷值，其中旋转方法采用的是 Kaiser 标准化的正交旋转法，通过因素旋转，各个因素所对应的内容解释如下：因素 1 对应 E1~E6 变量，即"发展规划自主分量表"；因素 2 对应 B1~B7 变量，即"财务自主分量表"；因素 3 对应的是"课程教学自主分量表"中的题项 D1、D2、D4、D5、D6、D7、D8；因素 4 对应 A1~A7 变量，即"人事自主分量表"；因素 5 对应 C1~C4 变量，即"招生自主分量表"。由此可见，在删除了变量 D3 后，"学校事务自主程度量表"通过两次探索性因素分析，萃取出的 5 个共同因素与问卷中二级指标（即分量表）达到对应。

表 4-13 旋转成分矩阵

	成分				
	1	2	3	4	5
E3	0.828				
E2	0.820				
E4	0.792				
E1	0.737				
E6	0.708				
E5	0.660				
B5		0.737			
B7		0.713			
B2		0.705			
B3		0.676			
B6		0.675			
B1		0.658			
B4		0.656			
D4			0.704		
D5			0.704		
D2			0.700		
D6			0.693		
D7			0.664		
D8			0.613		
D1			0.606		
A2				0.756	
A3				0.728	
A1				0.718	
A4				0.667	
A7				0.634	
A6				0.558	
A5				0.531	
C4					0.867
C3					0.850
C2					0.842
C1					0.834

注：提取方法：主成分分析。

旋转法：具有 Kaiser 标准化的正交旋转法。旋转在 6 次迭代后收敛。

2. 验证性因素分析

在两次探索性因素分析后，为再次检验量表，借助 AMOS 21.0 软件对其进行了验证性因素分析（Confirmatory Factor Analysis，CFA）。验证性因素分析具有理论检验与确认的功能，在探索性因素分析得出初步的量表因素结构之后，验证性因素分析的作用就在于通过数学程序去评估、确认这一模型是不是一个合理的、好的模型。在问卷及量表的预测过程中，研究者通常会先进行不止一次的探索性因素分析，以求建立问卷量表的建构效度。在研究者得知量表题项是由若干不同因素构成，为求证这些因素的划分是否与研究者最初的构想相一致的情况下，就需要对其进行检验。此时，问卷量表的各个题项与因素的划分均已固定下来，研究者所要验证的就是量表的因素结构模型与最终搜集的数据能否达到契合，指标变量能否作为有效的因素构念的测量变量。简单来讲，探索性因素分析达成了问卷量表的结构效度，而验证性因素分析就是帮助我们检验此结构效度的适切性和真实性。[1]

在具体的操作方法上，本书主要借助 AMOS 21.0 软件进行结构方程模式分析，并以最大似然估计（Maximum Likelihood，ML）进行模式参数估计。在评价指标上，主要根据专家学者普遍认同的观点，选取了一些有代表性的拟合指数进行模型适配度比较，包括近似误差均方根（Root Mean Square Error of Approximation，RMSEA）、拟合优度指数（Goodness of Fit Index，GFI）、比较拟合指标（comparative Fit Index，CFI）、规准适配指数（Normed fit index，NFI）、增值拟合指标（Incremenial Fit Index，IFI）。其中，RMSEA 低于 0.1 表示好的适配，低于 0.05 表示非常好的适配，低于 0.01 表示非常出色的适配。一般认为，RMSEA 越小越好，GFI、NFI、CFI 和 IFI 在 0.90 以上（越大越好），所拟合的是一个好模型。[2] 表4-14是研究者综合多位学者观点总结的适配度评价指标及评价标准。

---

[1] 吴明隆：《结构方程模型——AMOS 的操作与应用》，重庆大学出版社，2009，第 212~213 页。
[2] 侯杰泰、温忠麟、成子娟：《结构方程模型及其应用》，教育科学出版社，2010，第 154~161 页。

表 4-14　适配度评价指标及评价标准

适配度评价指标(拟合指数)	评价标准
RMSEA	<0.05(良好适配),0.05~0.08(不错适配),0.08~0.1(普通适配),>0.1(不良适配)
GFI	>0.90
SRMR	<0.05
NFI	>0.90,越接近1越好
CFI	>0.90,越接近1越好
IFI	>0.90

参照上述拟合指数优化标准，由表 4-15 对学校办学自主权各项指标的验证性因素分析结果可知，其 5 个因素的各拟合指标均达到较好水平。

表 4-15　学校事务自主程度量表验证性因素分析结果（31 个题项，N=3467）

模型	χ^2	df	χ^2/df	RMSEA	GFI	NFI	CFI	IFI
五因素	7529.761	424	17.759	0.70	0.858	0.891	0.896	0.896

图 4-5 显示的是五因素模型的完全标准化解。从中可知，每一个题项在相应潜变量负荷的解释率均比较高，各维度因子载荷范围是：人事自主为 0.63~0.78，财务自主为 0.62~0.81，招生自主为 0.81~0.89，课程教学自主为 0.61~0.80，发展规划自主为 0.70~0.89。误差估计在合理的范围内，表明本测量模型较为理想，从而证实了学校的"自主程度"，也即"办学自主权"是由人事自主、财务自主、招生自主、课程教学自主与发展规划自主等五个因素所建构的，由此从验证取向的因素分析再次验证了量表。

从两次探索性因素分析与验证性因素分析的整体过程来看，正式样本数据录入之后，仅需删除变量 D3，"学校事务自主程度量表"所建构的因素组成即可与量表预设的二级指标达到对应。因此，在后续以五个因素为指标进行数据分析时，不纳入变量 D3 即可。

但是，从变量 D3 所代表的内容本身来看，"教学所需教材的选取"理所当然的应该是学校课程教学自主权的内容之一。我国教育法明确规定各级各类学校以及其他教育机构均可行使"组织与实施教育教学活动"

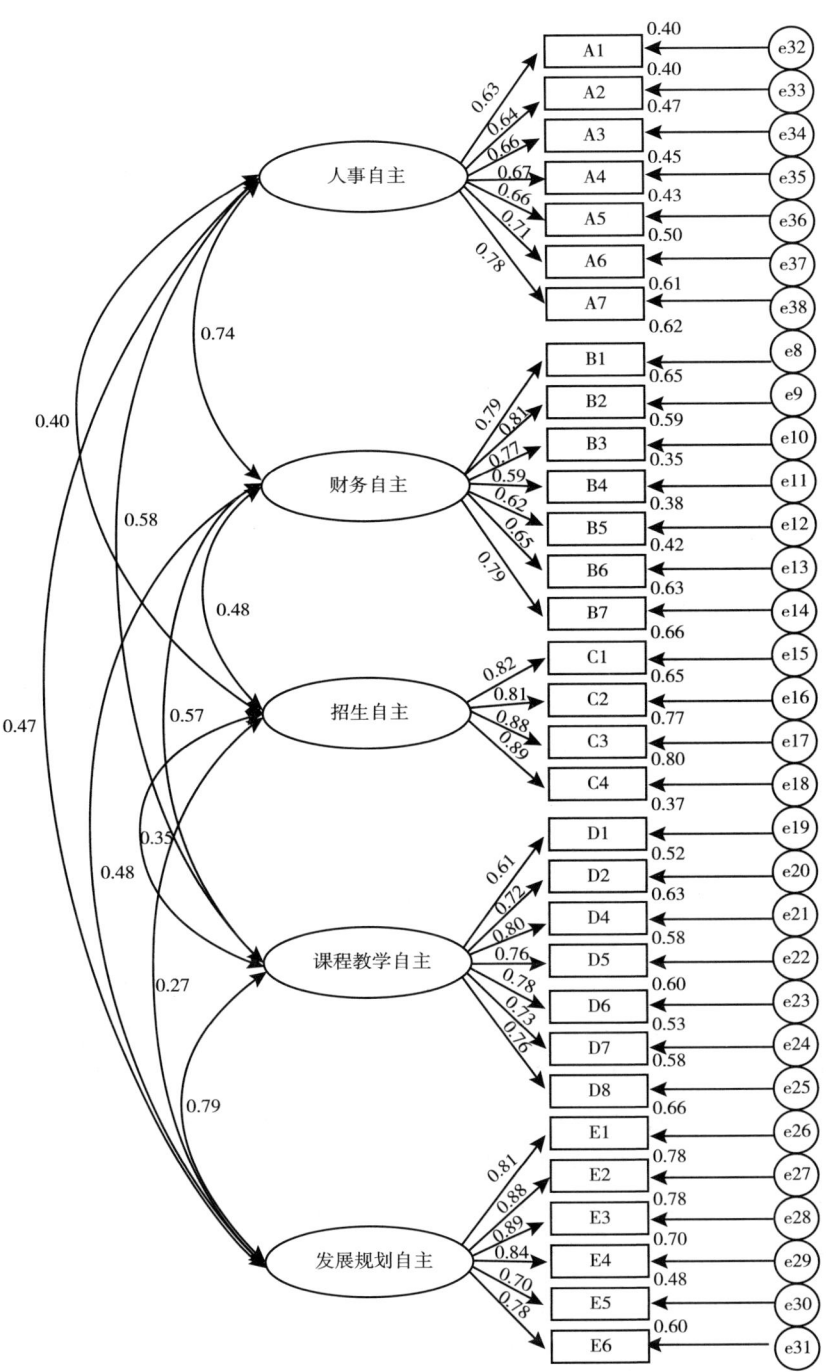

图 4-5 五因素模型的完全标准化参数图解

的权利,而教学所需教材的选取是学校开展教学工作的重要内容。自20世纪90年代以来,我国开始在基础教育阶段逐步试行实施三级课程管理体制,也即国家课程、地方课程与校本课程三个课程管理的不同层次。三级课程管理体制的表现形式在于:国家委托有关机构制定基础教育各阶段的核心课程;地方层面根据各地的实际情况与需要设计、开发相应的地方特色基础教育课程;而校本课程一方面指本校自主开发制定的选修课程以及配套编写或选用的教材,另一方面也可泛指在学校内所开展实施的三类课程的总称。[①] 这样的课程管理体制若置于权力分析的视角之下,则可清晰地看到,在我国基础教育阶段公办中小学的课程决策上存在着三个权力主体——国家、地方与学校。在这三个权力主体中,国家层面的权力占主导地位,以教育部基础教育司为代表的国家层面的权力主体把控着整个国家教育发展的主流与方向,以一种设计师的角色,通过宏观政策的推进来落实其教育信念;[②] 地方层面一般指省级行政区划,就课程决策来说,可根据国家课程标准、结合地方教育实践的具体需求制定课程计划与课程标准,扮演的是国家政策与教育信念的推进者的角色;学校层面的课程管理涉及最具体的课程实施,也是国家与地方两个层面对学校课程施加影响的最终体现。就学校核心课程的开展来说,学校在三个权力主体中主要是承担前两个主体意志的实际执行者的角色,就部分校本课程的设计与实施来说,则有着较大的自主权,但在当前的教育模式下,此类校本课程往往得不到足够的重视,这种现象在欠发达地区尤为如此。因此,探讨学校层面在课程教学方面的自主权,是学校"办学自主权"的重要指标之一。就学校课程决策本身来说,教科书的编制与教科书的选用是其中的重要内容。[③] 我国中小学校的教材是由国家教育行政部门审定和授权后产生的,有着统一的《全国中小学教学用书目录》,而教科书的选用单位由省级教育行政部门结合当地实际情况确定。那么,学校是否在地方教科书选用的过程中拥有一定话语权,能否基于教育教学的具体需要选定教材,理应是学校课程教学自主权的主要指标之一,也是本书在问卷中设置题项D3的主要考虑。

---

① 李思明:《三级课程管理体制的再认识》,《现代教育科学》2010年第12期,第21页。
② 李志超:《三级课程管理的权力运作研究》,西南大学,博士学位论文,2013,第51~52页。
③ 吴永军:《课程社会学》,南京师范大学出版社,1999,第378页。

基于以上分析，虽然"学校事务自主程度量表"在删除 D3 后因素组型更为理想，但在描述性统计部分本书依然对 D3 题项予以保留，仅在以 5 个因素为参照的数据分析中删除 D3 题项。针对研究正式样本的回收数据，在经过两次探索性因素分析和验证性因素分析后，从"学校事务自主程度量表"32 个题项中萃取了 5 个共同因素：

因素 1 命名为"人事自主"，包含了题项 A1、A2、A3、A4、A5、A6、A7；

因素 2 命名为"财务自主"，包含了题项 B1、B2、B3、B4、B5、B6、B7；

因素 3 命名为"招生自主"，包含了题项 C1、C2、C3、C4；

因素 4 命名为"课程教学自主"，包含了题项 D1、D2、D4、D5、D6、D7、D8；

因素 5 命名为"发展规划自主"，包含了题项 E1、E2、E3、E4、E5、E6。

5 个因素共纳入了量表中的 31 个题项。

第二节 数据分布与结果分析

在检验调研工具并确立正式研究样本后，本节进入数据分布与结果分析的环节。在具体方法上，本书主要借助 SPSS 20.0 软件以描述性统计、相关分析、多重响应分析、多元线性回归分析、非参数检验等方法进行数据处理，以描述目前豫中地区中小学办学自主权落实以及学校内部权力运行的相关状况，并通过不同样本分组在各因素上的差异分析来验证研究假设。

一 学校的自主程度现状及其他相关问题的描述性统计

（一）学校事务自主程度量表的描述性统计

1. 量表总体得分情况

在调查问卷中，"学校事务自主程度量表"是了解目前豫中地区中小学校办学自主权落实情况的主要工具，用于测量被调查者对于学校运行中各项事务自主程度的认知。量表以下共设"人事自主""财务自主""招生自主""课程教学自主""发展规划自主"五项指标，各指标下再设若干二级指标，用以测量被调查者对于各二级指标所代表的学校事务自主程度的看法。量表采用 Likert 5 点计分法，依被调查者回答情况赋值如下："①完全不自主"得 1 分，"②比较不自主"得 2 分，"③一般"得 3 分，"④比较自主"得 4 分，"⑤完全自主"得 5 分。在 5 点计分法的测量方式下，理论上的平均值为 3 分，即若测量结果显示得分为 3 分，则认为学校在此项事务中的自主程度处于中等水平；高于 3 分，则认为学校在此项事务中的自主程度相对较高；低于 3 分，则认为学校在此项事务中的自主程度相对较低。"学校事务自主程度量表"及其各分量表的得分情况如表 4-16 所示。

表 4-16 学校事务自主程度量表及其各分量表的描述性统计

	N	极小值	极大值	均值	标准差
学校事务自主程度量表	3467	1.00	5.00	3.262	0.71415
人事自主分量表	3467	1.00	5.00	3.183	0.91590
财务自主分量表	3467	1.00	5.00	2.987	0.94564
招生自主分量表	3467	1.00	5.00	2.783	1.14836
课程教学自主分量表	3467	1.00	5.00	3.469	0.84173
发展规划自主分量表	3467	1.00	5.00	3.721	0.91425

从"学校事务自主程度量表"与各分量表得分的描述性统计情况来看，被调查者在量表总体的得分均值为 3.262 分，略高于理论上的平均值，说明目前豫中地区中小学校校领导与教师对学校自主程度的感受是中等略微偏上的水平。从数据结论上看，本书的假设 1 "目前豫中地区中小学校的自主程度整体处于一般偏下水平"并未得到证实，因为从严格意义上来讲，只有当"学校事务自主程度量表"的得分均值低于 3 分的一般水平时，才能够证实学校的自主程度处于一般偏下的水平。然而，在笔者实地走访各个学校进行访谈的过程中，学校领导对于办学自主权不足、学校自主空间不够的看法却又是十分明确的，尤其在市辖区与县城城区的学校表现得尤为明显。但与此同时，学校普通教师对于办学自主权的关注则相对较少，更多的精力还是放在日常具体的教学工作之中，因而教师群体对于学校自主权问题的总体认知相对而言并非十分深入。在本书的 3467 个正式样本中，校级领导与中层干部共有 642 人，占样本总体的 18.52%；其余

2825个样本均为普通教师,占样本总体的81.48%。因此笔者认为,在后续的数据分析中,就学校校级领导、中层干部与普通教师三类人群对办学自主权相关问题的看法进行差异性检验是非常必要的。

在五个分量表中,"人事自主分量表""课程教学自主分量表""发展规划自主分量表"的得分均值分别为3.183、3.469与3.721,均高于3分,以"发展规划自主分量表"的得分最高,但仍未达到4分以上的较高水平,因此我们认为在人事、课程教学与发展规划三个指标上,豫中地区中小学校的自主程度是中等略微偏上的水平;在五个分量表中,"财务自主分量表"与"招生自主分量表"的得分均值分别为2.987与2.783,均低于理论平均值3分,因此我们认为在财务、招生两个指标上,豫中地区中小学校的自主程度是中等偏下水平。考虑到目前义务教育阶段均实施"就近入学"制度,小学与初中并没有招生上的自主权,被调查者所在学校为小学与初中的样本量之和已超过样本总体的70%,因而必然导致"招生自主分量表"得分均值偏低。由此可见,对于办学自主权五个维度的感受来说,矛盾最为凸显的是学校财务自主维度,其次是人事自主维度,后续将对各个分量表下各二级指标的得分情况再做详细阐释。

图4-6显示的是被调查者在"学校事务自主程度量表"的总体得分情况,将其与正态分布相比:偏度系数为-0.34,说明处于平均值左端的数据分布频率较高;峰度系数为0.136,略微高于正态分布,说明极端值较少,样本的总体分布与正态分布较为贴近。

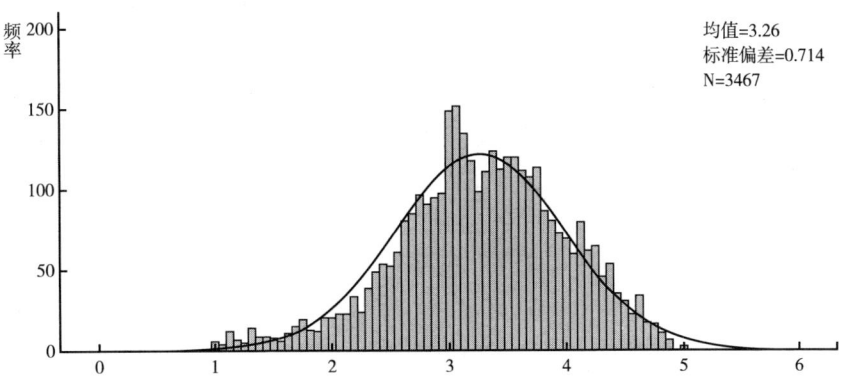

图4-6 学校事务自主程度量表总体得分情况

通过相关分析对3467个样本进行检验,"人事自主分量表"、"财务自主分量表"、"招生自主分量表"、"课程教学自主分量表"与"发展规划自主分量表"等五个分量表与"学校事务自主程度量表"的皮尔逊积差相关系数如表4-17所示。从数据结果来看,各分量表与"学校事务自主程度量表"均呈现高度相关关系。

表4-17 学校事务自主程度量表与各分量表的相关系数

	皮尔逊积差相关系数	显著性(双侧)	样本数(N)
学校事务自主程度量表	1		3467
人事自主分量表	0.791**	0.000	3467
财务自主分量表	0.810**	0.000	3467
招生自主分量表	0.591**	0.000	3467
课程教学自主分量表	0.834**	0.000	3467
发展规划自主分量表	0.746**	0.000	3467

注:** 表示在0.01水平(双侧)上显著相关。

2. 各分量表得分情况

在对量表总体等分情况有一个基本把握的前提下,进入对各分量表具体指标得分的描述,能够帮助我们从更加具体、细化的角度发现是哪些指标影响了量表总体与各分量表的得分情况。

(1)人事自主分量表

表4-18显示的是"人事自主分量表"各指标的得分情况,在五个分量表的得分均值中,"人事自主分量表"的得分处于中等偏下水平。从分量表内各指标的得分情况来看,"学校教师的招聘与解聘"得分均值最低,为2.765;其次是"学校教师的职称评定",为3.079;其余几项指标的得分均值均在3.1以上。从数据结果可以得出,在"学校教师的招聘与解聘"及"学校教师的职称评定"两项事务中,学校的自主权是较低的,尤其是"学校教师的招聘与解聘",得分均值远低于理论均值,影响了被调查者对于学校人事自主程度的总体认知。在调查中笔者了解到,豫中地区各区县中小学教师的招聘工作是教体局、人事局与纪检委三家单位联合组织的,在这之前,教体局会要求管辖范围内的学校上报用人需求,以在招聘时有一个有针对性的参考。但是,通过招聘的人员要服从教体局的统一分配,分派到各个学校,学校并没有指定、挑选教师的权力,只是在上报

所需求科目的教师及人数时,有一定的"建议权"。对于学校教师的职称评定来说,情况也大致如此,学校仅能参照职称评定的对应条件,依据本校制定的计分办法,确定上报教体局参与职称评定教师的名单,教体局再将各校教师名单汇总上报人事局审核。因此在学校教师的职称评定上,学校层面拥有的,也仅仅是"建议权"。

表 4-18　人事自主分量表的描述性统计

	N	极小值	极大值	均值	标准差
学校教师的招聘与解聘	3467	1.00	5.00	2.765	1.35007
学校其他工作人员的招聘与解聘	3467	1.00	5.00	3.181	1.30716
学校中层干部的任免	3467	1.00	5.00	3.110	1.29448
学校教师的职称评定	3467	1.00	5.00	3.079	1.30376
教职工的奖惩	3467	1.00	5.00	3.490	1.19269
学校干部及教师的培训	3467	1.00	5.00	3.422	1.14519
对学校人事自主权的总体评价	3467	1.00	5.00	3.231	1.11996

(2) 财务自主分量表

表 4-19 显示的是"财务自主分量表"的描述性统计,在五个分量表中,除"招生自主分量表"外,"财务自主分量表"的得分均值是最低的,从分量表各二级指标的得分来看,"教职工工资的发放"与"教职工福利的发放"两项指标的得分均值分别为 2.648 与 2.573,均远低于理论均值,其余几项指标的得分均值均在 3 以上。由此认为,"教职工工资的发放"与"教职工福利的发放"两项指标是影响被调查者对学校财务自主程度认知的主要因素。目前豫中地区中小学已全面推行绩效工资制度,绩效工资由 70% 的基础性绩效工资和 30% 的奖励性绩效工资构成。其中,基础性绩效工资按月发放,奖励性绩效工资由学校主管部门参照考核结果确定。也就是说,在教职工奖励性绩效工资的考核方案和分配方式上,学校可自主制定并上报教育行政主管部门批准后实施,是有自主权的。奖励性绩效工资设置的初衷也是希望通过教师之间在工资上合理地拉开一定的距离,而激发教师工作的积极性。但现实情况是,学校领导在核定教师奖励性绩效工资的过程中,往往尽量缩小教师之间工资的差距以维持学校内部的稳定与团结,因为教师的工作本身很难通过简单的几项指标来评判,若教师之间奖励性绩效工资的差距过大,则难免会影响部分教师的工作积极性。

表 4-19　财务自主分量表的描述性统计

	N	极小值	极大值	均值	标准差
学校教育教学经费的使用	3467	1.00	5.00	3.160	1.18757
学校基础物质环境的建设	3467	1.00	5.00	3.136	1.13653
教育教学所需设备的采购	3467	1.00	5.00	3.172	1.17102
教职工工资的发放	3467	1.00	5.00	2.648	1.39495
教职工福利的发放	3467	1.00	5.00	2.573	1.32384
学生奖、助学金的发放	3467	1.00	5.00	3.140	1.34160
对学校财务自主权的总体评价	3467	1.00	5.00	3.077	1.12215

（3）招生自主分量表

在五个分量表中，得分均值最低的是"招生自主分量表"，为2.783。表4-20显示的是"招生自主分量表"的描述性统计的数据结果，从中可见，分量表各项指标的得分均在理论均值以下。然而，此分量表及其各项指标的得分均值较低，有着现实中复杂因素的影响。前文已提到，目前我国在义务教育阶段实施"就近入学"制度，小学与初中并没有任何招生上的自主权。在高中阶段，我国部分地区已推行"自主招生"，即根据中招考生的总体数量，拿出一定的招生比例把招生自主权下放给学校。对于这一部分比例的招生，学校有权在遵守相关规定的前提下制定考核办法和录取方案，通过考核被录取的学生，无须再参加中招考试。目前，豫中地区也有部分高中在中招提前录取批次面向全省招收部分"××班"学生，但这部分学生依然需要参加中招考试，待中招成绩出来后依照相关录取办法实行择优录取，未被录取的学生可在后续各批次的正常录取中根据中招成绩被相应学校录取。总体来看，高中学校因其与大学本科教育关联性较强，在学段上较小学与初中有一定的特殊性，且国家层面大力鼓励普通高中多样化、特色化发展，因此普通高中在具体的招生办法上更具灵活性，相较于小学与初中，在招生上拥有更大的自主空间。自2016年秋季学期开始，河南省全面取消了普通高中对于择校生的招录，中招录取工作实行网上统一录取，地方和学校不得单独组织招生考试、不得超计划招生，[①] 因而拥有提前批次特殊招生计划的仅限于

---

① 《河南：普通高中今年停招择校生》，2016年3月22日，http://www.moe.edu.cn/jyb_xwfb/s5147/201603/t20160322_234612.html。

极少数学校，这也使得普通高中的招生工作在规范之下被削减了一定的自主性。

表 4 – 20　招生自主分量表的描述性统计

	N	极小值	极大值	均值	标准差
招生的规模	3467	1.00	5.00	2.782	1.33817
生源地域的分布	3467	1.00	5.00	2.639	1.27630
录取方案的制定	3467	1.00	5.00	2.856	1.32516
对学校招生自主权的总体评价	3467	1.00	5.00	2.858	1.23076

（4）课程教学自主分量表

表 4 – 21 显示的是"课程教学自主分量表"的描述性统计，分量表总体得分均值为 3.469，在五个分量表中处于相对较高水平，但理论上并未达到 4 分的较高水平。在分量表的各项指标中，得分较低的是"教学所需教材的选取"，均值为 2.875，说明在此项事务中，学校的自主权很小。目前中小学教科书的选用是由地方教育行政部门在国家统一审定的《全国中小学教学用书目录》的范围内产生的。从一个区域的中小学教育着眼，其各科目的教科书在很长时间内是没有大的更改与变动的，具有一定的稳定性，因而"教学所需教材的选取"这项指标得分均值较低则可得到合理的解释。除此项指标外，"学校课程体系的设置"得分均值也较低，为 3.198，说明学校在这一指标上的自主程度较低，自主权较小。从现实层面来看，豫中地区所在的河南省的经济发展水平在全国处于中游水平，其生均公共财政预算教育事业费在全国处于较低水平。教育经费的相对不足直接导致的就是学校在开展多样化的素质教育中被处处掣肘，很多学校仅能把有限的资源投入主干课程的教学中去，以在区域内同类学校间的期中、期末联考中不至于落后，在中招考试中取得满意的升学率等。由此一来，在课程设置上，学校必然围绕主干课程的开展进行，即使存在有限的余力开展其他课程，但不管在教师、学生还是学生家长的观念中，主干课程的学习以及学业成绩在任何时候都应是学校教学开展的重中之重。在评价指标既定的前提下，学校课程体系的设置则在一定时期内体现出一定的稳定性。分量表中其余各项指标得分均在 3.5 以上，也即在学校教学计划制订、教学事务管理、学生学业指标制定、教研工作开展以及校际交流与合作等事项上，豫中

地区中小学校从整体上看拥有相对充分的自主权,但依然未达到 4 分的较高水平。

表 4-21 课程教学自主分量表的描述性统计

	N	极小值	极大值	均值	标准差
学校课程体系的设置	3467	1.00	5.00	3.198	1.24118
学校教学计划的制定	3467	1.00	5.00	3.627	1.14286
教学所需教材的选取	3467	1.00	5.00	2.875	1.36031
学校教学事务的管理	3467	1.00	5.00	3.605	1.08773
学生学业评价指标的制定	3467	1.00	5.00	3.639	1.08950
学校教研工作的开展	3467	1.00	5.00	3.799	1.01408
校际交流与合作	3467	1.00	5.00	3.503	1.06872
对学校课程教学自主权的总体评价	3467	1.00	5.00	3.507	1.04246

(5) 发展规划自主分量表

表 4-22 显示的是"发展规划自主分量表"的描述性统计,分量表总体得分均值为 3.721,是五个分量表中得分均值最高的,从分量表的各二级指标得分均值来看,均在 3.5 以上,相对前几个分量表各指标的得分均值较为理想。数据反映出在学校发展规划相关事项上,被调查者对于学校自主程度的感受处于中等偏上水平,尤其是在"年度与学期工作计划的制定"这一指标上,得分均值为 3.901,距离 4 分的较高水平已非常接近。学校章程制定、办学目标确立、发展规划制定、年度与学期工作计划的制定等,均可视为学校作为一个专业组织对于组织运营所设定的目标与各阶段的计划,而这些目标与计划皆是围绕学校的教育教学活动所设定的,由此我们认为学校在教育教学开展的专业活动中,相对于组织人事、财务管理,有着更大的自主权。在分量表的几个指标中,得分均值相对较低的是"校内机构与岗位的设置",为 3.537。根据我国《教育法》第二十八条的规定,各级各类学校均有权利"按照章程自主管理",对于开展教育教学工作所需设置的校内机构与岗位,学校在理论上是有这项自主权的。然而在调研过程中笔者了解到,虽然学校可以根据需要设置一些岗位,但是这些岗位人员若非上级教育行政部门要求设置的,且人事部门给予了事业编制,则这些岗位的人员均属学校自行招聘的非在编人员,也就意味着学校要在原本已不宽裕的办学经费中拿出一部分,支付这部分非在编人员的劳

务费。很显然,在这种情况下,就很少有学校会在教育教学活动所必需的岗位设置下,再加设一些机构或岗位,因为这会给学校的财务运转增加一定的负担。因此,并非学校不能设置校内机构与岗位,而是在没有财政支持的情况下,学校本身往往无法负担这部分人员的劳务费与活动开展的支出。

表4-22 发展规划自主分量表的描述性统计

	N	极小值	极大值	均值	标准差
学校章程的制定和修改	3467	1.00	5.00	3.661	1.11966
学校办学目标的确立	3467	1.00	5.00	3.797	1.08484
学校发展规划的制定	3467	1.00	5.00	3.788	1.08334
年度与学期工作计划的制定	3467	1.00	5.00	3.901	1.02674
校内机构与岗位的设置	3467	1.00	5.00	3.537	1.12902
对学校发展规划自主权的总体评价	3467	1.00	5.00	3.645	1.02643

3. 量表五个因素的得分情况

通过两次探索性因素分析与一次验证性因素分析,在"学校事务自主程度量表"的32个二级指标中萃取了5个共同因素,共纳入了其中31个指标。在对"学校事务自主程度量表"的5个分量表各项指标得分进行了描述性统计分析后,对于量表5个共同因素的得分均值的描述性统计情况如表4-23所示。数据显示,5个因素的得分均值均未达到4分的较高水平,说明目前豫中地区中小学办学自主权在总体上处于一般水平。从5个因素的具体得分均值来看,因素5的得分均值最高,为3.721;其次是因素4,为3.554。说明豫中地区中小学在学校发展规划与课程教学两个维度上,自主程度是相对较高的。因素1得分均值在5个因素中处于中等偏下水平,为3.183,说明豫中地区中小学校在人事自主这一维度上,自主程度一般。因素2和因素3得分在5个因素中得分均值最低,分别是2.987和2.783,均低于3分的一般水平,说明豫中地区中小学校在财务自主与招生自主两个维度上,自主程度是比较低的。考虑到我国中小学招生制度的特殊性,因而认为目前在豫中地区中小学办学自主权问题中,矛盾集中在财务自主与人事自主两个维度上。

表 4-23　学校事务自主五因素的描述性统计

	N	极小值	极大值	均值	标准差
因素 1:人事自主	3467	1.00	5.00	3.183	0.91590
因素 2:财务自主	3467	1.00	5.00	2.987	0.94564
因素 3:招生自主	3467	1.00	5.00	2.783	1.14836
因素 4:课程教学自主	3467	1.00	5.00	3.554	0.85367
因素 5:发展规划自主	3467	1.00	5.00	3.721	0.91425

(二) 其他相关问题的描述性统计

在研究调查问卷的第二部分，笔者根据前期访谈中就中小学办学自主权所涉及的相关问题以及学校校长及教师就此主题提到频率较高的问题，设置了 10~16 题，其中 12~16 题为"可多选题"，多项选择题中选项的设置均根据前期访谈中对相关问题提及较多的因素总结提炼而来。这些题目涉及中小学校长及教师对于目前学校办学自主权的总体看法、对办学自主权的整体满意度、学校目前最需要上级主管部门下放的权力、目前学校办学自主权无法落实的主要障碍、学校办学过程中最主要的压力来源、学校办学最主要的负责对象等。对于部分多项选择题的统计办法是借助 SPSS 20.0 软件对数据结果进行多重响应变量集频数分析。

表 4-24 的数据显示，从总体上看，在豫中地区参与抽样的 3467 名中小学校长及教师，认为学校目前办学自主权"非常大"的仅有 119 人，占样本总体的 3.4%；认为学校目前办学自主权"较大"的有 608 人，占样本总体的 17.5%；认为学校目前办学自主权"一般"的有 1843 人，占样本总体的 53.2%，所占比例最高；认为学校目前办学自主权"很小"的有 620 人，占样本总体的 17.9%；认为学校目前"几乎没有"办学自主权的有 277 人，占样本总体的 8.0%。

表 4-24　对于学校当前办学自主权总体感受的描述性统计

单位：人次，%

	频率	百分比	有效百分比	累计百分比
几乎没有	277	8.0	8.0	8.0
很小	620	17.9	17.9	25.9
一般	1843	53.2	53.2	79.0

续表

	频率	百分比	有效百分比	累计百分比
较大	608	17.5	17.5	96.6
非常大	119	3.4	3.4	100.0
合计	3467	100.0	100.0	

由图 4-7 可以直观地看到，若将选项按照 Likert 量表的方式对五个选项进行赋值，选"几乎没有"得 0 分，选"很小"得 1 分，选"一般"得 3 分，选"较大"得 4 分，选"非常大"得 5 分，则全部 3467 个样本得分均值为 2.91，低于 3 分的一般水平。若将总体得分与正态分布相比，偏度系数为 -0.194，说明总体得分在平均值 3 分左端的频率更高。以上数据结果再次说明豫中地区目前中小学校长及教师总体上认为学校的办学自主权是相对不足的。

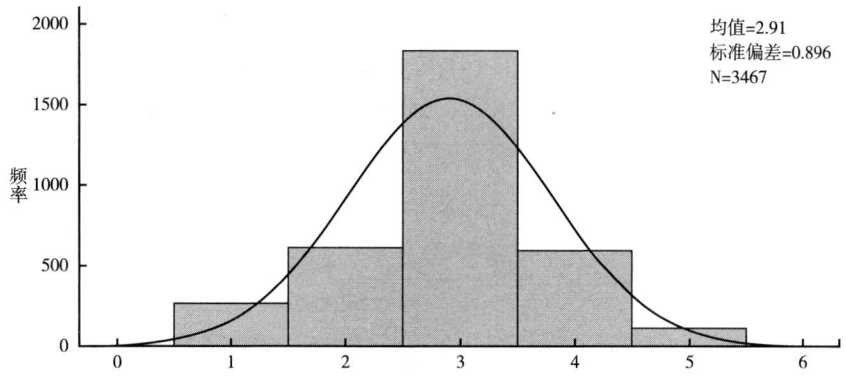

图 4-7　对于学校当前办学自主权看法描述性统计直方图

表 4-25 显示的是豫中地区参与抽样的 3467 名中小学校长及教师对于其所在学校当前办学自主权满意程度的描述性统计。数据显示，对其学校目前的办学自主权"非常满意"的有 250 人，占样本总体的 7.2%；对其学校目前办学自主权"较为满意"的有 971 人，占样本总体的 28.0%；对其学校目前办学自主权满意程度"一般"的有 1690 人，占样本总体的 48.7%；对其学校目前办学自主权"不太满意"的有 433 人，占样本总体的 12.5%；对其学校目前办学自主权"很不满意"的有 123 人，占样本总体的 3.5%。

表 4-25　对于学校办学自主权满意程度的描述性统计

单位：人次，%

	频率	百分比	有效百分比	累计百分比
很不满意	123	3.5	3.5	3.5
不太满意	433	12.5	12.5	16.0
一般	1690	48.7	48.7	64.8
较为满意	971	28.0	28.0	92.8
非常满意	250	7.2	7.2	100.0
合计	3467	100.0	100.0	

若依然将选项按照 Likert 量表的方式对五个选项进行赋值，选"很不满意"得 0 分，选"不太满意"得 1 分，选"一般"得 3 分，选"较为满意"得 4 分，选"非常满意"得 5 分，则全部 3467 个样本得分均值为 3.23，高于 3 分的一般水平。如图 4-8 所示，若将总体得分与正态分布相比，偏度系数为 -0.145，样本总体得分在平均值 3 分右侧的比例较高。以上数据结果说明豫中地区目前中小学校长及教师总体上对于学校办学自主权的满意程度是中等略微偏上水平，虽未达到 4 分的"较为满意"的水平，但可以大致理解为基本满意。

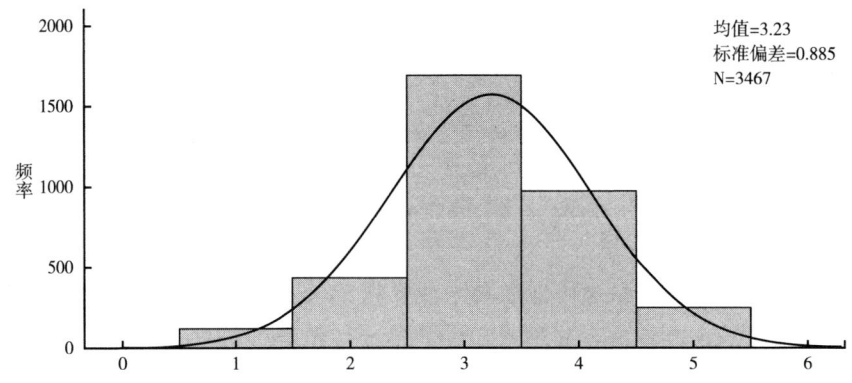

图 4-8　对于学校办学自主权满意程度的描述性统计的直方图

对比图 4-7 与图 4-8，会发现一个有趣的现象：虽然本书中参与抽样的 3467 名校长及教师在总体上认为目前学校所拥有的办学自主权是相对较小的，得分均值低于 3 分的平均值，他们对此的满意程度却达到了基本满意的状态，得分均值高于 3 分的平均水平。这一现象不禁引发笔者的思考，为何办学自主权相对较小却基本满意？在后续走访中小学校的过程中，笔者对产生这一现象的原因给予了重点关注，并取得了一定的调查成果，将在本书第五章进行深入分析。

表 4-26 显示的是豫中地区 3467 名校长及教师对于其学校目前最需要上级主管部门下放的权力的描述性统计，这一题目选项的设置与研究对学校事务自主五个维度的划分相一致，即"人事自主""财务自主""招生自主""课程教学自主""发展规划自主"。本书对多项选择题的处理方式是借助 SPSS 20.0 软件对数据进行多重响应变量集频数分析。由于每个被调查者在作答时可勾选多个选项，因此对于多选题选项频数的分析结果，有响应百分比与个案百分比两项指标。响应百分比是各选项被勾选的次数占全部被勾选的次数的百分比，而个案百分比是各选项被勾选的次数占全部有效个案人数的百分比。从数据结果来看，五个选项的响应百分比相差不是很大，得分最高的是"招生自主"为 22.3%，其次是"发展规划自主"为 21.4%、"财务自主"为 20.8%，"课程教学自主"与"人事自主"得分较低，分别为 17.9% 和 17.7%。从个案百分比的得分来看，在 3467 个有效样本中，有 1894 人认为学校目前缺乏"招生自主"，占样本总体的 54.6%；有 1816 人认为学校目前缺乏"发展规划自主"，占样本总体的 52.4%；有 1765 人认为学校目前缺乏"财务自主"，占样本总体的 50.9%；有 1525 人认为学校目前缺乏"课程教学自主"，占样本总体的 44.0%；有 1503 人认为学校目前缺乏"人事自主"，占样本总体的 43.4%。参照响应百分比与个案百分比两项指标，3467 名校长与教师认为学校目前最需要的自主权是"招生自主"、"发展规划自主"与"财务自主"，这三个选项的响应百分比均在 20% 以上，个案百分比均在 50% 以上。在对"学校事务自主程度"量表下五个分量表的均值分析中，得分均值最低的"招生自主分量表"为 2.782，其次是"财务自主分量表"为 2.986，因而此处数据反映出 3467 个样本认为学校目前最需要上级主管部门下放的权力是"招生自主"与"财务自主"，与量表数据的分析结果达到一致。然而，"发展规划自主分量表"的得分均值为 3.721，在五个分量表中得分最高，却有 52.4% 的样本人数认为学校目前最需下放的权力是"发展规划自主"，这在一定程度上反映出部分样本对于"发展规划自主"概念本身的模糊性。在 3467 个样本中，7.7% 为校级领导，10.8% 为学校中层干部，81.5% 为普通教师，教师群体在样本总体中占绝大多数。在实地调研中，

笔者发现大部分教师往往专注于自己的课程教学或其他专业性的工作，对于学校的管理问题尤其是学校的办学方向、理念、规划等不甚关心，除非关系到切身利益的学校决策。因此，教师群体对于"发展规划自主"的认识一般也比较笼统，具有一定的概括性，与本书"学校事务自主程度量表"中"发展规划分量表"几个二级指标的设置具有一定的差异性，由此数据得分上的前后差异也得到了合理的解释。

表4-26 学校权力需求的多重响应变量分析频数

单位：次，%

		各选项被勾选的次数	响应百分比	个案百分比
最需要下放的权力	人事自主权	1503	17.7	43.4
	财务自主权	1765	20.8	50.9
	招生自主权	1894	22.3	54.6
	课程教学自主权	1525	17.9	44.0
	发展规划自主权	1816	21.4	52.4

"学校事务自主程度量表"的总体得分均值仅为3.262，说明豫中地区目前中小学校的自主程度处于一般水平，距离4分的较高水平还有很大距离。对于我国《教育法》与《义务教育法》中所规定的中小学校的各项自主权，为何无法得到很好的落实，是本书探讨的重点问题，笔者梳理前期访谈中校长及教师对于此问题的主要观点，将提及频率最高的几项原因设置为五个选项，以多项选择题的形式呈现在问卷中。表4-27显示的是针对被调查者对于学校办学自主权无法完全落实原因的回答进行多重响应变量分析后的频数表，由五个选项的响应百分比可见，"上级行政部门的过度管控"与"相关法律不完善"两个选项得分最高，分别是34.0%与31.2%，明显高于其他三个选项的得分。同样，在个案百分比中，这两个选项的得分高达69.0%与63.3%，说明在3467个被调查者中，大部分人认为"上级行政部门的过度管控"与"相关法律不完善"是目前中小学校办学自主权无法得到很好落实的最为主要的两大原因。在五个选项中，得分最低的选项是"学校没有自主办学的意识"，响应百分比与个案百分比仅为12.7%与25.7%，说明在3467名校长与教师中，绝大多数人并不认同这一选项，认为学校并不是没有自主性，

并非缺乏自主办学的意识，而是其他客观条件的限制致使学校的办学自主权无法完全落实。

表4-27 对于办学自主权无法完全落实原因的多重响应变量分析频数

单位：次，%

		各选项被勾选的次数	响应百分比	个案百分比
主要障碍	上级行政部门的过度管控	2390	34.0	69.0
	相关法律不完善	2194	31.2	63.3
	学校与教育行政部门沟通不畅	886	12.6	25.6
	学校没有自主办学的意识	674	9.6	19.4
	学校缺乏自主办学的能力	891	12.7	25.7

在实地调研中，笔者在对一些学校领导访谈的过程中感觉到，学校的办学自主权问题并非他们目前非常关切的问题，当前学校的生存与发展所面临的关键问题，不一定是缺乏办学自主权，尤其是在办学资源相对短缺的学校，学校领导者往往更希望得到上级行政部门对学校在师资力量与办学经费上的支持，而非争取更大的自主空间。基于此，笔者在问卷第二部分设置了一道多选题调查学校领导与教师对于目前学校办学压力来源的看法，五个选项为"办学经费不足""办学自主权不足""学校内部不团结""学生学业成绩不理想""教师专业化程度不高"，均来源于实地调查中提及频率较高的说法。表4-28显示的是针对被调查者对学校办学面临的最大压力来源的回答进行多重响应变量分析后的频数表，从五个选项的响应百分比来看，"办学经费不足"所占比例最高为38.2%，其次是"办学自主权不足"为33.9%，这两个选项的得分明显高于其他三个选项，从其个案百分比数据来看，75.5%与67.1%的得分也充分说明，在3467名校长与教师中，大部分人均认为"办学经费不足"与"办学自主权不足"是目前学校办学所面临的最大压力来源。在另外三个选项中，得分较高的是"教师专业化程度不高"，响应百分比为13.9%，个案百分比为27.6%，由此我们认为教师的专业化问题也是目前学校办学中面临的重要问题之一。"学生学业成绩不理想"与"学校内部不团结"两项原因的得分都较低，说明只有少数校长与教师认为这是目前学校在发展过程中面临的问题，而非普遍情况。

表 4-28　学校办学最大压力来源的多重响应变量分析频数

单位：次，%

		各选项被勾选的次数	响应百分比	个案百分比
压力来源	办学经费不足	2623	38.2	75.7
	办学自主权不足	2326	33.9	67.1
	学校内部不团结	383	5.6	11.1
	学生学业成绩不理想	582	8.5	16.8
	教师专业化程度不高	957	13.9	27.6

在本书开展前的文献查阅阶段，笔者发现对于公办中小学角色定位的相关分析，很多文献中都将其定义为政府或教育行政部门的下属机构，是一种依附性的角色，由此认为学校办学自主权不足与学校自主意识不够在学校本身的角色定位上就有着深刻的原因。然而，就学校组织本身来说，不管学校由谁举办、学校的办学资源来源于哪里，学校存在的意义都是学校本身，也就是开展教育教学活动、培养人的机构，学校对于这一根本原则的认识也在很大程度上影响着其办学行为。基于此，笔者认为学校领导与教师对于学校办学根本目的或负责对象的认识是至关重要的，因此以"对政府负责""对学校教职工负责""对学生和家长负责"为选项，设置一道多选题。表 4-29 是 3467 名校长与教师对于学校办学最主要的负责对象的多重响应变量分析频数，从响应百分比来看，得分最高的是"对学生和家长负责"，为 49.5%；其次是"对学校教职工负责"，得分为 28.7%；得分最低的是"对政府负责"，为 21.8%。数据直观地反映出"对学生和家长负责"是校长与教师的理念中学校办学最为主要的负责对象。从三个选项的个案百分比来看，"对学生和家长负责"占比高达 93.3%，说明在 3467 个样本中，绝大多数校长与教师勾选了这一选项；选项"对学校教职工负责"个案百分比为 53.9%，说明超过半数的校长与教师也勾选了这一选项；选项"对政府负责"的个案百分比为 41.0%，在三个选项中得分最低。数据结果说明，在目前豫中地区中小学校长与教师的理念中，学校办学最为主要的负责对象是学生及其家长，虽然目前学校的办学行为受到诸多外界因素的影响，但培养学生、对学生及其家长负责依然是校长与教师所认为的最本质、最重要的办学目标。

表4-29　学校办学最主要负责对象的多重响应变量分析频数

单位：次，%

		各选项被勾选的次数	响应百分比	个案百分比
负责对象	对政府负责	1422	21.8	41.0
	对学校教职工负责	1869	28.7	53.9
	对学生和家长负责	3232	49.5	93.3

学校组织在社会环境中生存与发展，就必然会受到来自组织外部的各种因素的影响。除学校自身在办学方面所具备的各种条件、资质以外，来自各方力量的外部因素成为影响学校办学成就以及办学自主性的关键性因素。公办学校是由政府所举办，政府的力量与影响理所当然地成为影响学校办学的重要外部因素之一，近几十年来学者对于"政府－学校"关系研究的热度不减也间接地映射出自政府及教育行政主管部门的管控对于学校组织的辐射之深与影响之大。在政府力量以外，市场因素是深刻影响当代学校办学的另一重要外部因素。20世纪80年代以来，在西方国家兴起并迅速蔓延的教育重整运动呼吁教育要借助市场的力量提高效率与质量，将学生看作教育的消费者，追求以更加灵活多样的方式满足不同消费者的需求。我国在计划经济向市场经济转型的进程中，市场因素也以其强大的渗透作用蔓延至社会各个领域的发展之中，当然，也深刻影响着我国当代教育事业的发展与变革。将市场力量引入教育，在我国主要体现在社会教育权的兴起，也即政府以外的社会组织或个人拥有举办学校或开设其他教育机构的权利，并通过这种权利作用的发挥，借助自身的优势资源向社会成员施加影响。[①] 在这样的过程中，除了由政府所举办的公办学校以外，民办学校、其他教育组织以及非教育组织都逐步拥有了不可忽视的教育力量，共同担负起国家的教育职能与社会的教育使命，教育事业呈现多元发展的繁荣景象，而作为教育消费者的学生群体来说，在这种情况下自然也有了更多的选择空间。对于公办学校而言，若要在市场因素推演下的竞争机制中维持公办学校自身的竞争力，办学质量的提升则必然是唯一的出路，也即为教育消费者提供品质

---

① 周光礼、刘献君：《政府、市场与学校：中国法律关系的变革》，《华中师范大学学报》（人文社会科学版）2006年第9期，第133页。

更优的教育产品，市场因素对于公办学校的直接影响就在于此。与此同时，市场力量的发挥更以一种潜移默化的影响力渗透入学校的各种办学行为与人们的理念之中，在一定程度上使得学校的办学目标过于狭窄化和功利化，而学校作为教育组织的育人价值却被置于被人遗忘的角落。除了市场因素以外，学生家长无疑又是影响学校办学的一股重要的外部力量，对于任何一个家庭而言，孩子的健康成长与发展是家长寄予学校的殷切期望。在信息化水平飞速发展、网络技术迅速蔓延的今天，学校与家长之间沟通的广度与深度均明显加强，学生家长正在以非常积极的姿态参与到学校事务中来，这一点在访谈过程中笔者感受颇深。与此同时，学校作为一个存在于社会环境中的组织，与其所在的社区联系密切，社区内的各种资源为学校办学提供了外在的环境基础，学校作为社区内重要组成部分也以其文化辐射丰富社区的内涵、活跃社区的生态。因此笔者认为，在学校教育愈加开放的今天，社区因素在学校办学过程中发挥着怎样的作用，影响力如何，是探讨学校发展问题不可忽视的因素。由社区因素再推及整个社会，对学校办学最大的影响则主要体现在社会舆论上，在访谈过程中多位校长也反复提到，学校的办学声誉、社会舆论对学校的评价对一所学校的生存与发展而言有着显性与隐性的多方面影响，生源问题、学校管理问题、学校发展所需的资源问题等无一不受到社会舆论对于学校评价的影响。基于以上几点的思考，笔者将"政府""市场""家长""社区""社会舆论"等五个因素作为选项，以多项选择题的形式呈现，通过对3467名被调查者回答情况进行多重响应变量频数分析，发现"政府"是目前校长与教师观点中对学校办学影响最大的外部因素，其次是"家长"与"社会舆论"。数据分析结果如表4-30所示，五个选项的响应百分比以"政府"得分最高，为32.1%；其次是"家长"因素和"社会舆论"，分别为28.2%和27.5%；"市场"与"社区"两个因素响应百分比得分均在10%以下，相对较低。从五个选项的个案百分比来看，"政府""家长""社会舆论"三个选项均有超过半数的校长与教师勾选，得分分别为62.7%、55.0%、53.6%，明显高于另外两个选项的得分。总体而言，在3467名调查对象的观点中，目前对于学校办学影响最大的外部因素依然是"政府"，其次是"家长"和"社会舆论"，"市场"与"社区"两个因素对学校办学的影响相对较小。

表4-30 对学校办学影响最大的外部因素多重响应变量分析频数

单位：次，%

		各选项被勾选的次数	响应百分比	个案百分比
外部影响因素	政府	2174	32.1	62.7
	市场	471	7.0	13.6
	家长	1906	28.2	55.0
	社区	356	5.3	10.3
	社会舆论	1857	27.5	53.6

二 学校自主"五因素"对办学自主权整体认知的回归分析

（一）学校自主"五因素"对办学自主权整体认知的相关分析

1. 学校自主"五因素"对办学自主权总体感受的相关分析

通过相关分析对3467个样本进行检验，"因素1：人事自主""因素2：财务自主""因素3：招生自主""因素4：课程教学自主""因素5：发展规划自主"五个因素与办学自主权总体感受的皮尔逊积差相关系数如表4-31所示。从数据结果来看，五个因素与受访者对学校办学自主权的总体感受均呈现高度相关关系。

表4-31 学校自主"五因素"与办学自主权总体感受的相关系数

	皮尔逊积差相关系数	显著性（双侧）	样本数（N）
F	1		3467
因素1：人事自主	0.409*	0.000	3467
因素2：财务自主	0.465*	0.000	3467
因素3：招生自主	0.341*	0.000	3467
因素4：课程教学自主	0.396*	0.000	3467
因素5：发展规划自主	0.330*	0.000	3467

注：*表示在0.01水平（双侧）上显著相关。

2. 学校自主"五因素"对办学自主权满意程度的相关分析

通过相关分析对3467个样本进行检验，"因素1：人事自主""因素

2：财务自主""因素3：招生自主""因素4：课程教学自主""因素5：发展规划自主"等五个因素与办学自主权满意程度的皮尔逊积差相关系数如表4-32所示。从数据结果来看，五个因素与受访者对学校办学自主权的满意程度均呈现高度相关关系。

表4-32　学校自主"五因素"与办学自主权满意程度的相关系数

	皮尔逊积差相关系数	显著性（双侧）	样本数（N）
G	1		3467
因素1：人事自主	0.375*	0.000	3467
因素2：财务自主	0.406*	0.000	3467
因素3：招生自主	0.350*	0.000	3467
因素4：课程教学自主	0.378*	0.000	3467
因素5：发展规划自主	0.301*	0.000	3467

注：*表示在0.01水平（双侧）上显著相关。

（二）学校自主"五因素"对办学自主权整体认知的回归分析

回归分析是利用线性关系来进行解释或预测的数据分析方法，当同时存在多个自变量对因变量进行解释或预测时，则称为多元回归（Multiple Regression）。[①] 在对3467个调查对象对于其所在学校各项事务的自主程度情况进行描述性统计并萃取了五个共同因素后，笔者又分别对调查对象对于办学自主权总体感受的认知情况以及办学自主权的满意程度情况进行了描述性统计，采用的具体方法是以Likert量表的形式对五个选项进行赋值。在此基础上，借助SPSS 20.0软件以多元线性回归为工具，分析学校自主的五个因素对办学自主权的总体感受与满意程度分别有怎样的影响。

1. 学校各项事务自主程度对办学自主权总体感受的回归分析

将"学校事务自主程度量表"所萃取的5个因素的得分作为自变量，对学校办学自主权总体感受的认知作为因变量，纳入多元线性回归分析程序后，数据结果呈现如下。如表4-33所示，调整后的R^2为0.277，

[①] 邱皓政：《量化研究与统计分析——SPSS（PASW）数据分析范例解析》，重庆大学出版社，2013，第241页。

DW 值为 1.513，说明数据之间不存在序列相关，可以排除伪回归。表 4-34 是方差分析表，其原假设为所有自变量（即预测变量）对因变量均不会产生显著影响。基于这一原假设，F 值为 265.954，其对应的显著性水平 Sig 值为 0.000（<0.05），因此拒绝原假设，即在因素 1、因素 2、因素 3、因素 4、因素 5 中至少有一个因素能够对因变量产生显著影响。由表 4-35 可见，因素 1、因素 2、因素 3、因素 4 所对应的显著性水平 Sig 值均为 0.000（<0.05），拒绝原假设，这四个因素对因变量均产生显著影响；因素 5 所对应的显著性水平 Sig 值为 0.121（>0.05），接受原假设，因素 5 对自变量并不存在显著影响。由共线性诊断统计量可见，五个因素所对应的容量分别为 0.553、0.524、0.791、0.408、0.461，均大于 0.1；方差膨胀因子 VIF 值分别为 1.810、1.910、1.264、2.448、2.167，均小于 5。由此可以认为五个自变量之间并不存在共线性的问题，均可引入回归方程。

表 4-33　模型汇总[b]

模型	R	R^2	调整后的 R^2	标准误	DW 值
1	0.527[a]	0.278	0.277	0.76190	1.513

注：a 表示预测变量（常量），即因素 5、因素 3、因素 1、因素 2、因素 4；b 表示因变量 F 对学校办学自主权的总体感受。

表 4-34　Anova[a]

模型		平方和	df	均方	F	Sig
1	回归	771.911	5	154.382	265.954	0.000[b]
	残差	2009.058	3461	0.580		
	总计	2780.969	3466			

注：a 表示因变量 F；b 表示预测变量（常量），即因素 5、因素 3、因素 1、因素 2、因素 4。

表 4-35　系数[a]

模型		非标准化系数		标准系数	t	Sig	共线性统计量	
		B	标准误	试用版			容量	VIF
1	（常量）	0.884	0.062		14.149	0.000		
	因素 1	0.118	0.019	0.121	6.226	0.000	0.553	1.810
	因素 2	0.231	0.019	0.244	12.205	0.000	0.524	1.910

续表

模型		非标准化系数		标准系数	t	Sig	共线性统计量	
		B	标准误	试用版			容量	VIF
1	因素3	0.107	0.013	0.137	8.451	0.000	0.791	1.264
	因素4	0.151	0.024	0.144	6.370	0.000	0.408	2.448
	因素5	0.032	0.021	0.033	1.553	0.121	0.461	2.167

注：a 表示因变量 F。

2. 学校各项事务自主程度对办学自主权满意程度的回归分析

将"学校事务自主程度量表"所萃取的 5 个因素的得分作为自变量，对学校办学自主权满意程度的认知作为因变量，纳入多元线性回归分析程序后，数据结果呈现如下。如表 4-36 所示，调整后 R^2 值为 0.240，DW 值为 1.585，说明数据之间不存在序列相关，可以排除伪回归。表 4-37 的方差分析结果显示，基于原假设的 F 值为 219.384，其对应的显著性水平 Sig 值为 0.000（<0.05），因此拒绝原假设，即在因素 1、因素 2、因素 3、因素 4、因素 5 中至少有一个因素能够对因变量产生显著影响。由表 4-38 可见，因素 1、因素 2、因素 3、因素 4 所对应的显著性水平 Sig 值均为 0.000（<0.05），故拒绝原假设，这四个因素对因变量均产生显著影响；因素 5 所对应的显著性水平 Sig 值为 0.700（>0.05），接受原假设，因素 5 对自变量并不存在显著影响。由共线性诊断统计量可见，五个因素所对应的容量分别为 0.553、0.524、0.791、0.408、0.461，均大于 0.1；方差膨胀因子 VIF 值分别为 1.810、1.910、1.264、2.448、2.167，均小于 5。由此可以认为五个自变量之间并不存在共线性的问题，同样均可引入回归方程。

表 4-36 模型汇总[b]

模型	R	R^2	调整后的 R^2	标准误	DW 值
1	0.491[a]	0.241	0.240	0.77181	1.585

注：a 表示预测变量（常量），即因素 5、因素 3、因素 1、因素 2、因素 4；
b 表示因变量 G 对学校办学自主权的满意程度。

表 4-37 Anova[a]

模型		平方和	df	均方	F	Sig
1	回归	653.416	5	130.683	219.384	0.000[b]
	残差	2061.660	3461	0.596		
	总计	2715.076	3466			

注：a 表示因变量 G；b 表示预测变量（常量），即因素 5、因素 3、因素 1、因素 2、因素 4。

表 4-38 系数ª

模型		非标准化系数		标准系数	t	Sig	共线性统计量	
		B	标准误	试用版			容量	VIF
1	(常量)	1.361	0.063		21.509	0.000		
	因素 1	0.116	0.019	0.120	6.003	0.000	0.553	1.810
	因素 2	0.155	0.019	0.165	8.075	0.000	0.524	1.910
	因素 3	0.137	0.013	0.178	10.690	0.000	0.791	1.264
	因素 4	0.176	0.024	0.170	7.319	0.000	0.408	2.448
	因素 5	0.008	0.021	0.008	0.386	0.700	0.461	2.167

注：a 表示因变量 G。

三 学校内部权力运行情况相关问题的描述性统计

在研究问卷的第三部分，笔者的主要目的是了解目前豫中地区中小学校内部权力运行的相关问题，纳入了"校长负责制落实情况量表""教职工代表大会制度实施情况量表""党组织职能履行情况量表""教育教学活动参与情况量表""学校决策参与情况量表""教师专业自主量表""学校与社区互动情况量表"，以及调查校长与教师对学校引入社会组织评估的看法的一道题目。我国自 20 世纪 80 年代以后开启中小学校内部管理体制改革的进程，而"校长负责制"就是这一改革的核心内容。中小学实行校长负责制在理论上包含了三项基本内容：其一，实行校长负责制的领导体制；其二，党组织居于学校政治核心地位，保证对学校各项工作的监督；其三，建立健全学校的教职工代表大会制度，在校长负责制下，对教职工实行民主管理。[1] 以上三点不仅是校长负责制的基本内容，也是学校组织内部民主管理的主要形式。基于此，笔者在问卷中设置了"校长负责制落实情况量表""教职工代表大会制度实施情况量表""党组织职能履行情况量表"以调查学校内部民主机制的运行状况。"教育教学活动参与情况量表"与"学校决策参与情况量表"的主要目的在于调查在学校日常教育教学开展以及学校决策的参与主体之外，其他如学生、家长、社区等主体对学校教育教学活动的参与程度，以及教师、学生、家长、社区等主体对学校重大决策的参与程度，以此来了解学校在日常运行中的开放程度。"教师专业自主量表"的主要目的在于了解学校教师在专业领域的自主状况，以从另一个方面了解

---

[1] 吴志宏、冯大鸣、魏志春主编《新编教育管理学》，华东师范大学出版社，2008，第 62~64 页。

教师群体在学校组织中扮演角色的侧重。"学校与社区互动情况量表"主要通过多个指标测量学校在与社区及家长沟通活动中的互动情况如何。最后一道题目主要就当前管办评分离的教育治理体系构建过程中倡导社会组织参与学校评估的现象，了解校长及教师对其作用的看法。总体而言，这一部分量表及题目的设置均涉及学校内部权力运行、分配的基本现状以及学校组织的开放程度等问题。"办学自主权"在经由政府授予学校后，在学校内部面临着权力的使用及二次分配问题，这又必然与学校内部的民主程度和学校组织的开放程度密切相关，这也是问卷第三部分题目设置的初衷。

（一）校长负责制落实情况

表4-39是对于"校长负责制落实情况量表"调查结果的描述性统计，量表总体得分的均值为3.515，高于3分的一般水平，低于4分的较好水平，说明在3467个调查对象的观点中，目前豫中地区中小学校长负责制的落实情况良好，校长负责制已得到了基本有效的落实。从四个二级指标的得分来看，"决策指挥权"、"职工奖惩权"与"学校财经权"的得分均值都在3.5以上，说明在这三类事务中，学校校长是基本能够在国家政策和相关规定的前提下，对学校的工作进行统一领导和全面负责的。在四个二级指标中，得分较低的是"干部任免权"，均值为3.29，数据反映出在学校干部任免上，校长的权力受到了一定程度的制约。一般而言，校长对于学校中层干部的任免，是一种人事方面的权力，与当地干部管理的有关规定联系密切，且校长通常只能够在听取教职工意见、经党组织考察后，在当地教育行政主管部门的批准下，提名或任免学校中层干部，也就是说，校长负责制下校长虽有"干部任免权"，但这一权力所受到的监督与制约相对来说多于另外几项权力，得分均值也就相对较低。

表4-39 校长负责制落实情况量表的描述性统计

	N	极小值	极大值	均值	标准差
量表总体得分	3467	1.00	5.00	3.515	0.86046
M1 决策指挥权	3467	1.00	5.00	3.686	1.04168
M2 干部任免权	3467	1.00	5.00	3.290	1.09202
M3 职工奖惩权	3467	1.00	5.00	3.544	1.06565
M4 学校财经权	3467	1.00	5.00	3.542	1.06222

(二) 教职工代表大会制度实施情况

表4-40是"教职工代表大会制度实施情况量表"的描述性统计情况，数据结果显示，量表总体得分的均值为3.147，略微高于3分的一般水平。从6个二级指标的具体得分来看，N1、N2、N3、N6等四个指标的得分均值较为接近，分别为3.217、3.118、3.113、3.288，N4、N5两个指标的得分均值较低，分别为3.073、3.071。数据结果反映出目前豫中地区中小学校教职工代表大会制度的实施情况基本处于一般水平，也即目前的教代会各项职能的履行情况总体处于中等略微偏上水平。指标"教代会可充分行使对学校领导的评议、监督及选举权"的得分均值较低，反映出目前学校教职工通过教代会评议、监督和选举学校领导的途径并非十分有效，也说明目前在学校内部以校长为核心的领导的权威是较为强势的。理论上教职工可以监督、评议学校领导的工作，但从现实层面考虑，教师在行使这项权利的时候往往是形式化地带过或只提积极意见，对于选举权来说，很多时候也是有了特定的学校领导人选后，再通过教代会"走个流程"而已。指标"教代会可审议决定有关教职工生活福利的重大事项"得分均值较低有着较为明显的原因，目前学校对于向教职工发放福利的权限本身就是非常有限的，因而通过教代会审议通过教职工生活福利事项的职能，其作用的发挥自然就微乎其微了。

表4-40 教职工代表大会制度实施情况量表的描述性统计

	N	极小值	极大值	均值	标准差
量表总体得分	3467	1.00	5.00	3.147	0.96261
N1 教代会是学校实行民主管理、民主监督的主要形式	3467	1.00	5.00	3.217	1.09540
N2 教代会可充分行使学校重大决策的审议权	3467	1.00	5.00	3.118	1.07599
N3 教代会可充分行使对学校重要规章制度的决定权	3467	1.00	5.00	3.113	1.05701
N4 教代会可充分行使对学校领导的评议、监督及选举权	3467	1.00	5.00	3.073	1.09810
N5 教代会可审议决定有关教职工生活福利的重大事项	3467	1.00	5.00	3.071	1.12535
N6 教代会提案以及做出的决定,得到了学校领导的认真处理和落实	3467	1.00	5.00	3.288	1.10206

(三) 学校党组织职能履行情况

表 4-41 是对"党组织职能履行情况量表"的描述性统计结果,量表的总体得分均值为 3.450,居于中等较为偏上水平,但距离 4 分的较高水平仍有一定差距。从 5 个二级指标的具体得分来看,指标 O4 的得分均值最高,为 3.502,说明学校党组织在对学校工会、共青团、少先队、学生会等群众组织的思想领导与组织领导方面,其职能的发挥达到了较好的水平。指标 O1、O2、O3、O5 的得分均值较为接近,分别为 3.402、3.475、3.395、3.475,说明学校党组织目前在参与学校重大问题的讨论和决策、发挥政治核心作用、参与学校人事管理、做好统战工作等方面,其职能的发挥也达到了一般偏上水平。

表 4-41 党组织职能履行情况量表的描述性统计

	N	极小值	极大值	均值	标准差
量表总体得分	3467	1.00	5.00	3.450	0.99760
O1 党组织参与学校重大问题的讨论和决策	3467	1.00	5.00	3.402	1.11086
O2 党组织发挥政治核心作用,协调、监督思想政治教育工作	3467	1.00	5.00	3.475	1.08263
O3 党组织参与人事决策,对学校干部进行教育、管理和监督	3467	1.00	5.00	3.395	1.08930
O4 党组织对工会、共青团、少先队、学生会等群众组织进行政治思想和组织领导,定期讨论工作	3467	1.00	5.00	3.502	1.07518
O5 党组织做好统战工作,发挥民主党派在学校中的作用	3467	1.00	5.00	3.475	1.10506

(四) 学校教育教学活动参与情况

表 4-42 是"教育教学活动参与情况量表"的描述性统计结果,由数据结果可见,量表总体得分均值为 3.224,居于一般略微偏上水平。学校的教育教学活动是为实现教学和人才培养的目标,在学校管理者的组织和协调下所开展的;学校管理者和教师理所当然是教育教学活动的直接参

与者,是教育产品的提供者;而学生与学生家长是教育教学活动的接受者,是教育产品的购买者;社区则是学校外部环境的提供者。因此,笔者认为,除了直接参与教育教学活动的学校管理者与教师以外,学校或学生自治组织、学生家长或家长委员会等组织、社区等三个主体对于教育教学活动的参与程度直接体现了学校组织内部在教学上的民主生态。从数据结果来看,说明这三类主体在学校教育教学活动中的参与程度处于一般略偏上水平。从三个二级指标的得分均值来看,指标 P1 得分均值最高,为 3.687,说明学生群体在学校教育教学活动的开展中有着一定的话语权。指标 P2 得分均值为 3.231,说明家长或家长委员会等在学校教育教学活动中只有一般略微偏上程度的话语权,距离 4 分的较好水平还有很大差距。指标 P3 得分均值为 2.755,在三个二级指标中得分均值最低,且低于 3 分的一般水平,直接反映了社区在学校教育教学活动中的参与程度是很低的,基本上没有什么话语权,而从现实层面的学校生态来看,也确实如此。

表 4-42　教育教学活动参与情况量表的描述性统计

	N	极小值	极大值	均值	标准差
量表总体得分	3467	1.00	5.00	3.224	0.86731
P1 学生(或学生自治组织,如学生会、共青团、少先队等)	3467	1.00	5.00	3.687	1.03586
P2 学生家长(或家长委员会等组织)	3467	1.00	5.00	3.231	0.97626
P3 社区	3467	1.00	5.00	2.755	1.06803

(五) 学校决策参与情况

表 4-43 是"学校决策参与情况量表"的描述性统计结果,量表的总体得分均值为 2.897,已低于 3 分的一般水平,说明四个二级指标所代表的四类主体在学校重大事项决策过程中的参与程度总体呈现较低水平。在校长负责制的管理体制之下,校长或以校长为核心的校务委员会承担着学校管理的全面责任,在履行职责的同时也行使职权,对于学校的各项行政事务及教育教学工作进行统一决策和指挥,在学校组织内有着不可替代的

领导权威，通常也是学校重大事项决策过程中具有决定性意义的关键角色。学校决策过程中不同相关主体的参与程度直接反映学校内部权力运行的透明度和民主性，"学校教职工""学生""学生家长""社区"等均是学校决策的利益相关主体。从量表四个二级指标的得分均值来看，指标 Q1 得分均值最高，为 3.318，高于 3 分的一般水平，但距离 4 分的较高水平仍有一定差距，说明学校教职工在学校重大事项决策中参与程度处于一般偏上水平，有着一定的话语权。指标 Q2 得分均值为 2.932，低于 3 分的一般水平，反映出学生或诸如学生会、共青团、少先队等学生自治组织在学校重大事项决策中的话语权还是相对较小的。指标 Q3 得分均值为 2.811，对比 P2 指标得分均值 3.231，反映出家长和家长委员会等组织在学校教育教学活动中虽有着相对积极的参与，但在学校重大事项决策过程中的参与程度较低，没有太多的话语权。指标 Q4 得分均值为 2.529，在四个指标中得分最低，在得分上居于较差和一般的中间水平，直接反映出社区这一主体在学校重大事项决策中参与程度是非常低的，更谈不上话语权的问题。对比"教育教学活动参与情况量表"的 P1、P2、P3 指标与"学校决策参与情况量表"的 Q2、Q3、Q4 指标，能够发现学生、学生家长和社区等群体在学校教育教学活动中的参与程度是高于其在学校重大事项决策中的参与程度的。

表 4-43 学校决策参与情况量表的描述性统计

	N	极小值	极大值	均值	标准差
量表总体得分	3467	1.00	5.00	2.897	0.95339
Q1 学校教职工	3467	1.00	5.00	3.318	1.09599
Q2 学生（或学生自治组织，如学生会、共青团、少先队等）	3467	1.00	5.00	2.932	1.13929
Q3 学生家长（或家长委员会等组织）	3467	1.00	5.00	2.811	1.04799
Q4 社区	3467	1.00	5.00	2.529	1.10940

（六）学校教师专业自主情况

表 4-44 是"教师专业自主程度量表"的描述性统计结果，量表的总

体得分均值为 3.470，居于一般和较好的中间水平，反映出目前豫中地区公办中小学校的教师群体在专业上有着一定的自主空间，但还不能够达到较好水平。从量表五个二级指标的具体得分来看，指标 R3 的得分均值为 3.751，在五个指标中得分最高，并较为接近 4 分的较好水平，说明教师在指导学生学习与发展上自主程度较高。指标 R1、R2、R4 的得分均值较为接近，分别为 3.469、3.547、3.419，反映出教师在教育教学、教育科研与参与学校民主管理等方面，自主程度也相对乐观。指标 R5 得分均值为 3.164，在五个指标中得分最低，说明教师目前在选择参加进修或其他形式专业培训方面，自主程度相对较低。在实地调研中笔者了解到，目前外出培训对于豫中地区中小学很多教师来说，是比较难得的机会，一些校长认为外出培训学习的机会对于学校教师来说就是一种"福利"，可见教师在培训方面并没有太多自主选择的机会，由此 R5 指标得分较低也得到了现实层面的解释。

表 4-44 教师专业自主程度量表的描述性统计

	N	极小值	极大值	均值	标准差
量表总体得分	3467	1.00	5.00	3.470	0.91250
R1 教师可自主地进行教育教学活动	3467	1.00	5.00	3.469	1.08622
R2 教师可自主地开展教育科研活动	3467	1.00	5.00	3.547	1.03477
R3 教师可自主地指导学生的学习和发展	3467	1.00	5.00	3.751	1.00843
R4 教师可对学校工作提出意见和建议，参与学校的民主管理	3467	1.00	5.00	3.419	1.10919
R5 教师可自主选择参加进修或其他形式的专业培训	3467	1.00	5.00	3.164	1.18904

（七）学校与社区互动情况

表 4-45 是"学校与社区互动情况量表"的描述性统计结果，量表的总体得分均值为 3.351，略高于 3 分的一般水平，说明目前豫中地区中小学校与其所在社区的互动情况居于一般略偏上水平。从 11 个二级指标

的具体得分来看，得分均值都在 3 分的一般水平以上，整体反映出目前豫中地区中小学校与其所在社区的互动情况较为乐观。指标 S7 与 S8 的得分均值分别为 3.509、3.550，说明目前中小学校在"主动收集家长和社区对学校事务的意见和建议"与"积极邀请家长和社区参与学校活动"两个指标上互动情况较为良好。指标 S1、S2、S3 的得分均值分别为 3.422、3.439、3.484，反映出学校在"向社区公开学校的教育改革理念与进展""向社区公开学校的教育教学活动情况""向社区公开学校的师资队伍基本情况"等方面公开程度居于一般偏上水平，学校在向外界包括社区公开此类信息的时候，态度相对积极。指标 S4、S10、S11 得分均值分别为 3.322、3.338、3.288，说明学校目前在"向社区公开学校的年度计划与总结""定期开展家庭教育指导活动""积极与社区其他机构合作开展教育活动"等方面的互动程度居于一般略偏上水平，其互动程度与互动水平还有很大的发展空间。指标 S5、S6、S9 的得分均值分别为 3.141、3.178、3.186，反映出学校目前在"向社区公开学校的设施设备及经费使用情况""向社区开放使用学校的场地、设施及设备""为家长提供各种形式的培训与指导"等方面开放程度与互动程度还不够。从现实层面来看，学校内部的经费使用情况一般并不对外界公开，仅向上级财务主管部门汇报，向学校内部教职工公布；学校的场地与设施设备一般仅用于满足学校开展教育教学活动的需要，或偶尔用于特定活动的开展，一般情况下并不对社区居民开放；学生家长群体虽目前在学校教育教学活动中的参与程度有所提升，但涉及学校重大事项决策的时候，话语权还是较低的，学校为家长提供培训与指导的情况更是比较少见，唯有面对在家长配合下才能完成的教学任务时，教师才会与家长进行沟通或进行简单的指导。

表 4-45　学校与社区互动情况量表的描述性统计

	N	极小值	极大值	均值	标准差
量表总体得分	3467	1.00	5.00	3.351	0.83913
S1 向社区公开学校的教育改革理念与进展	3467	1.00	5.00	3.422	1.07291
S2 向社区公开学校的教育教学活动情况	3467	1.00	5.00	3.439	1.05500

续表

	N	极小值	极大值	均值	标准差
S3 向社区公开学校的师资队伍基本情况	3467	1.00	5.00	3.484	1.04070
S4 向社区公开学校的年度计划与总结	3467	1.00	5.00	3.322	1.02298
S5 向社区公开学校的设施设备及经费使用情况	3467	1.00	5.00	3.141	1.08284
S6 向社区开放使用学校的场地、设施及设备	3467	1.00	5.00	3.178	1.16183
S7 主动收集家长和社区对学校事务的意见和建议	3467	1.00	5.00	3.509	1.02991
S8 积极邀请家长和社区参与学校活动	3467	1.00	5.00	3.550	0.99570
S9 为家长提供各种形式的培训与指导	3467	1.00	5.00	3.186	1.08102
S10 定期开展家庭教育指导活动	3467	1.00	5.00	3.338	1.04069
S11 积极与社区其他机构合作开展教育活动	3467	1.00	5.00	3.288	1.07093

（八）对于学校引入社会组织评估的看法

从长远来看，充分发挥第三方社会组织的优势对学校的办学情况进行客观的评估与监测，是教育发展到一定阶段后的必然趋势，因而在现阶段调查学校校长与教师对于引入第三方社会组织评估的态度具有很强的现实意义。对于本书而言，这一问题既关乎学校组织的开放程度，也关乎在政府简政放权的今天，由教育行政主管部门评估逐步过渡到第三方社会组织评估，有没有现实的可能性。在本书调查问卷中呈现的最后一道题目是调查目前学校领导与教师对于引入社会组织评估的看法。如表4-46所示，在3467个正式样本中，有1226个样本认为社会组织评估对于学校办学质量的提升起到了积极的作用，占样本总体的35.4%；有1194个样本认为社会组织评估对学校办学作用一般，可有可无，占样本总体的34.4%；有378个样本持消极意见，认为社会组织评估对学校的发展没有任何作用，反而占用了大量资源，占样本总体的10.9%；此外还有669个样本所在的学校尚未引入社会评估机制，占样本总体的19.3%。由数据结果可知，样本中除其所在学校尚未引入社会评估机制的，有1226人对社会组织评估持积极态度，1194人持中立态度，378人持消极态度，非常直观地反映出目前豫中地区中小学校的校长与教师对于在学校办学过程中引入社会组织的评估还是比较乐观并认为有必要的。

表4-46 对于学校引入社会组织评估看法的频数统计

单位：人次，%

	频率	百分比	有效百分比	累计百分比
是,作用很大	1226	35.4	35.4	35.4
一般,可有可无	1194	34.4	34.4	69.8
没有任何作用,反而占用了大量资源	378	10.9	10.9	80.7
尚未引入社会评估机制	669	19.3	19.3	100.0
合计	3467	100.0	100.0	

四 不同样本分组在学校自主"五因素"上的差异分析

基于本书的研究假设，在数据分析部分，将着重就不同样本分组在学校自主五因素上的具体差异进行分析，即因素1"人事自主"、因素2"财务自主"、因素3"招生自主"、因素4"课程教学自主"、因素5"发展规划自主"。本书的差异性分析所采用的主要方法是借助SPSS 20.0软件进行K个独立样本检验，以Kruskal-Wallis H检验为具体检验工具，其基本思路是：首先将全体样本按照升序进行排列，得出每个数据的秩，进而求出秩的平均值，即"秩均值"，若秩均值相差很大，则认为两组样本间有着显著差异。

（一）基于学段的差异

在学段分布上，本书正式调查样本的学段分布于小学、普通初中、普通高中、完全中学、九年一贯制学校、十二年一贯制学校，考虑到后三类学校的样本量较小，在样本总体中的比例较低，故而在基于学段对学校自主五因素进行差异性分析的时候，仅比较小学、普通初中与普通高中等三组样本之间的差异。以"学段"为分组变量，以五个因素为检验变量，将数据纳入"K个独立样本检验"分析程序。如表4-47所示，五个因素在分组变量In1上的渐进显著性水平均小于0.05，说明原假设的发生是小概率事件，故推翻原假设，并认为在学校自主五个因素上，小学、普通初中和普通高中三组样本间均存在显著差异。由表 4-48 可知，在因素 1 中，得分由高到低排列分别是普通高中、小学、普通初中，说明在学校人事自主方面，普通高中自主程度最高，小学自主程度居中，普通初中自主程度最低。在因素 2 中，得分由高到低排列分别是小学、普通高中、普通初中，说明在学校财务自主方面，小学自主程度最高，普通高中居中，普通初中自主程度最低。在因素 3 中，得分由高到低排列分别是小学、普通初中、普通高中，说明在学校招生自主方面，小学自主程度最高，普通初中居中，普通高中自主程度最低。在因素 4 中，得分由高到低排列分别是小学、普通初中、普通高中，说明在课程教学自主方面，小学自主程度最高，普通初中居中，普通高中自主程度最低。在因素 5 中，得分由高到低排列分别是小学、普通初中、普通高中，说明在发展规划自主方面，小学自主程度最高，普通初中居中，普通高中自主程度最低。

表 4-47 非参数检验统计量[a,b]

	因素 1	因素 2	因素 3	因素 4	因素 5
卡方	14.660	39.484	102.133	70.809	55.865
df	2	2	2	2	2
渐近显著性	0.001	0.000	0.000	0.000	0.000

注：a 表示 Kruskal Wallis 检验；b 表示分组变量 In1。

表 4-48 秩

	In2	N	秩均值
因素 1 得分	小学	1526	1705.04
	普通初中	999	1574.13
	普通高中	816	1725.94
	总数	3341	
因素 2 得分	小学	1526	1761.74
	普通初中	999	1516.76
	普通高中	816	1690.13
	总数	3341	
因素 3 得分	小学	1526	1854.15
	普通初中	999	1526.08
	普通高中	816	1505.92
	总数	3341	

续表

	In2	N	秩均值
因素4得分	小学	1526	1821.82
	普通初中	999	1572.29
	普通高中	816	1509.80
	总数	3341	
因素5得分	小学	1526	1800.59
	普通初中	999	1606.74
	普通高中	816	1507.32
	总数	3341	

（二）基于学校所在地区类型的差异

在学校地区类型上，本书正式样本所在学校的地区类型划分为三类：市/县城的中心城区、市/县城的边缘城区或城乡接合部、市/县城以外的乡镇或农村。以"地区类型"为分组变量，以五个因素为检验变量，将数据纳入"K个独立样本检验"分析程序。如表4-49所示，五个因素在分组变量In2上的渐进显著性水平均为0，小于0.05，说明原假设的发生是极小概率事件，故推翻原假设，并认为在学校自主五个因素上，市/县城的中心城区、市/县城的边缘城区或城乡接合部、市/县城以外的乡镇或农村三组样本间均存在显著差异。由表4-50可知，在因素1上，得分由高到低排列分别是市/县城的边缘城区或城乡接合部、市/县城以外的乡镇或农村、市/县城的中心城区，前两组样本的秩均值非常接近，说明在学校人事自主方面，位于边缘城区或城乡接合部的学校以及乡镇或农村学校的自主程度最高，中心城区的学校自主程度最低。在因素2上，得分由高到低排列分别是市/县城以外的乡镇或农村、市/县城的边缘城区或城乡接合部、市/县城的中心城区，由具体分值可知，位于中心城区的学校在财务上的自主程度明显低于城乡接合部及乡镇的学校。在因素3上，得分由高到低排列分别是市/县城以外的乡镇或农村、市/县城的边缘城区或城乡接合部、市/县城的中心城区，数据直接反映出，在招生自主方面，乡镇和农村学校自主程度最高，城乡接合部的学校自主程度居中，中心城区学校自主程度最低。在因素4上，得分由高到低排列同样是市/县城以外的乡镇或农村、市/县城的边缘城区或城乡接合部、市/县城的中心城区，数据再次反映出，学校所在地区距离中心城区越远，在课程教学上的自主程度就越高。在因素5

上，得分由高到低排列依然是市/县城以外的乡镇或农村、市/县城的边缘城区或城乡接合部、市/县城的中心城区，再次印证学校所在地区距离中心城区越远，在发展规划上的自主程度就越高。综合观察表 4-50 呈现出的整组数据，在五个因素的秩均值上，基本符合的规律性认知就是：位于市/县城以外的乡镇或农村的学校自主程度最高，位于市/县城的边缘城区或城乡接合部的学校自主程度居中，位于市/县城的中心城区的学校自主程度最低。由此我们认为，学校的自主程度与其所在的地区类型显著相关。

表 4-49 非参数检验统计量[a,b]

	因素 1	因素 2	因素 3	因素 4	因素 5
卡方	16.821	16.294	297.710	41.383	31.802
df	2	2	2	2	2
渐近显著性	0.000	0.000	0.000	0.000	0.000

注：a 表示 Kruskal Wallis 检验；b 表示分组变量 In2。

表 4-50 秩

	In2	N	秩均值
因素 1 得分	市/县城的中心城区	942	1620.16
	市/县城的边缘城区或城乡接合部	1123	1781.44
	市/县城以外的乡镇或农村	1402	1772.49
	总数	3467	
因素 2 得分	市/县城的中心城区	942	1621.87
	市/县城的边缘城区或城乡接合部	1123	1773.22
	市/县城以外的乡镇或农村	1402	1777.92
	总数	3467	
因素 3 得分	市/县城的中心城区	942	1353.29
	市/县城的边缘城区或城乡接合部	1123	1644.01
	市/县城以外的乡镇或农村	1402	2061.88
	总数	3467	
因素 4 得分	市/县城的中心城区	942	1568.31
	市/县城的边缘城区或城乡接合部	1123	1742.23
	市/县城以外的乡镇或农村	1402	1838.73
	总数	3467	

续表

	In2	N	秩均值
因素5得分	市/县城的中心城区	942	1595.55
	市/县城的边缘城区或城乡接合部	1123	1727.46
	市/县城以外的乡镇或农村	1402	1832.26
	总数	3467	

（三）基于学校办学水平的差异

在学校的办学水平上，本书正式样本所在学校的办学水平主要划分为五类：省级示范性学校、市级示范性学校、县/区级示范性学校、普通学校、薄弱学校。以"办学水平"为分组变量，以五个因素为检验变量，将数据纳入"K个独立样本检验"分析程序。如表4-51所示，五个因素在分组变量In3上的渐进显著性水平均小于0.05，说明原假设的发生是极小概率事件，故推翻原假设，并认为在学校自主五个因素上，省级示范性学校、市级示范性学校、县/区级示范性学校、普通学校、薄弱学校等五组样本间均存在显著差异。由表4-52可知，在因素1上，得分由高到低排列分别是县/区级示范性学校、市级示范性学校、省级示范性学校、普通学校、薄弱学校，反映出在学校人事自主方面，县/区级示范性学校的自主程度最高，薄弱学校的自主程度最低。在因素2上，得分由高到低排列分别是县/区级示范性学校、普通学校、市级示范性学校、薄弱学校、省级示范性学校，说明在学校财务自主方面，县/区级示范性学校自主程度最高，省级示范性学校自主程度最低。在因素3上，得分由高到低排列分别是薄弱学校、普通学校、县/区级示范性学校、市级示范性学校、省级示范性学校，可知在招生自主方面，薄弱学校的自主程度最高，省级示范性学校的自主程度最低。在因素4上，得分由高到低排列分别是县/区级示范性学校、市级示范性学校、薄弱学校、普通学校、省级示范性学校，说明在课程教学自主方面，县/区级示范性学校自主程度最高，省级示范性学校自主程度最低。在因素5上，得分由高到低排列分别是县/区级示范性学校、市级示范性学校、薄弱学校、普通学校、省级示范性学校，说明在学校发展规划自主方面，县/区级示范性学校自主程度最高，省级示范性学校自主程度最低。综合观察表4-52的整组数据，在五个因素上，县/区级示范性学校在四个因素中秩均值位列第一,省级示范性学校在四个因素中秩均值均居末位。由此反映出,若以学校办学水平为参考指标,则县/区级示范性学校自主程度最高,省级示范性学校自主程度最低。

表4-51 非参数检验统计量[a,b]

	因素1	因素2	因素3	因素4	因素5
卡方	30.674	25.951	99.669	17.524	29.615
df	4	4	4	4	4
渐近显著性	0.000	0.000	0.000	0.002	0.000

注:a 表示 Kruskal Wallis 检验;b 表示分组变量 In3。

表4-52 秩

	In2	N	秩均值
因素1得分	省级示范性学校	265	1793.87
	市级示范性学校	463	1811.63
	县/区级示范性学校	693	1877.54
	普通学校	1562	1674.89
	薄弱学校	484	1612.18
	总数	3467	
因素2得分	省级示范性学校	265	1607.13
	市级示范性学校	463	1685.50
	县/区级示范性学校	693	1889.11
	普通学校	1562	1728.72
	薄弱学校	484	1644.79
	总数	3467	
因素3得分	省级示范性学校	265	1369.63
	市级示范性学校	463	1522.90
	县/区级示范性学校	693	1668.53
	普通学校	1562	1807.89
	薄弱学校	484	1990.73
	总数	3467	
因素4得分	省级示范性学校	265	1577.30
	市级示范性学校	463	1762.54
	县/区级示范性学校	693	1846.58
	普通学校	1562	1700.01
	薄弱学校	484	1741.00
	总数	3467	

续表

	In2	N	秩均值
因素5得分	省级示范性学校	265	1600.27
	市级示范性学校	463	1770.96
	县/区级示范性学校	693	1899.22
	普通学校	1562	1677.02
	薄弱学校	484	1719.17
	总数	3467	

（四）基于不同职位人群看法的差异

在被调查者的职位类型上，本书正式样本主要划分为三类：校级领导、中层干部、普通教师。以"受访者职位"为分组变量，以五个因素为检验变量，将数据纳入"K个独立样本检验"分析程序。如表4-53所示，五个因素在分组变量In4上的渐进显著性水平分别为0.003、0.549、0.009、0.000、0.000，因素2的显著性水平大于0.05，接受原假设，说明三组样本对学校财务自主的看法不存在显著差异。因素1、因素3、因素4、因素5的显著性水平小于0.05，说明原假设的发生是极小概率事件，故推翻原假设，并认为在学校的人事自主、招生自主、课程教学自主、发展规划自主三个方面，校级领导、中层干部、普通教师三组样本的看法之间存在显著差异。由表4-54可知，在因素1上，得分由高到低排列分别是中层干部、普通教师、校级领导，说明在对学校人事自主的看法上，中层干部认为学校自主程度最高，校级领导认为学校自主程度最低。在因素3上，得分由高到低排序分别是普通教师、中层干部、校级领导，说明在对学校招生自主的看法上，普通教师认为学校的自主程度最高，校级领导认为学校的自主程度最低。在因素4上，得分由高到低排列分别是校级领导、中层干部、普通教师，说明在对学校课程教学自主的看法上，校级领导认为学校自主程度最高，普通教师认为学校自主程度最低。在因素5上，得分高到排列分别是校级领导、中层干部、普通教师，说明在对学校发展规划自主的看法上，校级领导认为学校的自主程度最高，普通教师认为学校的自主程度最低。

表4-53 非参数检验统计量[a,b]

	因素1	因素2	因素3	因素4	因素5
卡方	11.670	1.198	9.503	17.098	40.464
df	2	2	2	2	2
渐近显著性	0.003	0.549	0.009	0.000	0.000

注：a 表示 Kruskal Wallis 检验；b 表示分组变量 In4。

表4-54 秩

	In2	N	秩均值
因素1得分	校级领导	266	1578.76
	中层干部	376	1852.17
	普通教师	2825	1732.89
	总数	3467	
因素2得分	校级领导	266	1688.11
	中层干部	376	1700.59
	普通教师	2825	1742.77
	总数	3467	
因素3得分	校级领导	266	1567.32
	中层干部	376	1689.40
	普通教师	2825	1755.63
	总数	3467	
因素4得分	校级领导	266	1897.05
	中层干部	376	1869.07
	普通教师	2825	1700.67
	总数	3467	
因素5得分	校级领导	266	1984.29
	中层干部	376	1941.53
	普通教师	2825	1682.81
	总数	3467	

五 不同样本分组在办学自主权整体认知上的差异分析

就被调查者对于学校办学自主权的整体认知，在问卷中主要设置了两道题目以作测量，变量 F 代表被调查者对其所在学校办学自主权大小的总体感受，变量 G 代表被调查者对其所在学校办学自主权的总体满意程度。剖析不同的样本分组在这两项指标上是否存在差异、存在怎样的差异，需要对数据结果进行进一步的分析。分析所采用的主要方法同样是借助 SPSS 20.0 软件进行 K 个独立样本检验，以 Kruskal-Wallis H 检验为具体的检验工具，分析结果如下。

（一）基于学段的差异

在探讨不同样本分组对学校办学自主权总体感受的满意程度差异的时候，同样仅比较小学、普通初中与普通高中等三组样本之间的差异。以"学段"为分组变量，以变量 F、变量 G 为检验变量，将数据纳入"K 个独立样本检验"分析程序。如表 4-55 所示，两个变量在分组变量 In1 上的渐进显著性水平均小于 0.05，说明原假设的发生是极小概率事件，故推翻原假设，并认为在办学自主权的总体感受与满意程度上，小学、普通初中和普通高中三组样本间均存在显著差异。由表 4-56 可知，在对学校办学自主权的总体感受上，得分由高到低排列分别是小学、普通初中、普通高中，说明在这组数据纳入的 3341 个样本中，认为其学校办学自主权最大的是来自小学的调查对象，其次是来自普通初中的调查对象，来自普通高中的调查对象认为学校的办学自主权最低。在对学校办学自主权的满意程度上，得分由高到低排列同样分别是小学、普通初中、普通高中，说明在 3341 个样本中，对学校办学自主权满意程度最高的是来自小学的调查对象，其次是来自普通初中的调查对象，来自普通高中的调查对象对学校办学自主权的满意程度最低。综合观察表 4-56 的整组数据，我们发现在 F 和 G 两个变量上，三个学段学校的得分由高到低的排序完全一致，均为小学、普通初中、普通高中。将两个变量放在一起综合解释：以"学段"为分组变量时，小学组认为其办学自主权最大，对目前学校拥有的办学自主权最为满意；普通初中组对其办学自主权的总体看法与满意程度都位于居中水平；普通高中组认为其办学自主权最小，对目前学校拥有的办学自主权满意程度最低。由此可以总结出一般规律：学段越低，对于办学自主权的总体感受越好，对于办学自主权的满意程度越高，反之亦然。

表 4-55 非参数检验统计量[a,b]

	F	G
卡方	28.845	87.754
df	2	2
渐近显著性	0.000	0.000

注：a 表示 Kruskal Wallis 检验；b 表示分组变量 In1。

表 4-56 秩

	In1	N	秩均值
F	小学	1526	1758.35
	普通初中	999	1619.92
	普通高中	816	1570.19
	总数	3341	
G	小学	1526	1815.10
	普通初中	999	1623.18
	普通高中	816	1460.07
	总数	3341	

（二）基于学校所在地区类型的差异

以"地区类型"为分组变量，以变量 F、变量 G 为检验变量，将数据纳入"K 个独立样本检验"分析程序。如表 4-57 所示，两个变量在分组变量 In2 上的渐进显著性水平均小于 0.05，说明原假设的发生是极小概率事件，故推翻原假设，并认为在办学自主权的总体感受与满意程度上，市/县城中心城区的学校、市/县城边缘城区或城乡接合部的学校、市/县城以外的乡镇或农村的学校等三组样本间均存在显著差异。由表 4-58 可知，在对学校办学自主权的总体感受上，得分由高到低排列分别是市/县城以外的乡镇或农村、市/县城的边缘城区或城乡接合部、市/县城的中心城区。在对学校办学自主权的满意程度上，得分由高到低排列同样分别是市/县城以外的乡镇或农村、市/县城的边缘城区或城乡接合部、市/县城的中心城区。综合观察表 4-58 的整组数据，我们发现在 F 和 G 两个变量上，三组样本的得分由高到低的排序又呈现出完全一致的现象，均为：市/县城以外的乡镇或农村、市/县城的边缘城区或城乡接合部、市/县城的中心城区。将两个变量放在一起综合解释即为：以"地区类型"为分组变量时，乡镇地区学校认为其办学自主权最大，对目前学校拥有的办学自主权最为满意；城乡接合部地区学校对其办学自主权的总体感受与满意程度均为居中水平；中心城区的学校认为其办学自主权最小，对于目前学校拥有的办学自主权的满意程度最低。因此可再次得出一般性规律：学校距离中心城区越远，对于办学自主权的总体感受越好，对于办学自主权的满意程度越高，反之亦然。

表 4-57 非参数检验统计量[a,b]

	F	G
卡方	25.610	87.884
df	2	2
渐近显著性	0.000	0.000

注：a 表示 Kruskal Wallis 检验；b 表示分组变量 In2。

表 4-58 秩

	In2	N	秩均值
F	市/县城的中心城区	942	1615.13
	市/县城的边缘城区或城乡接合部	1123	1738.37
	市/县城以外的乡镇或农村	1402	1810.36
	总数	3467	
G	市/县城的中心城区	942	1532.01
	市/县城的边缘城区或城乡接合部	1123	1702.85
	市/县城以外的乡镇或农村	1402	1894.67
	总数	3467	

（三）基于学校办学水平的差异

以"办学水平"为分组变量，以变量 F、变量 G 为检验变量，将数据纳入"K 个独立样本检验"分析程序。如表 4-59 非参数检验统计量所示，两个变量在分组变量 In3 上的渐进显著性水平均小于 0.05，说明原假设的发生是极小概率事件，故推翻原假设，并认为在办学自主权的总体感受与满意程度上，来自省级示范性学校、市级示范性学校、县/区级示范性学校、普通学校、薄弱学校的五组样本之间，均存在显著差异。由表 4-60 可知，在对学校办学自主权的总体感受上，得分由高到低排列分别是县/区级示范性学校、普通学校、市级示范性学校、薄弱学校、省级示范性学校。在对学校办学自主权的满意程度上，得分由高到排列分别是县/区级示范性学校、普通学校、薄弱学校、市级示范性学校、省级示范性学校。综合观察表4-60的整组数据，我们能够发现的一般特征是：在以"办学水平"为分组变量时，来自县/区级示范性学校的样本认为其学校的办学自主权最大，对办学自主权的满意程度最高；来自省级示范性学校的样本认为其学校的办学自主权最小，对办学自主权的满意程度最低。

表4-59 非参数检验统计量[a,b]

	F	G
卡方	61.423	122.504
df	4	4
渐近显著性	0.000	0.000

注：a 表示 Kruskal Wallis 检验；b 表示分组变量 In3。

表4-60 秩

		In2	N	秩均值
F		省级示范性学校	265	1483.16
		市级示范性学校	463	1639.79
		县/区级示范性学校	693	1913.41
		普通学校	1562	1762.69
		薄弱学校	484	1611.98
		总数	3467	
G		省级示范性学校	265	1243.95
		市级示范性学校	463	1634.88
		县/区级示范性学校	693	1962.52
		普通学校	1562	1754.90
		薄弱学校	484	1702.46
		总数	3467	

（四）基于不同职位人群看法的差异

以"受访者职位"为分组变量，以变量F、变量G为检验变量，将数据纳入"K个独立样本检验"分析程序。如表4-61非参数检验统计量所示，两个变量在分组变量In4上的渐进显著性水平分别为0.007和0.021，均小于显著性水平 0.05，说明原假设的发生是小概率事件，故推翻原假设，并认为在办学自主权的总体感受与满意程度上，来自学校校级领导、中层干部与普通教师三组样本之间，均存在显著差异。由表 4-62 可知，在对学校办学自主权的总体感受上，得分由高到低排列分别是中层干部、普通教师、校级领导，同时普通教师与中层干部两组样本的秩均值非常接近，分别是 1747.45、1752.73。在对学校办学自主权的满意程度上，得分由高到低排列分别是普通教师、中层干部、校级领导。由此我们可以发现的一般特征是：在以"受访者职位"为分组变量时，校级领导认为其学校的办学自主权最小，对办学自主权的满意程度最低。

表 4-61 非参数检验统计量[a,b]

	F	G
卡方	9.845	7.686
df	2	2
渐近显著性	0.007	0.021

注：a 表示 Kruskal Wallis 检验；b 表示分组变量 In4。

表 4-62 秩

		In2	N	秩均值
F		校级领导	266	1564.69
		中层干部	376	1752.73
		普通教师	2825	1747.45
		总数	3467	
G		校级领导	266	1599.04
		中层干部	376	1688.43
		普通教师	2825	1752.77
		总数	3467	

第三节 数据结论归整

第一，中小学目前办学自主程度整体处于一般略偏上水平。

通过对 3467 个样本对于"学校事务自主程度量表"打分的数据结果

进行描述性统计，量表的总体得分均值为 3.262 分，略高于 3 分的一般水平，介于"一般"与"较高"之间。由此认为，目前豫中地区中小学办学自主程度总体上处于一般略微偏上水平。

第二，在学校自主的五个维度上，自主程度由高到低排序分别是：发展规划自主、课程教学自主、人事自主、财务自主、招生自主。

在对"人事自主分量表""财务自主分量表""招生自主分量表""课程教学自主分量表""发展规划自主分量表"各自的数据结果进行描述性统计后，得分均值由高到低排序是：发展规划自主、课程教学自主、人事自主、财务自主、招生自主。在对学校自主的五个因素"因素1：人事自主""因素2：财务自主""因素3：招生自主""因素4：课程教学自主""因素5：发展规划自主"的数据结果进行描述性统计后，得分均值由高到低排序分别是：发展规划自主、课程教学自主、人事自主、财务自主、招生自主。五个分量表的得分均值排序与五因素的得分均值排序结果完全一致，由此认为在学校自主的五个维度上，自主程度由高到低排序分别是：发展规划自主、课程教学自主、人事自主、财务自主、招生自主。

第三，在学校自主的五因素中，"因素1：人事自主""因素2：财务自主""因素3：招生自主""因素4：课程教学自主"对学校办学自主权的总体感受产生显著影响。

以多元线性回归分析为工具检验在学校自主的五因素中，哪几个因素对学校办学自主权的总体感受存在显著影响。数据结果剔除了"因素5：发展规划自主"，证实了"因素1：人事自主""因素2：财务自主""因素3：招生自主""因素4：课程教学自主"对学校办学自主权的总体感受产生显著影响。

第四，在学校自主的五因素中，"因素1：人事自主""因素2：财务自主""因素3：招生自主""因素4：课程教学自主"对学校办学自主权的满意程度产生显著影响。

以多元线性回归分析为工具检验在学校自主的五因素中，哪几个因素对学校办学自主权的满意程度存在显著影响。数据结果同样剔除了"因素5：发展规划自主"，证实了"因素1：人事自主""因素2：财务自主""因素3：招生自主""因素4：课程教学自主"对学校办学自主权的满意程度产生显著性影响。

第五，不同样本分组对学校办学自主权的总体感受存在显著差异。

基于对3467个调查样本基本信息的收集，分别以"学段"、学校所处的"地区类型"、"办学水平"、"受访者职位"为分组变量，以对学校办学自主权的总体感受为检验变量，将数据结果分别纳入"K个独立样本检验"分析程序后，得出以下结论。

一是基于学段的差异。在"小学""普通初中""普通高中"三组样本的调查对象中，认为其学校办学自主权最大的是来自小学的样本，认为其办学自主权最小的是来自普通高中的样本，来自普通初中的样本对于其学校办学自主权的总体感受介于两者之间。由此认为，学段越低，对于办学自主权的总体感受越好。

二是基于学校所在地区类型的差异。在"市/县城的中心城区""市/县城的边缘城区或城乡接合部""市/县城以外的乡镇或农村"三组样本的调查对象中，来自市/县城以外的乡镇或农村的样本认为其学校的办学自主权最大，来自市/县城的边缘城区或城乡接合部的样本对其学校办学自主权的总体感受居中，来自市/县城的中心城区的样本认为其学校的办学自主权最小。由此认为，在地区类型上，距中心城区越远，对于学校办学自主权的总体感受越好，反之亦然。

三是基于学校办学水平的差异。在"省级示范性学校""市级示范性学校""县/区级示范性学校""普通学校""薄弱学校"五组样本的调查对象中，在对学校办学自主权的总体感受上，得分由高到低排列分别是县/区级示范性学校、普通学校、市级示范性学校、薄弱学校、省级示范性学校。由此可知，认为其学校办学自主权最大的是来自县/区级示范性学校的样本，认为其学校办学自主权最小的是来自省级示范性学校的样本。

基于以上三点，研究假设3.1——"不同类别的学校在对办学自主权的总体感受上存在显著差异"得到了证实。

四是基于受访者职位的差异。在"校级领导""中层干部""普通教师"三组样本的调查对象中在对学校办学自主权的总体感受上，得分由高到低排列分别是中层干部、普通教师、校级领导。由此认为，在以职位对受访者进行分组的情况下，校级领导认为其学校的办学自主权最小。因此，研究假设4.1——"不同职位人群对于办学自主权的总体感受存在显著差异"得到了证实。

第六，不同样本分组对于学校办学自主权的满意程度存在显著差异。

以"学段"、学校所处的"地区类型"、"办学水平"、"受访者职位"为分组变量，以对学校办学自主权的满意程度为检验变量，将数据结果分别纳入"K个独立样本检验"分析程序后，得出以下结论。

一是基于学段的差异。在"小学""普通初中""普通高中"三组样本的调查对象中，对于学校办学自主权满意程度最高的是来自小学的调查对象，其次是来自普通初中的调查对象，来自普通高中的调查对象对学校办学自主权的满意程度最低。

二是基于学校所在地区类型的差异。在"市/县城的中心城区""市/县城的边缘城区或城乡接合部""市/县城以外的乡镇或农村"三组样本的调查对象中，来自市/县城以外的乡镇或农村的样本对其学校办学自主权的满意程度最高，来自市/县城的边缘城区或城乡接合部的样本对其学校办学自主权的满意程度居中，来自市/县城的中心城区的样本对其学校办学自主权的满意程度最低。由此认为，在地区类型上，距中心城区越远，对学校办学自主权的满意程度越高，反之亦然。

三是基于学校办学水平的差异。在"省级示范性学校""市级示范性学校""县/区级示范性学校""普通学校""薄弱学校"五组样本的调查对象中，在对学校办学自主权的满意程度上，得分由高到低排列分别是县/区级示范性学校、普通学校、薄弱学校、市级示范性学校、省级示范性学校。在3467个样本中，来自县/区级示范性学校的样本对于其学校办学自主权的满意程度最高，来自省级示范性学校的样本对于去其学校办学自主权的满意程度最低。

基于学校办学水平的差异，在"省级示范性学校""市级示范性学校""县/区级示范性学校""普通学校""薄弱学校"五组样本的调查对象中，在对学校办学自主权的满意程度上，得分由高到排列分别是县/区级示范性学校、普通学校、薄弱学校、市级示范性学校、省级示范性学校。在3467个样本中，来自县/区级示范性学校的样本对其学校办学自主权的满意程度最高，来自省级示范性学校的样本对于去其学校办学自主权的满意程度最低。

基于以上三点，研究假设3.2——"不同类别的学校在对办学自主权的满意程度上存在显著差异"得到了证实。

四是基于受访者职位的差异。在"校级领导""中层干部""普通教师"三组样本的调查对象中,在对学校办学自主权的满意程度上,得分由高到低排列分别是普通教师、中层干部、校级领导。由此认为,在以"受访者职位"为分组变量时,校级领导对其学校办学自主权的满意程度最低。因此,研究假设4.2——"不同职位人群对于办学自主权的满意程度存在显著差异"得到了证实。

第七,不同样本分组在学校自主"五因素"上存在显著差异。

以"学段"、学校所处的"地区类型"、"办学水平"、"受访者职位"为分组变量,分别以学校自主的五个因素为检验变量,将数据结果分别纳入"K个独立样本检验"分析程序后,得出结论如表4-63所示。存在显著差异的变量,笔者根据得分高低对其进行了排序(由高到低),得分越高,说明此组样本在特定的因素上自主程度越高。其中,"校级领导""中层干部""普通教师"三组样本在"因素2:财务自主"上不存在显著差异。因此,研究假设2——"不同类别的学校在学校自主'五因素'上存在显著差异"在以"学段""地区类型""办学水平"为分组变量时,得到了证实。

表4-63 不同样本分组在学校自主五因素上的得分排序

	学段	地区类型	办学水平	受访者职位
人事自主得分排序	1. 普通高中 2. 小学 3. 普通初中	1. 边缘城区/城乡接合部 2. 乡镇/农村 3. 中心城区	1. 县/区级示范性学校 2. 市级示范性学校 3. 省级示范性学校 4. 普通学校 5. 薄弱学校	1. 中层干部 2. 普通教师 3. 校级领导
财务自主得分排序	1. 小学 2. 普通高中 3. 普通初中	1. 乡镇/农村 2. 边缘城区/城乡接合部 3. 中心城区	1. 县/区级示范性学校 2. 普通学校 3. 市级示范性学校 4. 薄弱学校 5. 省级示范性学校	*不存在显著差异
招生自主得分排序	1. 小学 2. 普通初中 3. 普通高中	1. 乡镇/农村 2. 边缘城区/城乡接合部 3. 中心城区	1. 薄弱学校 2. 普通学校 3. 县/区级示范性学校 4. 市级示范性学校 5. 省级示范性学校	1. 普通教师 2. 中层干部 3. 校级领导

续表

	学段	地区类型	办学水平	受访者职位
课程教学自主得分排序	1. 小学 2. 普通初中 3. 普通高中	1. 乡镇/农村 2. 边缘城区/城乡接合部 3. 中心城区	1. 县/区级示范性学校 2. 市级示范性学校 3. 薄弱学校 4. 普通学校 5. 省级示范性学校	1. 校级领导 2. 中层干部 3. 普通教师
发展规划自主得分排序	1. 小学 2. 普通初中 3. 普通高中	1. 乡镇/农村 2. 边缘城区/城乡接合部 3. 中心城区	1. 县/区级示范性学校 2. 市级示范性学校 3. 薄弱学校 4. 普通学校 5. 省级示范性学校	1. 校级领导 2. 中层干部 3. 普通教师

第五章　中小学办学自主权的要点分析

在完成本书前两个主要模块"学理阐释"与"实证调查"的基础上，本章将正式进入研究的第三个模块"分析与结论"。"学理阐释"为本书奠定了理论基础、建构了分析框架，"实证调查"为本书获取了大样本的调查数据、访谈资料以及学校案例的相关资料。"分析与结论"模块将整合前两个模块的研究，将实证调查中的发现引回本书的分析框架，结合理论基础，深入分析中小学办学自主权分析框架下"权力主体"、"权力要素"、"主体间关系"与"保障机制"等四个要点，对豫中地区公办中小学校的办学自主权问题展开更为深入的、理论与实践高度融合的分析。本章的三个小节将主要讨论中小学办学自主权的"权力主体"、"权力要素"与"主体间关系"等分析框架下的前三个要点，并在此基础上对目前豫中地区中小学校办学自主权存在的主要问题进行提炼、抽取与归纳，后续针对现存问题就中小学办学自主权保障机制的探讨将放在本书的第七章。

第一节　权力主体的分析

"主体"（Subject）的概念最初源于哲学领域。近代哲学的一个重要特征就是展开了对于"主体""客体"各自的概念以及它们直接关系的讨论，然而不同的哲学派别对于"主体"的界定有着不一样的回答。在康德的学说体系中，"主体"的概念主要是从人的主观性、主观能动性、自我决定的层面来描述的，强调人的独立自主性与自由意志，尊重人的个性与每个主体的特殊性。[1] 黑格尔认为，"理性"才是这个世界的主体，自然界和人都是理性外化的产物，被理性所支配。[2] 以上两种观点均是从认识论的角度谈论"主体"的本质，

---

[1] 张世英等《康德的纯粹理性批判》，北京大学出版社，1987，第2~5页。
[2] 北京大学哲学系外国哲学史教研室编译《十八世纪末—十九世纪初德国哲学》，商务印书馆，1975，第47页。

而不是强调"主体"的本体论意义。马克思主义哲学认为主体不是某种精神性的存在,而是拥有客观物质基础的"人","人"始终是这个世界的主体,是实践活动的承担者。① 从这个角度出发,"主体"概念反映的就是人类社会中人与外界的关系。"主体"代表具有能动性的一方,即进行思维性、目的性活动的"人","客体"则代表处于被动、消极地位的一方,也即无意识的自然界。在社会科学中"主体"与"客体"的概念主要引申为描述人与人之间、群体直接的相互关系,在某一社会过程中居于主动、主导地位的人或群体即为"主体",反之则为"客体"。基于此,讨论"办学自主权"的主体,首先要清晰化的就是在以"办学自主权"为轴心的相互关系中,谁处于主动的、支配性的地位,谁处于被动的、被支配的地位。而在此之前,最先要明确的还是办学自主权的"来源"问题,而明晰公办中小学办学自主权来源的前提,是对公办中小学这类组织的法律地位的分析,因为组织的法律地位决定了其组织性质以及权利与义务、权力与责任的边界。在此基础上,公办中小学办学自主权其主体的特殊性随即得到了清晰的展现。

一 公办中小学的法律地位分析

从字面意义上,"办学自主权"是"办学"的自主权,而学校是毫无疑问的办学主体,那么"办学自主权"的权力主体自然而然就应该是学校。然而现实情况真的如此吗?在文献综述部分笔者已经做过梳理,中小学的办学自主权不足是世界范围内的一个共性问题,二战后世界各国对国家教育事业的发展投入了极大的关注,而以国家力量为动力源的教育发展是以政府管控为主要特征,在凯恩斯强调"国家干预"的思想指导下进行的。而我国这一有着几千年中央集权传统的国家,国家不仅重视对社会各个领域的管制,也强调对于各领域重要资源的掌控,对于关乎国计民生的教育事业,尤其是基础教育来说,政府力量的全力介入和强势干预更是一种较为显性的主要特征。办学自主权作为学校组织在办学行为上的自主权力,最初是源于盈利模式的民办学校,而后在强调学术自由、大学自治的背景下,办学自主权又逐渐向高等院校发展,由于中小学校发展素质教育、建设现代学校制度,对于学校办学自主权保障与落实的强调又拓展到了中小学校。国内外教育实践领域的发展脉络告诉我们,长期以来公办中小学是缺乏办学自主权的,否则就无须谈及其"保障"或"落实"

---

① 李云龙:《主体概念的历史演变》,《北方论丛》1994年第2期,第29~33页。

的问题。那么造成这种现象的源头在哪里？若要得出答案，应从对公办中小学法律地位的分析说起，这也是学界一直在争论却又悬而未决的一个重点问题。任何一类在符合相关法律规定的程序下所成立的社会组织，均拥有它的法律地位，且它的法律地位在与其他法律关系主体发生联系时得以显现。[①] 本书对于公办中小学法律地位所采取的分析理路是：公办中小学作为民事法律关系主体时，扮演的是一种"非严格意义"的事业单位法人角色；公办中小学作为教育行政法律关系主体时，扮演的是一种"行政相对人"角色。

（一）公办中小学作为民事法律关系主体：非严格意义的事业单位法人角色

自1995年《教育法》颁布并实施之后，"学校"这一组织的设置逐渐步入了法制化的轨道，《教育法》第三十二条明确规定："学校及其他教育机构具备法人条件的，自批准设立或者登记注册之日起取得法人资格。"[②] 那么"法人资格"有着什么样的法律意义和内涵呢？对于"法人"界定最为权威的文本，同时也是分析我国任何组织作为民事法律关系主体时的角色首先要参考的重要法律文献，即为《中华人民共和国民法通则》（以下简称《民法通则》）。在《民法通则》第三十六条中，"法人"被界定为"具有民事权利能力和民事行为能力，依法独立享有民事权利和承担民事义务的组织"。[③] 在这一定义中，不仅强调"法人"对于民事权利的依法享有、对民事义务的依法承担，同时也强调"法人"对于民事权利的独立享有、对民事义务的独立承担。而《教育法》第三十二条则规定"学校及其他教育机构在民事活动中依法享有民事权利，承担民事责任"，这里"依法享有民事权利，承担民事责任"较《民法通则》中对于"法人"资格的界定，显然缺少了"独立"字样，也即说明学校虽然能够

---

① 余芳、陈书昆：《我国公立中小学法律地位的法理学分析》，《教学与管理》2003年第7期，第38页。
② 《中华人民共和国教育法》（1995年3月18日第八届全国人民代表大会第三次会议通过，根据2009年8月27日第十一届全国人民代表大会常务委员会第十次会议《关于修改部分法律的决定》第一次修正，根据2015年12月27日第十二届全国人民代表大会常务委员会第十八次会议《关于修改〈中华人民共和国教育法〉的决定》第二次修正），中华人民共和国教育部网站，2015年12月28日，http://www.moe.gov.cn/s78/A02/zfs_ _ left/s5911/moe_ 619/201512/t20151228_ 226193.html。
③ 《中华人民共和国民法通则》（1986年4月12日第六届全国人民代表大会第四次会议通过 1986年4月12日中华人民共和国主席令第三十七号公布 自1987年1月1日起施行），中国人大网，2000年12月6日，http://www.npc.gov.cn/wxzl/wxzl/2000-12/06/content_ 4470.htm。

依法享有一定的民事权利、承担一定的民事责任，但并非绝对的独立享有、独立承担。在学校组织内部，唯有"学校及其他教育机构兴办的校办产业"才能够独立承担民事责任。这显然说明，以国家财政为办学经费来源的公办中小学，是不能够完全独立地享有民事权利、独立地承担民事责任的。此时再参照《民法通则》第三十七条对于"法人资格"成立的四项基本条件：第一条，"依法成立"公办中小学当然是符合的；第二条，"有必要的财产和经费"，公办中小学是由政府举办，办学经费来源于国家的财政收入，各项经费的使用也必须在相关部门的监督之下进行，校内的设施、财产也均归国家所有，因此在这项条件上，公办中小学不能够完全符合；第三条，"有自己的名称、组织机构和场所"，这一条件公办中小学只能够说是基本符合，因为在公办学校组织内的人员多属国家事业人员编制职工，学校场所同样也归国家所有；第四条，"能够独立承担民事责任"，这一条件公办中小学依然不能够完全符合，《教育法》对于学校法人资格的表述中，没有提及"独立"二字，同时从产权关系的角度去看，既然政府是公办中小学的举办者与所有者，那么公办中小学相对于政府角色而言，既无法独立承担民事责任，本来也不应独立承担民事责任，[①]由此我们认为，公办中小学只能承担"一定的"民事责任。基于以上《民法通则》对于"法人资格"概念及条件的表述，结合公办中小学的组织特性，笔者认为，公办中小学与一般意义上的"法人"角色有着明显的差异，只能将其定义为"非严格意义的"法人角色。

接下来，再次回到《民法通则》的文本中，我们发现"法人"被划分为三个类属，即"企业法人"、"机关、事业单位法人"和"社会团体法人"，这其中"机关、事业单位法人"又可划分为"机关法人"和"事业单位法人"。从类属上看，笔者认为公办中小学当属"事业单位法人"，做出这一判断是基于对相关文本的分析。《事业单位登记管理暂行条例》中规定事业单位"是指国家为了社会公益目的，由国家机关举办或者其他组织利用国有资产举办的，从事教育、科技、文化、卫生等活动的社会服务组织"，[②] 而《教育法》第二十六条明确规定"以财政性经费、捐赠资产举办或者参与举办的学校及其他教育机构不得设立为营利性组织"。参照

[①] 胡劲松、葛新斌：《关于我国学校"法人地位"的法理分析》，《教育理论与实践》2001年第6期，第20页。
[②] 《国务院关于修改〈事业单位登记管理暂行条例〉的决定》，中华人民共和国中央人民政府网站，2008年3月28日，http://www.gov.cn/zhengce/content/2008-03/28/content_6422.htm。

以上规定，公办中小学自然就是"事业单位法人"。

结合以上两个部分的分析，公办中小学在性质上可以界定为"非严格意义的"法人角色，在类属上可归入"事业单位法人"。因此，当我们从民事法律关系主体的角度来分析公办中小学时，笔者认为它扮演的就是"非严格意义的事业单位法人"角色，整个分析过程如图5-1所示。

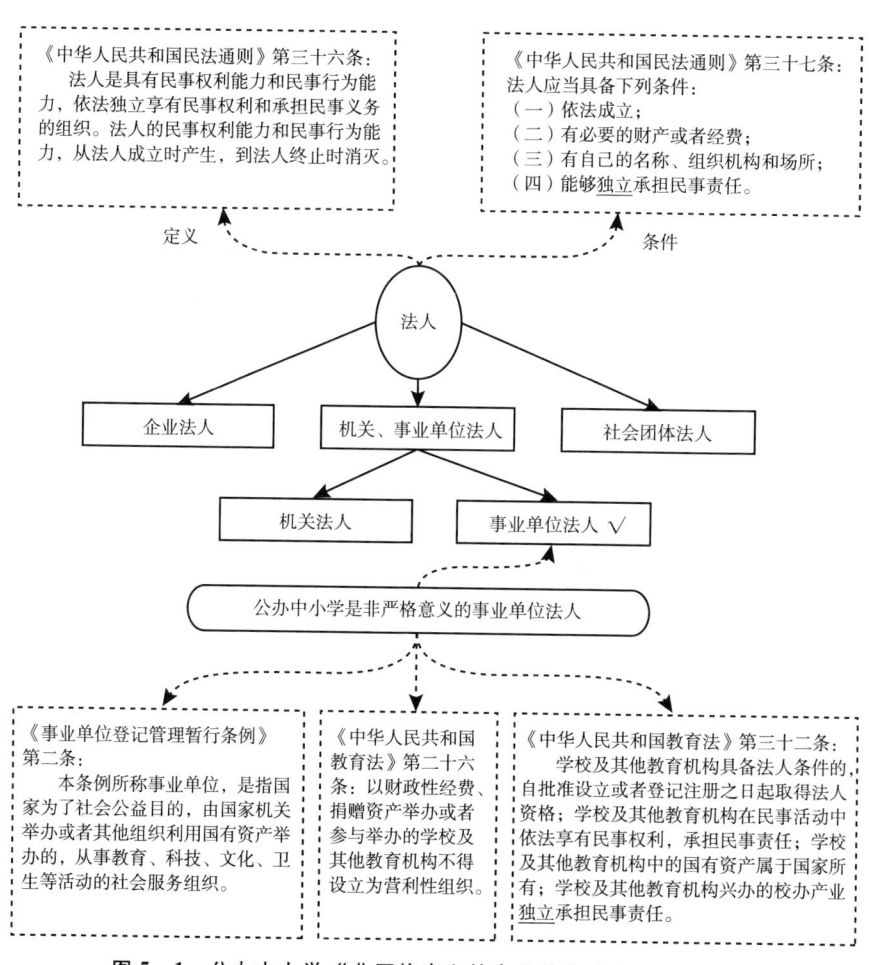

图 5-1　公办中小学"非严格意义的事业单位法人"角色分析

（二）公办中小学作为教育行政法律关系主体："行政相对人"角色

教育法律关系的主体无疑就是教育行政机关与学校，而在主体内部结构中，前者是行政主体，后者为行政相对方。① "行政相对人"是一个行政法学上的概念，但它并非是一个法律上的概念，而是一种学理上的概念，指的是在行政法律关系中既享有权利又负有义务，与行政主体相对应的另一方当事人，它具有如下的法律特征：第一，行政相对人与行政主体同样都是参与到行政法律关系中的当事人，它与行政主体为互相对应的关系，共同建构了行政法律关系的主体，两者之间互为前提，缺一不可；第二，行政相对人的一个显性特征就是它是行政法律关系中不具备国家权力一方的当事人，处于被管理、被支配的地位，主要包括公民、法人以及其他社会组织；第三，在行政关系法律体系中，行政相对人角色并不仅仅是被管理者，而是既向行政主体履行义务，又享有行政主体赋予的权利的一方主体。在行政法律体系中，虽然行政相对人是居于被管理的地位，但被管理一方的当事人并不等同于绝对的"义务人"，因为行政相对方不仅要履行义务，还拥有行政主体以法律法规等形式所赋予的各项权利。② 我们已经明确的是，公办中小学是"非严格意义的事业单位法人"，那么它就不仅是民事法律关系中的主体，与此同时，它也扮演着行政法律关系中的"行政相对人"角色。对于这一观点，学者褚宏启、傅添、余芳和陈书昆均做出过论述，对于公办中小学在行政法律关系中是"行政相对人"或"行政相对方"角色的观点予以认同。

前文已做出界定的是，公办中小学是"非严格意义的事业单位法人"，而"法人"不仅仅充当着民事法律关系中的主体，同时也扮演着行政法律关系中的"行政相对方"角色。从本质上看，在教育行政的法律关系体系中，教育行政本身就是现代国家行政职能扩充、社会分工精细化的产物。在学校与政府以及教育行政部门产生法律关系，或是行政部门在行使其职权的过程中与学校产生关系的时候，政府以及教育行政部门作为代表国家进行行政管理、承担行政职能的机构，与学校之间是领导与被领导的关系，且两者之间的关系主要参照行政法来调节，在过程上显现出单方性与不对等性。③ 因此对于作为"行政相对人"角色的公办中小学来说，只要

---

① 褚宏启：《论学校在行政法律关系中的地位》，《教育理论与实践》2000 年第 3 期，第 29~30 页。
② 刘旺洪：《行政法学》，南京师范大学出版社，2007，第 122~123 页。
③ 余芳、陈书昆：《我国公立中小学法律地位的法理学分析》，《教学与管理》2003 年第 7 期，第 38~39 页。

是教育行政法律关系主体，也即国家行政部门依法发布的各项行政命令，学校都必须遵照执行，否则行政部门也可采取强制措施使学校对其指令遵照执行。同时，教育行政部门各项命令的发布以及变更均可单方面决定，无须征求作为行政相对方的学校的认可和同意。因为作为教育行政法律关系的主体，政府具有最高管辖权，且这种管辖权不仅对内是最高的，在对外的情境下也是排他的。①

我国现行的基础教育管理体制是"国务院领导，省、自治区、直辖市人民政府统筹规划，市、县级人民政府具体负责实施的地方负责、分级管理的体制"。自新中国成立以来，我国的教育体制虽然几经调整与变革，但国家层面教育权的主体内容并未产生实质性的变化，具体而言，主要包括"确定并保证贯彻国家教育的性质、方向、方针和教育目的、培养目标；确定教育结构、学校制度、教学计划和大纲，审定教材；规定教育机构的设置和标准，教育人员的标准和选任，教育经费的征集和分配；教育法规的制定以及教育事业的督导检查等等"。② 这些以国家为行政主体的对教育权的掌控几乎渗透到各个层面教育活动开展的每个环节。在这样的管理体制下，我国的中小学校面临极为复杂的生存环境。在行政上，中小学校是由地方政府负责，地方政府在办学经费、办学条件、人员等方面对学校予以支持和保障；在业务上，中小学校是由县（区）级的教育行政部门负责指导。通常来讲，地方教育行政部门还设有诸如教研室、科研室、培训部等相关业务部门，以指导区域内管辖学校的业务发展。简而言之，公办中小学作为教育行政法律体系中"行政相对人"决定了学校只是在政府的直接领导与管理下，间接承担着社会的教育使命、履行着国家的教育职能，政府拥有对学校行政事务的决定权，可管控学校的人事安排、财务收支、课程教学等事务，学校在服从政府管理的前提下，根据国家规定所授予的权力对学校组织的内部成员进行管理。

二 中小学办学自主权的权力来源分析

本书认为，就办学自主权的权力来源而言，公办中小学的办学自主权源于政府的授权，而政府权力从本质上看又发端于国家的公共权力。

---

① 周建海主编《国家法学》，法律出版社，2000，第28页。
② 北京教育行政学院编著《教育法概论》，学苑出版社，1989，第42~43页。

（一）办学自主权源于政府授权

从"办学自主权"的基本概念出发，我国政府多次在正式文件中提出要落实学校的办学自主权，教育部在1999年印发的《教育部关于加强教育法制建设的意见》中明确提出要"落实各级各类学校的办学自主权，做到依法自主管理学校",[①] "各级各类"字眼的出现，其背后一个明显的指向就是各级各类学校均拥有办学自主权，"各级各类"学校自然也包括公办中小学，这说明"办学自主权"的提法或表述是从学校的角度出发的，也就是学校在办学各项事务上的自主权。然而此处还应指出的是，虽然各级各类学校均拥有办学自主权，但各级各类学校之间办学自主权的内涵、内容界限存在一定的模糊性。对于本书而言，明确各级各类学校均拥有办学自主权，可以为公办中小学办学自主权来源问题找到一个合理的解释。既然"办学自主权"要以公办中小学为出发点去解释，那么解释办学自主权权力来源的问题，就是要说明是谁给予、赋予或授予了公办中小学"办学自主权"，毫无疑问，这个答案就是政府。最为直接说明这一问题的就是教育行政法律体系中公办中小学对于政府的"行政相对人"角色，从本质上来讲，公办中小学是在政府的委托下，代行政府的教育职能，在行政法意义上公办中小学属于国家设施，但学校组织本身仍处于政府的管制之下。第一，政府是公办中小学的举办者，政府赋予学校一系列权利的同时，也要求学校履行相应的义务，承担相应的责任；第二，学校办学所需的经费支持几乎全部来源于国家财政拨款或者税收，并非学校组织自有，学校对于办学经费的使用须在政府的监督下进行；第三，学校虽拥有办学所需的教育场所、教学设施以及设备，但这些学校资产在性质上均属国有财产，并非学校自有，学校拥有的只是使用权；第四，政府与学校在管理上属于上下级的关系，公办中小学组织内部的人员纳入"机构编制管理"，部分学校校长有一定的行政级别，可以在事业单位之间实现职位转换或升迁,[②] 同时学校教师的聘任也统一归教育行政部门或政府人事部门统一

[①] 中华人民共和国教育部《教育部关于加强教育法制建设的意见》（1999年12月2日教育部印发），中华人民共和国教育部网站，2010年1月29日，http://www.moe.edu.cn/s78/A02/zfs_left/s5911/moe_623/201001/t20100129_5144.html。

[②] 彭虹斌、刘剑玲：《我国公立中小学"去法人化"改革研究》，《教育科学研究》2010年第8期，第31页。

管理，学校自身无法自主聘任正式的在编教师；第五，在学校开展教育教学的专业领域，其课程大纲、教学目标的设置必须与国家的教育政策、教育目标相一致，在教材的选取上，也须在国家规定的范围内选用。以上几个方面的内容所体现出来的共同特征在于，因组织在法律地位上的特殊性，公办中小学虽拥有一定的办学自主权，但其办学自主权不是学校自有的，而是政府及教育行政部门所授予的，学校在各项事务上有多大的自主空间，取决于政府授予学校多大的自主权。因此笔者认为，"办学自主权"虽说是学校的办学自主权，但就权力本身而言，其实质的权力主体并非只有学校，而是政府与学校共同构成实质上的权力主体。

（二）政府权力源于国家公共权力

从宏观角度着眼，"国家"就是一种社会政治现象，它的集中体现就是各种权力主体相互影响、交互作用下所形成的公共权力，[①] 这种公共权力仅能在一定的领土和人口范围内发挥作用。因此从本质上来看，国家就是一种公共权力。为实现其目标和任务，国家通过宪法和法律将权力赋予作为行政主体的政府，从而使权力实现了"外化"和具体化。[②] 从这个意义来讲，作为国家机关的政府就是这种公共权力的管理者和行使者，管理和行使国家权力就是政府最为本质的属性。在一定时期内，政府根据国家以及社会发展的需求而承担的职责以及发挥的作用或功能即为政府职能。既然政府是国家权力的"外化"，那么政府职能在本质上也就是对国家权力的执行，政府履行职能的过程也即国家实现其权力的过程。从内容上来看，政府职能是一个综合性的概念，也是一个完整的体系，若按照政府管理的具体领域来划分，政府职能通常可分为政治职能、经济职能与社会职能，而文化教育职能是政府社会职能大类下的重要组成部分，[③] 这其中非常重要的一点又在于"指导办好大、中、小学等各级各类学校教育"。[④] 由此一来，从中央到地方的各级政府对教育职能进行有针对性的划分。就基

[①] 李景鹏：《权力政治学》，北京大学出版社，2008，第40~41页。
[②] 朱家存、阮成武：《政府职能转变与学校运行方式的变革》，安徽教育出版社，2008，第3页。
[③] 金太军等：《政府职能梳理与重构》，广东人民出版社，2002，第13~16页。
[④] 谢庆奎：《中国政府体制分析》，中国广播电视出版社，1995，第126~141页。

础教育阶段而言，中央政府的主要职能是制定相关的教育方针、政策、法规以及制定国家教育发展规划等，同时对地方教育工作的开展进行督导；省级（包括自治区、直辖市）地方政府负责区域内基础教育工作的开展，包括贯彻实施国家的教育方针政策，制定区域内的基础教育发展规划、年度计划、中小学教学计划等，组织开展区域内基础教育工作的各项评估以及验收，拟定区域内基础教育改革的相关政策并负责督导和实施等；市、县（区）级地方政府则更进一步地针对本区域的基础教育开展一系列具体工作，在各级政府中与中小学校的日常运行最为贴近，其具体责任包括管理和调配中小学校长及教师，统筹管理中小学的教育教学经费，指导中小学教育教学工作的开展等。[①]

从一个纵向的权力过渡流程来看，国家为实现公共权力的"外化"和具体化，通过宪法和法律将权力委托给政府，以各项政府职能的形式体现出来。就教育领域而言，从中央到各级地方政府的职能又有明确划分，权力自上而下直至过渡到市、县（区）级的地方政府，开始对中小学校展开直接的管理。从中小学校的视角出发，虽然其直接管理者是市、县（区）级的地方政府，但是市、县（区）级政府管理学校的权力在本质上是源于国家公共权力的，是国家公共权力细化到一定程度的具体体现。同时，除市、县（区）级的地方政府对于中小学校的直接管理外，中央政府以及省级（包括自治区、直辖市）地方政府同样对学校产生重要影响，但这种影响相较于直接的管理行为而言，更加侧重于宏观层面的方向性引导、监督、统筹和把控。

三 中小学办学自主权权力主体的特殊性分析

在明确公办中小学法律地位及其权力来源的基础上，办学自主权权力主体的结构得到了清晰的呈现。本书认为，中小学办学自主权的权力主体呈现出一定的特殊性，这种特殊性一方面体现在权力的主体实质上是由政府与学校共同构成，而非单一的学校主体；另一方面，在政府与学校共同构成的权力主体中，二者之间的力量和地位凸显出强烈的对比，政府居于绝对主导地位，学校处于被动服从地位。

---

① 吴志宏、冯大鸣、魏志春主编《新编教育管理学》，华东师范大学出版社，2008，第59页。

(一)权力主体实质上是由政府与学校共同构成的

公办中小学是教育行政法律关系中的"行政相对人",其存在的最本质的价值是为"行政主体"政府履行其教育职能,而非为作为独立组织价值的实现,这也就决定了公办中小学虽处在"法人"角色的框架之下,却无法成为严格意义上的法人,无法独立享有民事权利、独立承担民事责任,只能被界定为"非严格意义的事业单位法人",成为一种依附性的存在。从公办中小学办学自主权的权力来源上看,虽然学校拥有一定的办学自主权,但权力来自政府的授权,而政府作为国家权力的管理者和行使者,其权力又源于国家的公共权力。基于以上的分析,本书认为,我们谈论公办中小学的办学自主权问题时,若只看到学校在各项事务上权力不足的表象,而忽视了学校权力的来源及其主体特殊性的问题,把学校当作"办学自主权"的唯一权力主体,自然就无法解释这一问题的本质。简而言之,学校是办学的主体,但办学自主权的权力本身却并非学校所自有,也并不为学校所掌控,权力来源于政府和国家,因而学校自主权的大小也取决于政府放权的力度,由此推论,公办中小学办学自主权的权力主体实质上是由政府与学校共同构成。

(二)学校在权力主体内部居于被动服从地位

我国宪法与法律赋予了政府行政主体的地位,政府行为与各项职能的履行代表国家意志以及统治阶级的根本利益,因而政府在行使国家公共权力的过程中凸显其以国家权力意志为基础的强制性。[1] 在已走过的阶段,正是这种强制性保障了政府对于全体社会部门的有效管控,同时也正是这种强制性,使得政府在与其他社会部门所形成的双向联结中居于主导地位。作为关乎国计民生的重要领域,教育事业尤其是基础教育的发展长期以来都是政府重点介入、干预的对象。政府在介入和干预中小学校办学相关事务的过程中,政府权力与学校权力实现了互动与联结,并在此过程中形成了干预学校办学的实质性的权力主体。从结构的角度来看,在政府与学校共同构成的权力主体内部,政府占绝对主导地

---

[1] 魏志春:《校长视野中的政府教育管理职能转变》,北京大学出版社,2011,第1页。

位，学校居于被领导、被管制、被授权的被动服从地位，学校有多少权，取决于政府释放多少权。在我国政府发布出台的一系列正式文本中，多次出现"简政放权""放管结合""落实各级各类学校办学自主权""扩大学校办学自主权""落实学校办学主体地位"等说法，以政府为出发点强调要放权给学校，更加充分地说明了学校的"权"也即"办学自主权"是政府授予学校的。若把"办学自主权"或者笼统的学校权力视为一个集合，那么这个集合的整体均为政府所拥有和掌控，政府在委托学校代其履行教育职能的同时，将集合中的一部分权力授予学校，也即学校所拥有的那部分"办学自主权"。因此，我们对于公办中小学办学自主权问题的研究，要在学校各项事务自主权不足的表象下，剖析其权力来源及权力主体的特殊性，不能把学校当作"办学自主权"的唯一权力主体，否则依然只能在外围谈论其表象。在当前的中国，国家仍趋于重视社会管控和重要社会资源掌握，[1] 这意味着国家不仅会在形式上介入社会，在实践中也强调对社会资源的汲取与控制，在这样的背景下，组织赖以生存的基本要素大多为庞大的"行政国家"所控制，因而政府权力的大小成为非常关键的变量。[2] 由此推论，学校自主的一个重要前提就在于政府放权，问题的关键在于下放哪些权力，权力释放到何种程度，才能够最为适切地推动学校发展与人才培养质量的提升。

第二节　权力要素的分析

在中小学办学自主权研究的四维分析框架下，对"权力主体"的分析是展开对权力要素分析的前提。在政治学的视角之下，"权力行为"是"权力主体"能动性的集中体现，"权力主体"的能动性通过一定的"中介"也即主体的意志进而转化为一系列的"权力行为"。具体到公办中小学的办学自主权，笔者认为政府与学校共同构成了办学的实质性权力主体，那么在办学自主权的一系列权力行为中，两个主体的意志都将得到不同形式的显现。但此处应明确的是，虽然政府意志与学校意志在办学这一

---

[1] 丁学良：《辩论中国模式》，社会科学文献出版社，2010，第47~54页。
[2] 王诗宗、宋程成：《独立抑或自主：中国社会组织特征问题重思》，《中国社会科学》2013年第5期，第56页。

联结点上各有侧重，政府是通过管理与监督保障办学的方向与质量，学校管理者则是基于本校实际情况与需求为学校的运行与发展营造适宜的内外环境，两者的最终价值指向是一致的，就是要把学校办好，提升我国基础教育的整体质量与水平。回到对于中小学办学自主权"权力行为"的分析，在本书中，笔者将公办中小学的"办学自主权"划分为"人事自主"、"财务自主"、"招生自主"、"课程教学自主"和"发展规划自主"五个主要维度，也即其"权力行为"，为在表述上更加贴近研究内容，笔者将这五个维度的"权力行为"概括为中小学"办学自主权"的"权力要素"。

在本书问卷调查的数据分析结果中，豫中地区中小学校在"人事自主"、"财务自主"、"招生自主"、"课程教学自主"与"发展规划自主"等五个因素上的得分均值情况如图5-2所示。学校自主的五因素对应办学自主权的五个权力要素，从得分情况（1分为完全不自主，5分为完全自主，从1分到5分自主程度逐渐增强）可以基本认为，中小学办学自主权的五个权力要素，其自主程度均低于4分的较好水平，其中"招生自主"与"财务自主"更是低于3分的一般水平，"人事自主"要素的得分略微高于3分的一般水平。相对而言，"发展规划自主"与"课程教学自主"的得分在五个要素中处于较高水平。笔者将结合问卷调查的数据分析结果与访谈调查的发现，分别对中小学"办学自主权"的五个"权力要素"进行更进一步的分析与讨论，并就调查过程中问题与矛盾最为突出的"人事自主"要素进行剖析。

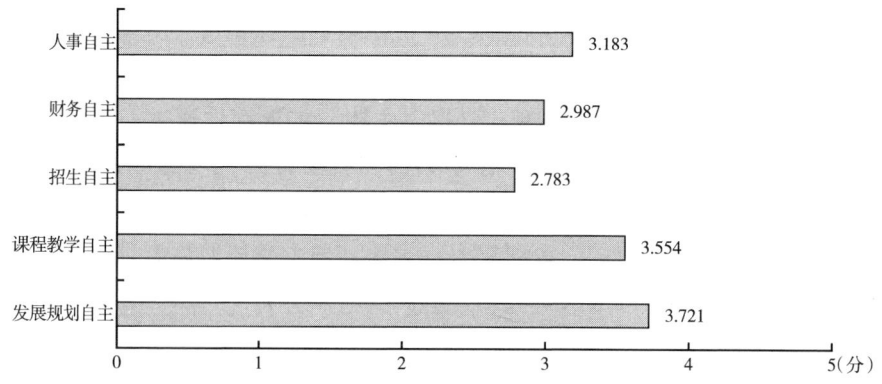

图5-2 学校自主五因素的得分情况

一 人事自主

在学校管理活动中,人事管理是居于组织管理核心地位的重要活动之一,因而人事自主是中小学办学自主权的重要内容。针对公办中小学的组织特征,其人事管理主要涉及学校教职工的聘用、评价、奖惩、激励以及他们的专业发展和培训相关事项,在这其中最为学校领导关切的一项就是学校教师的聘用。在问卷调查中,本书在学校人事自主的维度下设置了七个二级指标,分别是"学校教师的招聘与解聘"、"学校其他工作人员的招聘与解聘"、"学校中层干部的任免"、"教职工的职称评定"、"教职工的奖惩"、"学校干部及教师的培训"以及"对学校人事自主权的总体评价",通过对3467个问卷调查样本回答情况进行数据分析,这七项指标的得分均值情况如图5-3所示。

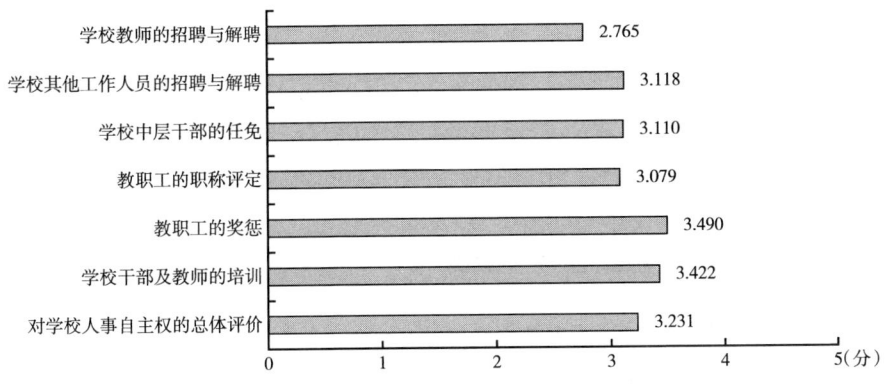

图 5-3 学校人事自主各项指标的得分情况

从七项指标的具体得分来看,自主程度最低的是"学校教师的招聘与解聘"及"教职工的职称评定",尤其是前者的得分已低于3分的一般水平,这两项也是笔者在实地走访学校的过程中了解到的学校领导者反映较多的学校人事管理问题。指标"学校其他工作人员的招聘与解聘"得分均值为3.118,处于中等略微偏上水平,得分高于指标"学校教师的招聘与解聘"。从学校组织管理的角度出发,教师群体是学校教职工主体,也是学校开展教育教学活动所倚仗的最为重要的人员,因而教师的人事管理相较于学校其他工作人员的人事管理,更加受到上级行政部门的管控,也更加受学校组织关切,这也是指标二的得分相对高于指标一得分的现实原因。指标"学校中层干部的任免"得分均值为 3.110，略高于 3 分的一般水平。通常而言，中小学校的中层干部任免是中小学"校长负责制"下的一项重要内容，学校校长或以校长为核心的校务委员会可提名、任免学校中层干部，再上报上级行政主管部门审核、批准并备案，这一流程基本保障了学校领导可在民主管理的前提下，根据学校组织管理和教育教学活动开展的需要，进行学校中层干部的提名和任免，而上级教育行政部门起到的是监督、把关的作用，只要在符合相关规定的前提下，学校在中层干部的任免上，是可以自主决定的，笔者在访谈多位学校领导的过程中，也印证了这一论断。指标"教职工的奖惩"与"学校干部及教师的培训"得分均值分别为 3.490 和 3.422，相对其他几项指标而言得分较高，说明学校在教职工内部管理以及推进教师专业发展上有着较大的自主权，但是在学校干部与教师的培训上，学校的自主权仅限于校本培训，在其他形式的培训中还是受限较多。综合考虑几项指标在问卷调查部分的得分情况以及笔者在实地走访学校过程中的访谈发现，在学校人事自主维度上，问题及矛盾最突出的是：学校教师的招聘与解聘、教职工的职称评定、学校干部及教师的培训。

（一）学校教师的招聘与解聘

1. 教师招聘

我国《教育法》中明确规定的学校以及其他教育机构所行使的权利中包括了"聘任教师及其他职工，实施奖励或者处分"，[①] 此项条款直接说明学校拥有聘任教职工的权力，然而从现实情况来看，学校可以聘任教师，但是并非"自主"聘任。新中国成立以来，我国的中小学教师招聘制度与模式经过了一系列的演变与发展。自 1953 年始，我国各级各类的师范院校开始进行师范生的专门、定向培养，师范院校也成为一种独立设置的存

---

① 《中华人民共和国教育法》（1995 年 3 月 18 日第八届全国人民代表大会第三次会议通过，根据 2009 年 8 月 27 日第十一届全国人民代表大会常务委员会第十次会议《关于修改部分法律的决定》第一次修正，根据 2015 年 12 月 27 日第十二届全国人民代表大会常务委员会第十八次会议《关于修改〈中华人民共和国教育法〉的决定》第二次修正），中华人民共和国教育部网站，2015 年 12 月 28 日，http://www.moe.gov.cn/s78/A02/zfs__left/s5911/moe_619/201512/t20151228_226193.html。

在，这就是当时的"独立设置、定向培养"制度，颇具计划性色彩的"计划统招统分"的教师录用模式在我国基础教育体系的奠基阶段发挥了重要作用。这一模式一直持续到 20 世纪末我国高校毕业生就业制度改革的过程中才开始逐步瓦解，自此除了少数的部属院校免费师范生还是经由主管部门统一分配外，其余中小学教师的招录均由当地政府的人事部门与教育主管部门以公开招聘的形式、面向全社会招录。① 2005 年底，《事业单位公开招聘人员暂行规定》发布，要求自 2006 年起，除国家政策性安置等必须以其他方法选拔任用的人员以外，事业单位的新进人员都必须实行公开招聘。② 随后，教育部要求各级教育单位在人员的招聘和录用上也遵循这一规定的要求。2010 年《国家中长期教育改革和发展规划纲要（2010—2020 年）》发布，其中第五十五条对于我国的教师准入制度和各级政府的职能做出了明确的规定。如图 5-4 所示，在我国的教师准入制度下，国家进行教师资格标准的制定，省级教育行政部门教师资格考试的统一组织并进行资格认定工作，而教师的招聘和录用、职称评聘、培训等工作是由县一级的教育行政部门负责，③由此我国中小学教师招聘的流程就十分清晰了，个人要先取得教师从业资格，而后参加中小学教师的公开招聘，通过当地的录用考核后，方可录用。

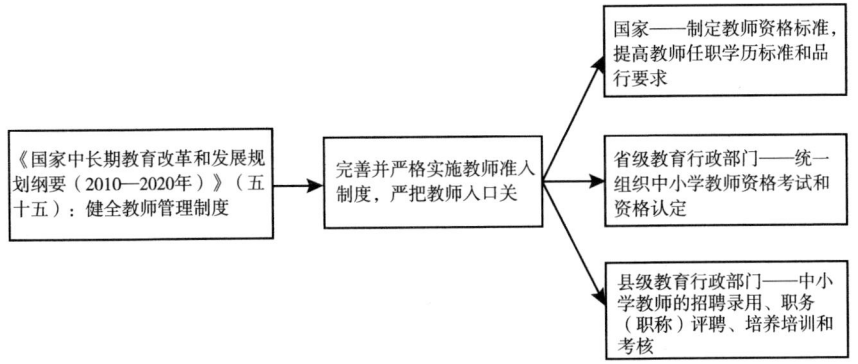

图 5-4 教师准入制度下的各级政府职能

---

① 李崇爱：《我国中小学教师招聘政策违法乱象检视》，《中国教育学刊》2016 年第 2 期，第 12~13 页。
② 《事业单位公开招聘人员暂行规定》，中华人民共和国人力资源和社会保障部网站，2005 年 11 月 26 日，http://www.mohrss.gov.cn/gkml/xxgk/201407/t20140717_136271.htm。
③ 《国家中长期教育改革和发展规划纲要（2010—2020 年）》，中华人民共和国教育部网站，2010 年 7 月 29 日，http://www.moe.gov.cn/srcsite/A01/s7048/201007/t20100729_171904.html。

自 2015 年起，我国又加大了教师资格考试制度的改革力度，教师资格考试开始由教育部进行考试标准、大纲的制定以及考试试题的编制，实行全国统考，并不再区分师范生与非师范生，师范生也必须参加统一的教师资格证考试，通过之后才可取得教师资格，由此一来，我国中小学教师资格的准入标准又有了一定程度的提高，教师职业在发展过程中愈加趋向专业化。

在梳理了我国的教师准入制度的发展过程后，我们可以对"教师招聘"这一具体工作在整个制度中的定位有一个基本的把握：国家制定教师资格标准，统一组织教师资格考试（自 2015 年起），县级政府和教育行政部门根据当地用人需求，面向社会公开招聘教师。从豫中地区的具体情况来看，每年的教师招聘考试是以人事局为主体进行的，各区县的教体局（或教育局）在做好区域内各学校教师需求调研统计的前提下向政府打报告、申请，政府批复后，教体局的人事科可与人事局进行对接，人事局展开具体的招聘工作，纪检委参与招聘过程以监督其公正性。从整个招聘流程来看，招聘的主体是当地的人事局，而非教体局。

> 我们市（省直辖县级市）的教师招聘工作是教体局、人事局和市纪检委三家单位联合进行的，人事招聘走人事局这个口，具体的活儿是他们干，以他们为主体。在此之前，各学校上报所需教师的人数和科目，教体局申请、打报告，政府批，然后人事局具体做招聘工作。纪检委在程序过程中起一个监督的作用，在报名条件、考分考级等过程中保障公正性。学校一般不会参与太多，但是我们这个区域，因为高中牵涉高考，所以这些学校可以去一些比较好的院校招聘。但我们是有规定的，必须是"双一流"大学或是省内几所设立教育学专业的重点本科院校，高中才可以去提前签一些优秀的本科生、研究生等。小学和初中的教师都是统一招聘、统一分配的。（G 市教体局工作者）

> 我们这里是人事局和教体局联合招聘的，教体局在得到政府批准后，向人事局打报告，人事局具体组织招聘工作。他们把人招聘过来以后，由教体局分配，我们学校来使用，学校只有使用权。人事局的运作，主要是通过一些中介机构，尽可能保障招聘工作的公平性。（Y

市第二高级中学校长）

在以上访谈描述的教师招聘工作中，教育主管部门也即当地的教体局，起到的作用是配合人事局的招聘工作，在招聘前统计各学校的教师人数及科目上的需求，在人事局完成招聘后，将已录用的教师分配至各个学校。豫中其他地区的教师招聘工作安排也大致如此，在这样的录用制度下，不仅学校没有招聘上的自主权，甚至教育主管部门也没有自主权，有的也只是招聘工作完成后的使用权、分配权。从学校的角度来说，它们是最终聘用教师的组织，但是这种聘用往往是一种被动的接受，而不是主动的选择。

> 我们这边的教师招聘是人事局的编办牵头，招聘完成后，教体局大致会根据各个学校的需求进行分配。在教师分下来之前，我们对他们几乎没有了解。（Y小学校长）
> 对学校而言，我们只有对教师的使用权。教师的招聘、分配等，学校没有自主权。（M县第一初级中学书记）
> 我们往教体局报计划，但不一定会派教师，教师不够需要聘临时代课教师。（Y市实验小学校长）

对于农村学校来说，其直接的上级主管部门不是县（区）级的教育局，而是其所在乡镇的农村中心校。农村中心学校不仅承担学校工作，还承担着乡镇这一级别的教育管理职能，受县（区）级教育行政主管部门直接领导，并将通知、指示等下达给所在乡镇的中小学校，县（区）级政府财政部门下发的教育经费也由中心校二次分配至所在乡镇的各个学校。因此农村学校相对于教育行政部门直接管理的学校，多了一层管理部门，在这个意义上，其自主程度更低，具体到教师招聘，其需求也很难得到有针对性的满足。我国在推进义务教育均衡发展的进程中，十分关注农村学校的师资队伍建设问题，将其摆在突出位置，给予了大力支持，这在一定程度上缓解了农村学校的师资压力。但从现实层面看，各区县的教育主管部门在新招聘教师的分配上，大多会优先照顾农村学校，尽量向农村学校多分配教师，人数上达到了要求，但很难满足农村学校具体的、有针对性的需求。

教师由人事局统一招聘，教育局根据各个学校的具体情况，按需分配。每年中心校都会问我们需要什么学科的教师，在下一年招聘的时候主要侧重招聘这几个学科的教师。中心校负责收集信息，上报教育局。就这几年情况来看，上级在教师这一块给我们的支持力度还是比较大的，仅我们学校今年就分到了七八个新教师，基本能够满足，但是在学科上不够均衡，我们学校至今都还没有音乐老师。（C镇第一初级中学校长）

从学校的视角出发，目前的教师招聘制度还很难满足需求，这主要体现在教育行政主管部门在向各个学校分配教师的过程中出现矛盾。一方面，目前豫中大部分中小学校，尤其是县城、乡镇的中小学校在教师数量上是非常紧缺的，面对数量庞大的学生群体，必须有足够数量的教师才能够保证学校教育教学工作的正常进行。公办中小学教职工是纳入统一的编制管理，自2014年底起，为统筹城乡教育资源的均衡配置，国家统一了城乡中小学校的教职工编制标准，各个学段的师生比如表5-1所示。

表5-1 中小学校教职工编制标准

学段	高中	初中	小学
教职工编制标准——教职工与学生比	1:12.5	1:13.5	1:19

资料来源：《中央编办、教育部、财政部关于统一城乡中小学教职工编制标准的通知》，中华人民共和国教育部网站，2014年12月18日，http://www.moe.edu.cn/publicfiles/business/htmlfiles/moe/s8471/201412/181014.html。

一所学校教育资源是否充足与地区的经济发展水平密切相关，师资力量也是如此。在经济发展水平较高的地区，往往学生人数少、班级规模小，教师在教学过程中可尽量照顾所有学生的需求，学校教职工与学生的比例也尽可能符合国家规定的教职工编制标准。然而在欠发达地区，尤其是豫中地区所在的人口大省，中小学校教职工人数无法达到国家设定的教职工编制标准是一种常见现象。学生多、教师少，在县城、乡镇的学校中，每个班级有近百名学生的情况较多，教师在数量上总是不够。

我们市每年招聘的教师人数不多，这与财政不宽裕有一定的关系，比如今年市政府准备招聘200名教师，按照小学、初中、高中分配名额，具体到小学就很少了。而且教育局分配新教师的时候，是优先向农村学校分配，然后农村学校的教师想进城区学校，要按照一定的条件、通过一定的程序进行推荐和考核，符合条件的教师可以进城区学校。城区学校数量比较多，教体局把从农村进城的教师向各个学校进行分配，尽量照顾到我们的需求，也可能照顾不到，基本是这样一种情况。（Y市实验小学校长）

另一方面的矛盾主要体现在目前的教师招聘制度无法很好地满足学校有针对性的具体需求。每所学校面临的问题不同，教师需求在学科上、人数上以及对教师专业素养的要求上均有所差异。在以人事局为主体的教师招聘过程中，虽然尽可能地根据教育主管部门统计的教师科目及人数需求情况开展招聘工作，但在具体招聘的过程中，仍会面临较为复杂的不可控因素，只能够做到尽量考虑学校对教师的需求。在招聘工作完成，进入新教师分配的环节后，面对教师数量少、学校需求量大，同时又要优先照顾农村学校需求的情况下，教育主管部门依然是很难照顾到每所学校的具体需求，还是只能够尽量满足。在访谈过程中，多位学校领导都不时提及"尽量吧""尽可能吧"等措辞，这其中包含很多无奈的意味。教师配备与学校需求的不对等给学校的管理以及教师的专业发展都带来了一系列问题，而这些问题在目前的情况下只能在学校内部尽量克服。

在教师招聘上学校唯一自主的一点是，我们可以在每年教体局人事科统计各个学校教师招聘需求的时候，把我们缺哪些科目的教师、需要几名教师申报上去。但是招聘完成后，教体局给我们分配的和我们的需求可能是不对等的，不一定我们需要什么科目的老师，就给我们配什么科目的老师。再一个，教体局给我们派过来的老师的质量也不一定符合我们的要求（专业素养）。人事局组织招教考试，会根据教体局的统计情况有所侧重，哪个学科老师缺得多，就多招一些。最后的结果可能是我们缺三个数学老师，只来了一个，不能满足我们学校的需求。所以现在学校很多教师，教的专业和学的专业是不一致

的。(M县第一初级中学书记)

> 我们高中是全寄宿制,班主任的工作量是非常大的,他们起床很早,要去教室监督早自习。四五千名学生,不能没老师,从早到晚都要有老师在场,工作强度非常大。女老师做班主任通常都支撑不下来,又要照顾家庭、孩子,所以班主任一般需要男老师来承担。去年我们学校来了三十多名新老师,但是男老师只有四人。现在师范类专业男生本来就少,要想多招点男老师,"下手"一定要快,对我们来说这是很现实的问题。(A中学副校长)

在教育主管部门分配的教师与学校需求无法实现对等的情况下,学校为保障正常教育教学工作的开展,就必须采取一定的"非常规办法",最常见的就是以学校的名义招聘一部分"临时教师",也就是所谓的"校聘教师"。但从现有的财务制度来看,校聘教师的工资财政部门是不予负担的,必须学校自己解决,如此一来就给办学经费原本不宽裕的学校带来了更大的压力。同时,由于没有编制、待遇不高,校聘教师的流动性通常也是很大的,必然会给学校正常的工作秩序带来一定的干扰。

> 我们聘的话也可以,但是不解决编制,财政不发工资,学校得自己解决。如果能按照每个学校学生人数以及学科师资配备的情况,让学校自主确定要接受多少名教师,上级再配备,且工资到位,这样学校的自主权就比较大了。(Y小学校长)
>
> 我们自己聘的教师不多,三十多个吧。这只能解一时之急,不是长久的办法,经费就是个大问题,从上级规定上来讲,正儿八经的经费(生均公用经费),是不允许用于为校聘教师发工资的。对于这部分教师,什么都给人家解决不了,没有编制,待遇较低,不稳定。(Y市实验小学校长)
>
> 老师人数不够,师资力量和专业素养不行。不敢听到哪个老师要请假,现在有些岗位还空着,招不到人。很多大学生不愿意过来,一个是工资不高,再一个,他来还没有过多培训的时间,来就得直接能上讲台。(Y市第二高级中学校长)
>
> 部分教师休产假,我们只能聘用临时的教师,先在我们这里待

上一段时间，发最低工资，什么保障都没有，一般是干一段时间，考上了编制或是找到了更好的工作，人家就走了。（Y市实验小学校长）

2. 教师解聘

在教师解聘的问题上，学校基本没有自主权，同时这一问题在不同办学水平的学校间呈现明显的差异性。对于办学水平较高的学校而言，师资力量相对来说是很强的，基本不存在教师短缺的问题。这种情况下，学校领导若想要解聘某些不合格的教师，面临的主要是制度层面的障碍与操作上的压力。长久以来公办教师这一职业在社会观念中是非常稳定的，类似于"铁饭碗"的存在，即使是近年来开始逐步实施教师聘任制，但还没有全面实施。这也就意味着，解聘教师这一举动不仅在社会观念上很难被大众所接受，在操作层面也尚未成为学校管理的常规性手段。如此一来，被解聘就成了一种性质极其严重的处分，学校解聘教师将会面临很大的压力，若非不得已不会轻易解聘教师。① 对于办学水平相对较弱、师资力量不是很强的学校，解聘教师的情况就更难发生了，这其中最为主要的原因在于学校教师的短缺，甚至是紧缺。

> 解聘的情况很少，几乎没有。因为学校即使对某个教师不满意，也不会重新分派过去一个教师，因为下面的学校都是很缺人的，否则学校如果有老师生病了、生孩子了，还得自己花钱去雇临时教师。因为没有人事自主权，所以只能"来者不拒"。（G市教体局工作者）

人事局把教师招来之后，教体局进行调配，他们是先把这些教师往农村分，然后把农村的优秀教师选调进城，但是选调进城的教师数量是很少的，所以就出现人数不够的问题。此外，我们学校每年还要退休几个教师，在县城我们学校是办学资格最老的一个单位，退休人员今年都达到了49个人，比一个新成立学校的教师的总人数还要多，这就出现很大的空缺。生育二胎的休息，老教师退休，每年都面临很

---

① 蒲蕊：《政府与学校关系的重建——一种制度分析的视角》，武汉大学出版社，2009，第141页。

大的困难。我们提前打报告也没用，得等到招教考试进行完之后，我们学校才能去招。上级虽然按照各个学校需求的科目和人数去招聘，但招完之后又分到农村去了，还是不能满足需求，农村进城的老师数量很有限，也就几十个人，县城这么多学校，怎么可能分得过来呢？怎么办，只能在当年毕业的、尚未入编的大学生里去招一些临时教师。（M县第一初级中学书记）

近年来国家"二孩政策"逐步放开后，女教师休产假成为一种影响学校正常工作开展的、新的干扰因素，在访谈过程中多位校长谈及这一现象给学校管理造成的困扰。我国中小学校男女教师比例存在严重的失衡现象，女教师通常占了学校教职工的绝大多数。"二孩政策"放开后，生育二胎成为一种较为普遍的现象，因此对于女职工较多的学校来说，必然面临并非少数的女教师休产假的现象。根据国务院2012年审议通过的《女职工劳动保护特别规定》第七条规定，"女职工生育享受98天产假，其中产前可以休假15天"，加在一起就是113天的假期，基本上是中小学阶段一个学期的时间，若是出现生育多胞胎等情况，假期还要再延长。① 在调研中笔者了解到，通常学校女教师休产假是要跨一个学期的，这也就造成了学校一整个学年的教学安排面临很大的困难，学校唯有招聘一部分临时教师以解燃眉之急。对于师资力量较弱的学校来说，不仅解聘教师的自主权小，在教师紧缺的情况下，学校本身也完全没有解聘教师的意愿和现实条件。

> 目前我们这边各个学校都处于教师比较紧缺的状态，尤其这两年学生人数有增加的趋势，再加上二孩政策放开之后，休产假的教师很多，病假的也有，这些情况加在一起，每个学校教师都非常紧缺。在这种情况下，教师分下来了，说实话，没有挑选的空间，就更不存在教师解聘的情况了。（Y小学校长）
>
> 这两年是生育二孩的高峰期，只今年一年我们学校就有16个女教师休产假。我们的老师都很体谅学校的困难，很多休产假的老师都表

---

① 《女职工劳动保护特别规定》，中国政府网，2012年5月7日，http://www.gov.cn/flfg/2012-05/07/content_2131582.html。

示要尽量多坚持、晚一点请假,但从学校的角度来说,压力再大,也不能让老师承担,必须由学校承担。(S中学副校长)

(二) 教职工的职称评定

在学校的人事管理中,自主程度较低还体现在教职工的职称评定上。对于任何一位教师来说,职称问题不仅是对其专业素养、工作成绩的直接认可,还关乎其切身利益的获得,因此职称的评定一直是教师在职业生涯中重点关注的问题。我国中小学的教师职称制度始于1986年3月,中央职称改革领导小组签发了《中学教师职务条例》和《小学教师职务条例》,自此中小学的教师职称制度有了明确的规定。其后,2006年修订的《义务教育法》以法律形式确立了教师职务制度的地位。2015年8月,人力资源社会保障部与教育部联合印发了《关于深化中小学教师职称制度改革的指导意见》,针对中小学职称制度中的"等级设置""评价标准""评价机制"等方面的内容进行了进一步的完善,同时将原本互相独立的中学与小学的职称制度体系并入统一的中小学教师职称系列。[①] 这些持续的改革措施体现出国家对于加强中小学教师队伍建设、促进教师专业化发展等方面所做出的努力,但从教师个体的角度而言,"评职称"更加重要了,"职称"的意义也更大了。从学校管理的角度来看,教师的职称评定对于调动教师的工作积极性、促进教师专业素养的提升具有积极的作用,是一种非常有效的激励手段,学校组织内部高级、中级职称教师的人数与比例也往往能体现出学校的整体师资水平。从调研了解到的情况来看,教师的职称评定工作是由省级人事部门具体负责的,学校在教师的职称评定上唯一自主的是拥有"推荐权",学校根据各自设定的计分办法,把本校推荐参加职称评定的教师上报教育主管部门。省人力资源和社会保障厅对省内中小学教师水平的评价标准有明确的规定,对各级教师职称的申报条件有条目化的清晰表述,因此各个学校在制定自己的计分办法时,基本也参照其中的相关规定,因为学校虽然把推荐参加职称评定的教师名单上报当地的教体局,

---

① 人力资源社会保障部、教育部关于印发《关于深化中小学教师职称制度改革的指导意见》的通知,中华人民共和国教育部网站,2015年9月2日,http://www.moe.edu.cn/jyb_xxgk/moe_1777/moe_1779/201509/t20150902_205165.html。

教体局仍须将名单上报省人事部门汇总，职称评定的最终裁定权在省人事部门。因而在整个过程中，最为关键的因素就在于省人事部门"给了"多少指标，教体局又如何对这些指标进行分配。从现实层面来看，符合职称评定的教师人数总是多的，评职称的指标总是不够的、稀缺的。

> 我们这里的教师评职称是省人事厅按照编制数，每年给相应的初级、中级、高级的指标，然后把指标给教体局，教体局会按照各个学校报上来的够条件的老师的指标数，按百分比把这些指标分配到各乡镇和学校。教体局承担一个"切西瓜"的责任，把指标根据各个学校的具体情况分配下去。评职称很难，尤其是中级和高级，一般情况下，某个学校里有好几个教师达到条件的话，最多也就给一个名额，大家按积分轮流一年一年地等。在这个过程中，学校可以自主地按照自己的计分办法，把名单上报教体局。学校一般会参照评职称的对应条件，比如优质课、是否做班主任、发表论文、学业考试成绩等指标，来制定计分办法，这其中学校可以有自己的权重，看每个学校具体重视什么，但原则上都是按照评职称的条件来的。（X市教体局工作者）

> 学校只能根据上级分配下来的指标数量，根据教师的基本条件计分，然后进行推荐，有推荐权，但是计分办法是参照省里评职称的各项标准设定的。（Y市实验小学校长）

按照学校教职工编制数分配评职称指标的做法，在现阶段来说是一种保障公平的"权宜之计"，但具体到每所学校、每位教师的时候，这种方式就显现出一定的弊端。在一些师资力量相对较强的学校，教师的专业水平普遍较高，符合相应等级职称评审条件的教师人数也相对较多，在这种情况下，学校内部教师之间的竞争就更加激烈了，对教师个人而言，这未必是一种公平的方式。

> 我们学校老师职称评审是最吃亏的，我们学校是一个"优秀扎堆"的地方，优中选优，自然就更难。（A中学副校长）

> 评职称的要求是很具体的，必须按标准来，比如要求的条件里

有论文这一项,你如果没有论文,再优秀也不行。(Y 市实验小学校长)

我们评职称是很难的,符合条件的人多,但名额少,这里边就有很多不确定因素了,教师干的都是"良心活儿",评职称要求的活干,不要求的不干,那是对学生的不负责任。(A 中学教师)

绝对结构化的职称名额分配方式无法体现学校之间的差异性,条目化的职称评审条件更无法顾及教师个体之间的差异性。从现实层面来说,对一线教师专业素养的评价,最有发言权的莫过于包括校长、教师同行、学生等学校组织内部人员,若要加强职称评定在个体层面的合理性与公平性,就必然要更加尊重学校在评定过程中的话语权,在具体操作层面增加学校意见的权重,而不是仅有的"推荐权"。但就现阶段而言,增加学校在教师职称评定上的自主权,既有制度上的障碍,也有实施上的困难,更有"一放就乱"的隐忧。从更大的方面来说,教师职称制度的改革与其他社会行业专业技术人员职称制度的改革息息相关,中小学教师职称制度中出现的问题在其他领域有类似的表征,职称制度的改革是一项复杂的、敏感的、涉及多方主体利益的过程,改革的阻力与难度可想而知。2017 年 1 月,中共中央办公厅、国务院办公厅印发了《关于深化职称制度改革的意见》,其中第十六条明确要求要"下放职称评审权限","发挥用人主体在职称评审中的主导作用",减少政府在职称评审工作中的"微观管理"。[①] 由此可见,提高中小学校在教师职称评审过程中的自主权,既是促进教师职称制度更加科学、完善的必然要求,也是顺应政府职能转变趋势的重要举措之一,虽然现阶段很难实现,但改革的方向是清晰的。

(三) 学校干部及教师的培训

本书中所探讨的"培训"主要指学校干部和教师的职后培训。1993 年《中华人民共和国教师法》的颁布赋予了中小学校教师培训法律地位,要

[①] 中共中央办公厅、国务院办公厅印发《关于深化职称制度改革的意见》,人民网,2017 年 1 月 8 日,http://politics.people.com.cn/n1/2017/0108/c1001-29006811.html。

求各级政府和相关部门为教师开展多种形式的思想政治与业务培训。① 1999 年教育部第 7 号令《中小学教师继续教育规定》发布，对中小学教师的继续教育，也即职后培训的类别、组织管理、条件保障等相关内容进行了更加详细的规定，将"参加继续教育"确定为中小学教师的权利与义务。② 这一规定的出台昭示着中小学教师的继续教育走向了有制度、有保障的全员培训的时代，继续教育或职后培训也越来越被视为教师专业成长的最主要途径之一。从一线教师以及学校领导的反映来看，教师参与培训的积极性还是很高的。

> 培训是很有必要的，教师们的积极性也很高，对教师的眼界、理念、专业素养的提升都有很大好处，老师们都很愿意参加培训。（Y 小学校长）
>
> 我们学校老师参加培训的机会还是比较多的，几乎年年都有，也是算课时的，会影响到教师的绩效以及评职称的计分，所以老师们也是比较积极的，但也是看情况，比较感兴趣的培训，大家会抢着去，要么轮着去，还有的可能就是上级要求去几个老师，校领导就根据教学安排，看谁能排得开，指定几个人去，大体上也是轮换着去。（A 中学教师）

在学校人事自主维度下，指标"学校干部及教师的培训"得分均值相对其他几项指标较高。然而在走访学校以及访谈的过程中，笔者了解到，目前豫中地区中小学校在干部及教师培训上，能够自主的部分仅仅是在校本培训，校本培训以外的培训必须以上级教育部门下发的通知为准。对于上级教育部门要求参加的教师培训，根据《中小学教师继续教育规定》中的要求，这部分费用主要是由政府财政拨款承担，可通过多种渠道来筹

---

① 《中华人民共和国教师法》（1993 年 10 月 31 日第八届全国人民代表大会常务委员会第四次会议通过 1993 年 10 月 31 日中华人民共和国主席令第 15 号公布 自 1994 年 1 月 1 日起施行），中华人民共和国教育部网站，http://www.moe.edu.cn/s78/A02/zfs_left/s5911/moe_619/tnull_1314.html。

② 《中小学教师继续教育规定》（中华人民共和国教育部令第 7 号 1999 年 9 月 13 日），中华人民共和国教育部网站 http://www.moe.edu.cn/srcsite/A02/s5911/moe_621/199909/t19990913_180474.html。

措,并在地方的教育事业费中专项列支,① 因此对于此类培训而言,学校与教师个人均不需要承担相关费用,学校只需将推荐参加培训的教师上报即可,也就是拥有"推荐权"。但是,学校若自主决定外出去参与一些培训、交流活动,其自主权是很小的,究其根源还是在于受当地财务规定的限制。从访谈中笔者了解到,此类培训或交流活动按照当地相关规定,必须在活动开展前向教育主管部门申报,得到批准后才可成行,否则相关的费用就得不到解决,但就一般情况而言,得到批准只是少数情况,这既受限于财务规定,也与地方的财政状况密切相关。大多数学校在办学经费上只是能够做到"基本维持",学校在维持组织的基本运营以外,没有过多的经费用于承担教师外出培训的费用,所以培训费用得不到解决,基本就等于不能去。

> 培训上学校有自主推荐权。这几年国家对培训这一块很重视,有国培、省培、市培、县培,各个层面的培训都有。对我们学校来说,就是上边开展什么培训,要几个人参加,我们就配合,推荐老师过去。(Y 小学校长)
>
> 一般有上边安排的培训和校本培训。现在培训机构也在不断完善培训方式,尽可能提高培训的实效性。目前最大的不自主在于,我们想去哪里学习、培训,但没有上边下的文件,就去不成。(Y 市第二高级中学校长)

"办学自主权"五个维度的权力要素彼此并非处于独立的状态,而是相互联系、相互制约的,尤其是学校在财务上的不自主会间接导致学校在其他事务上处于被动的地位。此处探讨的"学校干部及教师的培训"问题就是一个典型的例子,学校在办学经费来源与经费使用上的被动性导致其在开展一些活动的时候处于被限制、被管控的位置,一切活动均要在教育主管部门所设定的框架与规则的范围内进行,因而也就谈不上什么"自主"了。

---

① 《中小学教师继续教育规定》(中华人民共和国教育部令第 7 号 1999 年 9 月 13 日),中华人民共和国教育部网站 http://www.moe.edu.cn/srcsite/A02/s5911/moe_621/199909/t19990913_180474.html。

二 财务自主

在中小学"办学自主权"五个维度的权力要素中,仅有"财务自主权"与"招生自主权"的得分均值低于3分的一般水平,由于义务教育阶段学校在招生方面受"就近入学"政策影响较大,因而笔者认为在五个要素中,"财务自主权"在五个权力要素中所体现出来的矛盾是最为明显且最为集中的。根据2012年财政部会同教育部所修订的《中小学校财务制度》中的相关规定,中小学校的各类收入来源与各种支出情况如图5-5所示,规定同时要求中小学校将全部的收支情况均纳入学校预算,在经费的使用过程中,必须严格遵照教育主管部门与财务部门的相关规定执行。① 长期以来,政府在管理公办中小学校的过程中,对于学校财务状况的监督与管控都是其管理行为中的重要内容,这既是政府作为公办中小学举办者的天然权力,从实践层面来看,也是规范学校经费使用,使其合理化、透明化的现实需要。然而随着学校组织的发展逐渐走向专业、成熟,学校对于上级主管部门"事无巨细"的财务规定感到"束手束脚",这在一定程度上压抑了学校作为一个教育组织其专业活动开展的自主性需求。

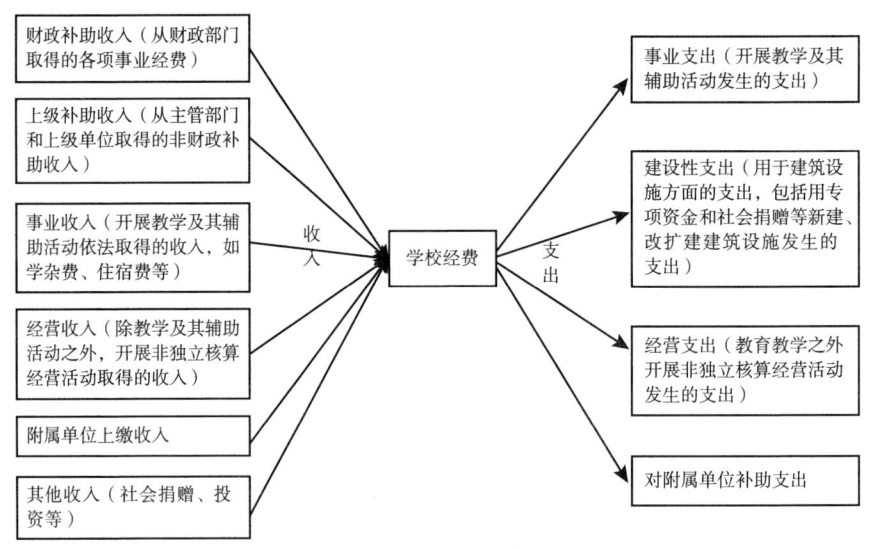

图5-5 中小学校经费收支情况

---

① 财政部、教育部关于印发《中小学校财务制度》的通知,中华人民共和国教育部网站,2012年12月21日,http://www.moe.edu.cn/publicfiles/business/htmlfiles/moe/s6197/201207/138867.html。

如图 5-6 所示，从本书调查问卷中"财务自主分量表"的得分均值情况来看，在 7 项二级指标中，得分最低的是"教职工工资的发放"与"教职工福利的发放"，且这两项指标的得分在"学校事务自主程度量表"的全部 32 个二级指标中，得分也是非常低的。基于此，在实地走访学校的过程中，笔者对这些问题进行了重点关注，对于公办中小学校而言，其经费来源较为单一，主要依靠国家财政拨款，其他类别的收入少之又少，因而在学校经费的使用上，受到的限制也相对较多、较为具体。在笔者对多位学校领导以及教师进行访谈的过程中，在对访谈结果进行梳理的基础上，发现目前在财务方面，学校较为不自主、问题较为突出的主要体现在三个方面：经费短缺问题、经费使用问题与绩效工资制度相关问题。

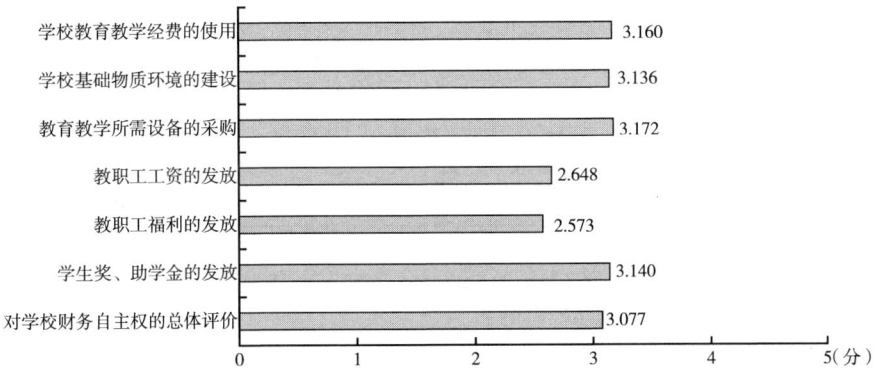

图 5-6　学校财务自主各项指标的得分情况

（一）经费短缺问题

在本书的问卷调查中，笔者设置了一道多项选择题请被调查者对目前学校办学过程中所面临的最大的压力来源进行选择，其中"办学经费不足"在五个选项中的个案百分比为 75.7%，说明在问卷调查的 3467 个样本总体中，有 75.7% 的被调查者认为目前办学经费不足已成为学校办学的最主要压力来源之一。办学经费不足直接影响的是学校正常运行的生存性问题，在基本的物质资源紧缺的情况下，"自主权"这一更加上位的发展性问题就无从谈起。虽然目前推进教育公平已成为国家教育改革的重中之重，但由于我国在基础教育阶段实行的是"地方政府负责、分级管理、以县为主"的管理体制，且地区间的经济发展水平存在显而易见的巨大差异,因而在教育经费的投入上,地区间的差别也是显著的。在公办中小学经费来源中,占主体地位的就是生均公共财政预算经费,本书抽取了教育部与国家统计局、财政部公布的 2015 年全国教育经费执行情况统计公告中的部分数据,对各地基础教育生均公共财政预算经费进行了对比。如表 5-2 所示,以北京、上海为代表的经济发达地区在各个学段的生均公用经费均远超我国中、西部省份,图 5-7 更加直观地反映了不同地区生均公用经费的巨大差异。

表 5-2 2015 年部分地区教育生均公共财政预算公用经费

单位:元

地区	普通小学	普通初中	普通高中
北京市	9753.38	15945.00	14807.30
上海市	6983.87	8642.69	10183.40
河南省	1954.99	3168.36	2260.98
湖北省	2825.25	3898.82	3718.44
贵州省	1785.02	2233.70	2100.37
云南省	1948.57	2695.30	2213.39

资料来源:《教育部、国家统计局、财政部关于 2015 年全国教育经费执行情况统计公告》,中华人民共和国教育部网站,2016 年 11 月 4 日,http://www.moe.edu.cn/srcsite/A05/s3040/201611/t20161110_288422.html。

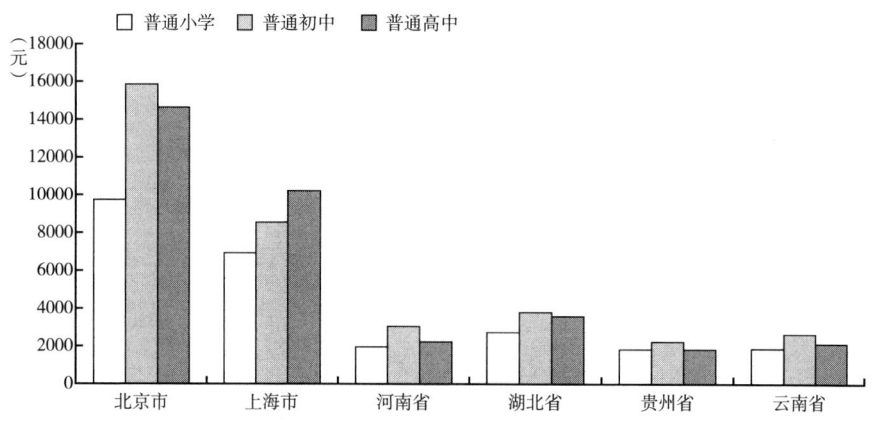

图 5-7 2015 年部分地区教育生均公共财政预算公用经费柱状图

本书研究的地区位于我国中部省份,调研中对于经费问题感到压力较大的学校在地域上多位于县城(县级市的市区)或乡镇。办学经费的不足会直接带来学校在办学资源上的贫乏,维持学校日常的运转以及教育教学工作的正常开展已很吃力,就更谈不上"财务自主"了。

> 生均经费都能足额到账,但我们这里生均经费只有800块钱,跟经济发达地区不能比,差距太大了。去年我带学生去上海参加演出,同时参加活动的还有上海本地的一所中学,这个学校的特色项目是足球,每个学生在足球上每个学期的经费是5000块钱,这还仅仅是足球这一项而已。人家每个班25个人,我们平均每个班85个人,如果按照每班五六十人的规模的话,教师人数就不够了。我们学校到目前为止还没有录播教室,并且不是你想弄个录播教室就可以的,我们还需要图书馆,但我们学校就这么点空间。(M县第一初级中学书记)

对于农村学校来说,虽然近年来国家在教育经费的投入上已不断向其倾斜,以均衡教育资源的分配,但从现状来看,由于农村学校在办学条件上起点过低,长期的"积贫积弱"不是短时间内可以完全改变的。从农村学校办学经费的来源上看,在2001年国务院召开的"全国基础教育工作会议"明确基础教育"以县级政府为主"的管理体制之前,农村学校的办学经费,乡镇的出资占了很大的比例,"乡统筹""村提留""集资摊派"等筹资形式不仅筹资效率不高,也在很大程度上加重了农民的负担。[①] 2001年以后,"以县级政府为主"的基础教育管理体制为农村学校的管理实现了以县为主的重大转变,在农村学校的经费来源上,也以政府为承担主体取代了过去以乡镇自筹承担为主的图景。然而,若要缩小农村学校与城区学校的差距,至少在经费上还需要更多的、有针对性的支持。

> 学校经费是根据学生人数拨生均公用经费,每个学生800元,直接拨到学校账户上,学校按规定支配,基本可以维持学校需求,但是我们农村学校比起市直学校还是有差距,比起经济发达地区的学校就

---

① 肖新生:《关于建立义务教育经费分担机制的思考》,《郑州大学学报》(哲学社会科学版)2006年第3期,第80~81页。

更是差远了,只能说相对我们过去而言,有很大改善。我们学校建校时间长,校舍维修次数多,维修费用也高。如果想实现较好的办学条件,目前的经费还差得远,想增加设施设备,还是比较难做到的。(C镇第一初级中学校长)

(二) 经费使用问题

除办学经费短缺以外,中小学校在"财务自主权"要素下体现出的另一个主要问题就是在学校经费的使用上限制过多、过死,这一矛盾也直接体现了学校"财务自主权"在五个权力要素中自主程度偏低的水平。在各级政府财政部门负担公办中小学校办学经费的前提下,政府对学校经费的使用情况进行监督和管理,既是保障经费使用的规范性、有效性,减少滥用经费、违规使用经费等不良现象的有效手段,也是在学校组织发展的初期帮助其建立运转良好的财务制度的客观需要。但是,由于学校经费在使用上的严格、细致的规定,学校在资金支配上必须严格按照预算,在相关财务规定的范围内进行,这在一定程度上致使学校丧失了经费支配上的自主性,预先设定好的各类经费使用额度也使得学校经费无法在一个自主的空间内实现最佳配置,达到最高的使用效率。

> 学校经费来源,基本是财政拨款,即使学校自己有经营性的收入(这一块的比例是非常少的),也要交财政管理会计核算中心,也就是说"收支两条线",经费怎么支配,必须按照规定来。在具体管理上,市直学校的经费是归市会计核算中心管理的,乡镇学校的经费使用是归乡财政所管理的,设有一个专门的报账员。财政局每年会让各个学校报预算,不过学校各项事务的经费比例是有限定的,从每年的财政决算来看,很多学校会出现有些地方钱不够,有些地方钱花不出去的状况。(X市教体局工作者)

在上级文件许可的情况下,学校可以自主决定、自由支配学校经费,上级会给我们一个大致的指导意见。像购买教育教学所需设备这种,学校可以自主决定。但是像建教学楼等,需要向局里的基建科打报告,然后他们来考察、做预算、招标、组织施工,学校就不怎么参

与了。(Y市实验小学校长)

从政府职能的角度来看，发展教育是政府职能的重要内容和实现方式，政府职能本身也处于不断的发展变化之中。通过对政府本质与职能的理论探讨，我们认为政府职能的本质是维持政府与外部环境互动中的动态平衡，每个时期政府职能演变的推动力量就是内外部矛盾的集中反映，矛盾引发不平衡，而新的平衡局面的产生就需要政府职能的调整与变革。在公办中小学发展的奠基阶段，政府对公办中小学经费上的大力支持为学校的发展提供了必需的物质基础，政府对学校经费使用的监管也在学校自我监督机制尚不健全的时期有力地保障了经费使用的正当性、合理性。然而，随着学校组织的不断发展，学校在不断加强其作为一个教育教学组织的专业职能的过程中对自主空间的需求愈加强烈。

(三) 绩效工资制度问题

在基础教育阶段推行绩效工资制度是近年来我国人才评价制度改革的重大举措，简单来讲，"绩效工资" 就是以员工的工作成效为衡量标准而发放的工资，目前较为普遍采用的绩效评定与绩效工资发放的原则是"按劳分配、效率优先、兼顾公平"。① 参照我国《义务教育法》的规定以及事业单位收入分配制度改革的具体要求，国务院常务会议决定自2009年1月1日起，我国率先在义务教育阶段的学校开始实施绩效工资制度改革。豫中地区以Z市为例，于2009年起也根据国家要求，在义务教育阶段学校的正式工作人员中开始执行绩效工资制度，高中阶段学校在一年后也开始执行该制度。

Z市中小学校教师绩效工资的构成情况如图5-8所示，在教师绩效工资的总体中，70%的基础性绩效工资是按月发放的，其标准是由县级以上政府及财政部门、教育部门依据当地具体情况共同制定；30%的奖励性绩效工资是由学校自主制定教师绩效考核的方案，在合理的范围内拉开差距。

---

① 袁敏敏：《基础教育教师的绩效考核和绩效工资亟待制度创新》，《上海教育评估》2016年第3期，第77页。

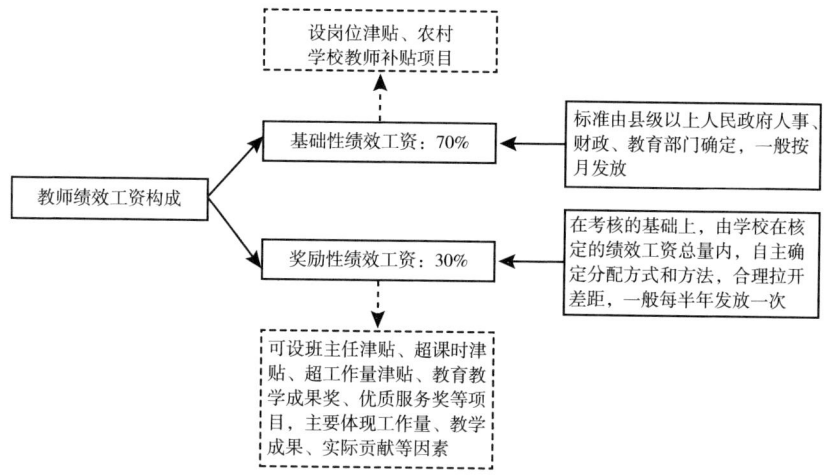

图 5-8 Z 市中小学校教师绩效工资构成

奖励性绩效工资的比例很小，平均每个月 900 元左右。绩效工资考核方案，其中有工作量、考勤、各种教科研上的奖励等。绩效工资考核方案是由学校制定，教代会通过。绩效考核方案制定后，一般不怎么改动，因为人都有一种惯性。（Y 市实验小学校长）

绩效评价的标准要尽量多元，考核方案几十页，很细的。工作量、考勤、师德、教研、教学、荣誉加分奖励、特色……很多。每年到了绩效考核算分的时候，都很麻烦。这个方案上，还不能直接说干了什么活给多少钱，只能是给多少分。只能算分，不能算钱。算完了分，再根据上级拨的钱，去分配，算算一分折合多少钱。（S 中学副校长）

实施绩效工资制度的初衷是在教师工资待遇上引入竞争机制，调动教职工的工作积极性，同时扩大学校在教师工资上的自主权，因为 30% 的奖励性绩效工资在操作上是由学校自主制定考核方案，而后根据考核方案的计分办法进行计分，上报财务部门后下发的。这样的操作模式看似扩大了学校在教师工资方面的自主权，然而从调研中了解到的情况来看，在教师的工资待遇上"搞绩效"，在中小学校遭到了很多"诟病"，具体体现在两个方面：其一，教师职业相对于其他职业具有一定的特殊性，其工作内容和工作量往往难以通过若干指标就能得到科学的衡量；其二，在学校组织的运行过程中，有太多难以衡量的意料之外的突发性事件以及临时性的工作，这些工作仍需依靠教职工来完成，却很难纳入学校绩效工资的考核方案之中。由于绩效工资制度在实践层面存在操作上的困难，易引发学校内部教职工之间的矛盾，造成组织内部的不团结，所以即使主管部门将30%比例"奖励性绩效工资"的自主权限下放给了学校，学校出于保持人员安定团结的考虑，也只能"尽量"维持教师工资之间的差距不要过大，如此一来绩效工资也几近流于形式了。

> 学校可以按方案自主考评，确定教师的绩效工资，但是我们尽量控制，不让老师之间的工资差别太大。绩效虽然能够调动一部分教师的积极性，但是老师干的是良心活，有些能量化，有些不能量化，你怎么给他们分层次。一分层次，就会增加人与人之间的矛盾，有些工作能衡量，但有些工作确实是衡量不了的。所以从学校领导的角度，目前就只能控制老师之间绩效的差距，不让它太大。学校不是工厂，不是标准化生成，绩效方案弄得再细致，也无法衡量教师的工作，教师如果只参照绩效评价条款，符合的做，不符合的不做，那么一些临时性的工作怎么办，还得有人去完成。实施绩效工资，在总体上是好事，老师工资可以提高一些，但是操作上还是有很多问题。我们学校，半年的绩效工资差距控制在1000块钱以内，这样老师心理上能接受，这里边大部分是平均分的，剩下的一点儿用于浮动。（Y小学校长）

其二，学校教职工对于绩效工资制度的另一大"诟病"在于奖励性绩效工资考核中的"割肉"现象，也就是教师原有工资的30%被用于"奖励性绩效工资"进行重新分配。这样一来，就会出现一部分教师比绩效工资制度实施之前，到手的工资总数反而少了。同时，从各个学校的绩效工资考核标准来看，标准的设定以及分配的标准往往会向校领导以及资深教师倾斜，身处教育教学一线的普通教师在承担较大工作量的前提下工资反而变少。

实施绩效工资后，教师原有工资的70%用于基础性绩效工资，

30%是奖励性的绩效工资，老师觉得这30%是从我身上扣掉的，再拿出来"搅和搅和"给大家分了，"我身上的肉你挖掉一块"，再重新分配，"用我的钱奖励我"，这个意义在哪里？我认为最好是在原有工资以外，财政额外拿出来一部分作为绩效工资，这样老师会觉得这是集体的钱，分多分少都可以理解。目前情况下，有些老师工资还没有原来的高，就会有怨气，心里不平衡。（Y市第二高级中学校长）

根据Z市中小学校绩效工资制度的执行方案，教职工奖励性绩效工资的核定权掌握在学校手中，学校看似是在教职工的工资方面有了30%的自主权，但受制于教师职业特性、工作内容要求以及学校组织内部稳定的需要，这部分有限的自主权从校长的角度来说，也无法毫无顾忌、大刀阔斧地使用。在中小学校教职工中推行绩效工资制度的主要目的在于激励教师工作的积极性，最终提高学校的教育教学质量。因而有校长提出，上级行政部门若将人事自主权下放给学校，学校拥有招聘和解聘教职工的自主权，教职工自然就有工作的压力和动力了。

按我的想法，要想激励教师的工作积极性，还不如不要搞绩效，把教师招聘和解聘的权力给学校，这两个机制换一下，就好了。学校自主招聘教师，与应聘者进行双向选择，双方若能达成协议，就来我们学校工作。教师来了我们学校，学校有权要求教师尽心尽力地工作，我们去评估他们的教学成效，如果不符合我们的要求，学校有权力解聘这个教师，这样做或许是一种更加有效的激励方式。（A中学副校长）

三 招生自主

在中小学"办学自主权"的五个权力要素中，"招生自主权"的得分均值居于最低水平，仅有2.783分，这一现象的发生与我国对义务教育阶段入学政策与普通高中招生政策的规定密切相关。义务教育阶段学校在各地具体的入学政策下，其招生的规模与招生的具体片区都有详细的规定，而普通高中的招生工作也以中招考试为绝对主导的途径,拥有一定比例特殊招生计划的学校少之又少,且在择校生招录全面取消后,高中学校招生的自主空间也相对削减了。因此,中小学校在招生事务上相较于其他几项得分均值偏低,就是较为正常的现象了。

(一) 小学与初中的招生问题

如图5-9所示,在"招生自主"维度下的四个二级指标中,得分均值最低的是"生源地域的分布",仅有2.639分,且这一指标在"学校事务自主程度量表"全部32个二级指标中的得分均值也是最低的。根据统计结果,在本书问卷调查的3467个样本中,小学的样本有1526人,占样本总体的44.0%;普通初中的样本有999人,占样本总体的28.8%;九年一贯制学校的样本有109人,占样本总体的3.1%。由此得出,在问卷调查的样本总体中,共有2634人来自义务教育阶段的学校,占样本总体的76.0%。在来自义务教育阶段学校的样本占据了问卷调查样本总体的绝大多数后,指标"生源地域的分布"得分均值最低,自然也就是合理的现象了。根据《义务教育法》第十二条规定,"适龄儿童、少年免试入学。地方各级人民政府应当保障适龄儿童、少年在户籍所在地就近入学",① 这是我国在义务教育阶段的中小学实施严格的就近入学政策的法律依据。

以Z市为例,图5-10显示的是2016年Z市市区义务教育阶段的公办小学与初中的入学政策的相关规定,由图中相关规定可知,小学与初中学校在入学上均坚持免试、相对就近入学的原则。在小学阶段,一律杜绝"择校生",不准以考试方式选拔学生、提前招生、在计划外招生、利用招生违规收费等;在初中阶段,我们从规定可以看出,在依然坚持免试、相对就近入学的前提下,出现了一定的松动,具体表现在特长生可在就近入学前提下选择与自身特长相应的学校或特色班,同时允许特殊性质的"FL中学"招收6个班级规模的"推荐生"。总体而言,从豫中各地区小学与初中入学相关政策的规定来看,在义务教育阶段坚

---

① 《中华人民共和国义务教育法》(1986年4月12日第六届全国人民代表大会第四次会议通过 2006年6月29日第十届全国人民代表大会常务委员会第二十二次会议修订),中华人民共和国教育部网站,2006年6月30日,http://www.moe.gov.cn/s78/A02/zfs__left/s5911/moe_619/201001/t20100129_15687.html。

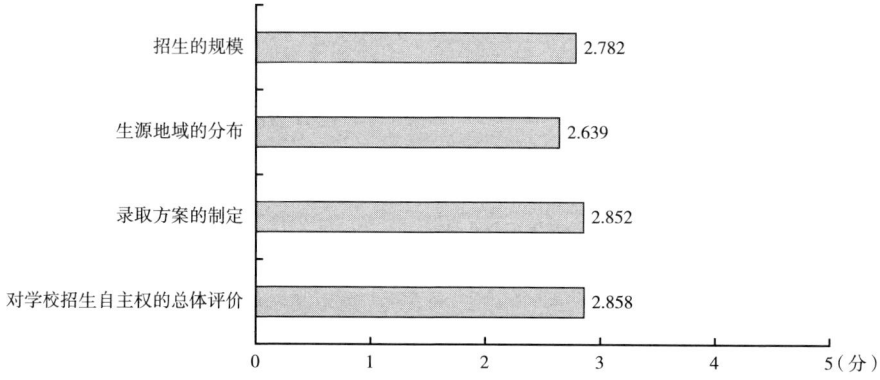

图 5-9 学校招生自主各项指标的得分情况

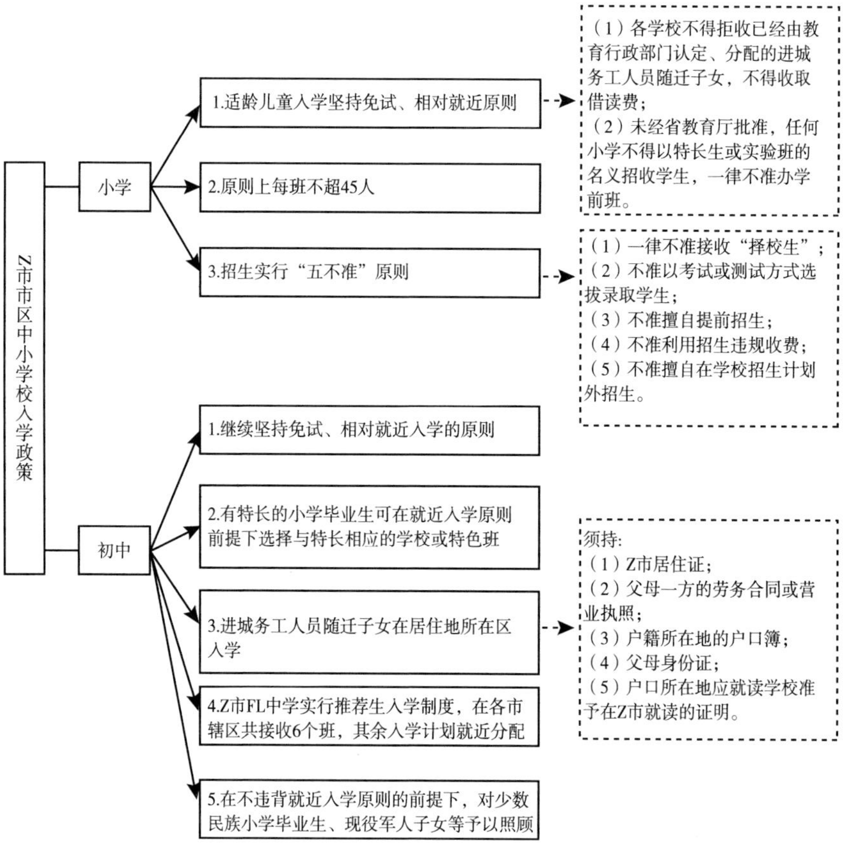

图 5-10 Z 市 2016 年小学与初中入学相关政策规定

持免试、相对就近入学是绝对的主流，其余特殊情况仅仅是很小的部分。

（二）普通高中的招生问题

就高中阶段而言，豫中地区学校近年来在招生上面临的最大的改革就是逐步取消了"择校生"的招录，这一改革在促进高中入学公平、普及高中阶段教育上具有积极的作用。然而，少数一些综合实力较强的高中，在中招考试这一主流的招生途径外，还存在一些较为特殊的招生计划，可面向全省进行提前批次的招生。此类特殊的招生计划虽在一定程度上扩大了少数高中学校招生上的自主权，但跨区域提前"掐尖式"招生的做法一方面人为加剧了"名校"与普通学校在升学率上的差距，破坏了教育公平；另一方面，除中招考试以外特殊渠道录取方式的存在扰乱了正常的招生秩序，在一定程度上加剧了"择校"现象的蔓延。此类"非理性"的自主形式对于整个区域教育的良性发展而言，无疑是不利的干扰因素。

择校生招收的比例原来是30%，后来是20%，再后来持续两年为10%，到2016年秋季全部取消了。（Y市第二高级中学校长）

高中要录取学生，是通过市教育局统一组织中招考试，很规范，几乎跟大学录取是一样的模式，取消择校生后就更纯粹了。现在的招生政策都非常规范，严格按照学籍，不能跨区域报考了，都必须通过中招考试的途径。少数比较有实力的学校跟国家申请的"××班"这样比较特殊的招生计划，可以提前招一部分竞赛的学生，但这些都是非常少数的。（C区教体局工作者）

四 课程教学自主

"课程教学自主权"是学校作为教育组织所拥有的专业权力，课堂教学也是学校"基础性活动的日常表达"。① 可以说，作为一个育人机构，

---

① 叶澜：《"新基础教育"论——关于当代中国学校变革的探究与认识》，教育科学出版社，2006，第240页。

课程教学自主权是学校最为基本的自主权,从问卷调查的数据结果来看,在"因素4:课程教学自主"上的得分均值为3.554分,居于一般偏上水平,说明目前豫中地区的中小学校在课程教学上的自主程度是相对乐观的。笔者在对"学校事务自主程度量表"全部32个指标进行因素分析的环节,通过两次探索性因素分析和一次验证性因素分析,将"课程教学自主权"下的二级指标"D3:教学所需教材的选取"进行了剔除,以确保因素组型的稳定性,便于进行后续的数据分析。在此处笔者将具体观察和分析"课程教学自主权"维度下的八个二级指标的得分,故而重新把D3指标纳入,从而八个二级指标的得分均值如图5-11所示。

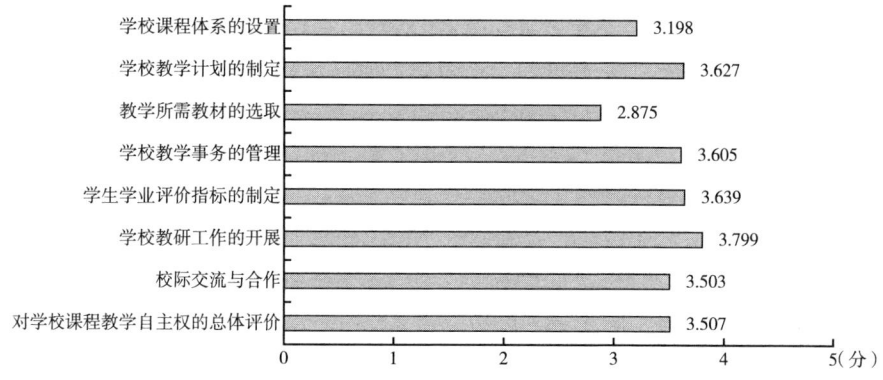

图 5-11 学校课程教学自主各项指标的得分情况

在"课程教学自主权"维度下的八个二级指标中,除"学校课程体系的设置"与"教学所需教材的选取"外,其余指标的得分均值都在3.5分以上,说明目前豫中地区中小学校在开展教育教学的专业领域有较为充分的自主权,在教学事务管理、教研工作开展等方面有较大的自主空间。前文的分析中已经提及,目前我国在基础教育阶段实施三级课程管理体制。在调查阶段笔者发现,目前校本课程的建设在县城、乡镇地区学校以及高中学校中尚未得到足够的重视,或受制于办学资源的不足,或归因于升学考试的压力而无暇对主干课以外的校本课程给予足够的关注。在种种因素作用下,指标"学校课程体系的设置"得分均值较低则得到了合理的解释。在学校教科书的选用上,目前我国中小学校的教材均由省级教育行政部门在国家审定的《全国中小学教学用书目录》范围内选取而定，学校作为开展教育教学活动的直接践行者，在教科书的选用上并没有过多的话语权，因而指标"教学所需教材的选取"得分均值偏低也就较为合理了，从现实情况来看，学校在此项事务中的自主程度是比较低的，唯有在学校自主开设的校本课程方面，有着较为充分的选用教材的自主空间。

在访谈中有校长认为，对于学校这样的专业性组织而言，最为重要的就是在课程教学等专业层面的自主权。因而从目前的状况来看，除上述两项指标外，豫中地区中小学校在课程教学方面的自主空间还是较为充分的，上级教育主管部门对于学校课程教学开展的专业领域并未进行过多直接的干预。

> 作为校长，我最在意的不是在人、财、物上有多大的自主权，对于办学，我比较看重的是我的教育思想能否得到落实，能不能开设有自己特色的校本课程，如何把国家课程、地方课程校本化地实施，怎样把学校内部有限的教育资源盘活等等。在专业领域有比较自主的空间，对于学校来说是更加重要的，社会对我们的评价也是看我们有没有把学校办好，有没有把学生培养好。（Y市第二高级中学校长）

然而，在权力要素"课程教学自主权"整体表现出相对比较自主的乐观状态下，依然存在一些问题，其中最为显著的一点就是"考试指挥棒"对学校课程教学自主所带来的巨大压力。此处的"考试"对于小学阶段来讲，就是一年四次的全市统一考试；对于初中和高中阶段而言，除每年的四次统考外，更有中考与高考的重压。在这样的前提下，学校一切课程的开展均要围绕考试，学校即使拥有相对充分的课程教学上的自主权，也无多余的心力和资源去顾及考试科目以外的课程，因此有"自主权"，也无过多的实质性意义。

> 学校基本开不起，也开不全国家课程，或者是"走样"，都是围绕中招、高招的需求来开展的，教育局也不会去干预什么。国家要求有三级课程，但学校很多无法实施。（G市教体局工作者）
>
> 一年四次全市统一考试，每学期期中、期末考两次，它的影响还

是比较大的。在这个前提下,所有的教育教学活动都是围绕这个来的,有时候我们也想加强一些特色课程,但没有时间,各方面条件也都不具备。(Y市实验小学校长)

高中的自主空间相对小学与初中,我认为其实是更小的,因为我们面临升学压力,尤其是农村的学生,能否考上大学是关乎命运的,意义很重大。农村孩子如果考不上大学,就要去打工了,家长把孩子送到我们这,就是为了让他们考上大学。所以我感觉小学与初中在素质教育、基础教育、全面发展方面的空间还比较大,但高中就是"提升"的教育,一切围绕高考了。我们学校是省级示范性高中,考不上大学,孩子不愿意,政府不愿意,家长不愿意,所以我们最大的目标就是升学。高考交不了差,老百姓不愿意,市里、省里都不愿意。所以在课程上高中自主权更小,课程太多,能把国家课程学好就不错了,校本课程基本是摆设。国家课程高一同时开9门,学生负担都很重,每学期学两本教材,一天就那么点时间,哪还有多余的精力去学地方课程、校本课程。高中还是受高考的影响,以国家课程为主,校本课程学生都不愿意去学,觉得耽误时间,家长也不愿意。有的民办学校搞素质教育轰轰烈烈,但家长都不愿意把孩子送去,就因为升学率不高,这就说明问题了,都是希望自己的孩子考上好大学。(Y市第二高级中学校长)

然而,即使是在"考试指挥棒"致使学校课程教学自主难以真正实现的普遍现象下,笔者仍在调研中发现了一些值得深入思考的、具有积极意义的学校案例。M县第一初级中学是当地的一所老牌公办初中,建校已有三十余年的历史,在当地有很好的办学声誉,是学生与家长都比较向往的学校之一。该校不仅在中考升学率上在当地的同类学校中居于前列,更为有特色的是在各类艺术教育上积累了深厚的经验。在该校书记的讲述中,各类艺术教育多年来以一种潜移默化的方式催生了学生钻研精神、定力、意志力、专注能力等内在品质,这样的品质进而以一种更加高效、内隐的方式提升了学生对文化课的学习成效,最终形成了艺术教育与文化课学习齐头并进、相辅相成的良性循环,在有限的自主空间内盘活了学校内部的优势资源,实现了"升学"与素质教育的双赢。这样一所非常典型的县城公办初中,同样面临办学资源不够充分、升学压力大的局面,却在有限的条件下充分发挥了学校自身的能动性,并着力从学校内部挖掘发展的深层动力,不仅丰富了校本课程的建设,也促进了学生对主干课程学习兴趣的生发与学业水平的整体进步。

> 全国都喊"课改",但是只"跟风"也不行,必须得根据自己的情况,让它在自己的土壤里成长。怎么朝这个大方向靠近,我们靠的就是校本课程。我们学校比较有特色的是艺术教育,音乐、体育、美术、综合实践、科技创新这一块,都有。音乐的话,每个年级都有一个管乐队,经常出去参加大赛,不过我们的乐器质量不行,拿的都是训练乐器。我们学校从1993年开始进行音乐教育,到现在已经二十多年了,形成一种传统了,有我们自己编的教材,走在教材前面的还有专业的教师。让专业的人去做专业的事,这样的话,艺术教育才能够搞出特色来。此外,我们"强强联合",音乐和省歌舞剧院合作,美术上和H大学美术系合作,他们的老师每周六来帮我们学校培训老师、辅导学生。虽然与文化课学习存在时间上的矛盾,但是长期的艺术实践增强了我们的自信,艺术其实是个修行的活儿,每天都要训练,每周六全天训练,常年反复练习,就会形成一种定力,能够修身养性,让孩子特别有意志力,形成对细微的错误也不放过的专业的品质,这种品质转移到文化课学习中也同样有效,我们的升学率基本上能超过85%。艺术教育给我们的启发是,校本课程要通过丰富多彩的活动发现学生的智慧,不能局限于书本,要"班班有特色"。科技创新这一块我们有机器人队伍,我们每周还有书法课程,练字容易让学生安静下来,投入学习。(M县第一初级中学书记)

五 发展规划自主

在中小学"办学自主权"的五个权力要素中,"发展规划自主权"得分均值最高,为3.721分,已经比较接近Likert量表所设定的4分的较高水平,说明豫中中小学校目前在学校的发展规划上自主程度比较乐观。由图5-12可知,"发展规划自主权"维度下的六个二级指标的得分均值都在3.5分以上,说明在"发展规划自主权"的各个方面,学校均能够达到一种相对较为自主的状态。

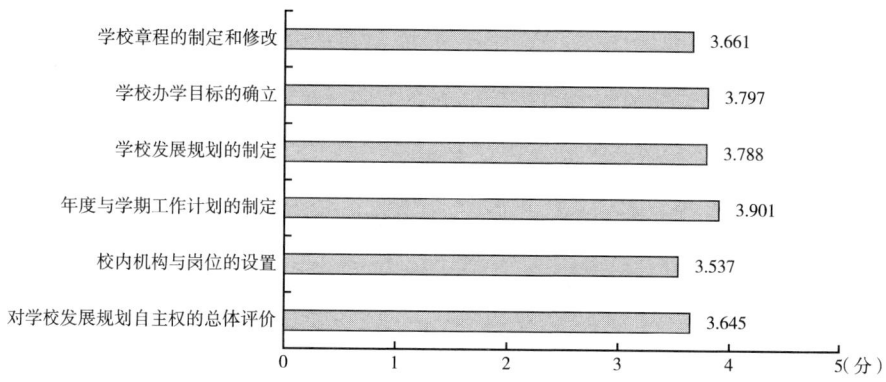

图 5-12　学校发展规划自主各项指标的得分情况

在调研中笔者了解到，目前豫中地区中小学校在学校章程、发展规划制定上，均是以学校为主体进行的，学校可在遵循相关法律、政策的前提下，自主制定和修改学校章程，自主确立办学目标和发展规划，在完成的基础上上报教育主管部门审核、通过。在整个过程中，教育主管部门起到的是把关、监督的作用，一般情况下并不做过多干涉。对于学校年度和学期工作计划的安排，学校的自主程度是非常高的，因为这涉及具体教育教学工作的开展，是学校较为自主的专业领域，因此上级主管部门除组织一些全市范围内的统一考试，起到一定的督促作用外，并不对学校专业活动的进行太多干预。指标"年度与学期工作计划的制定"得分均值为 3.901 分，在"学校事务自主程度量表"全部 32 个指标中得分均值最高，也充分印证了学校在这一方面的自主性。

> 我们学校有每学期的工作计划、每月的工作计划、每周的工作计划，学校就按这个进行，可以自主安排。教体局是作为一个监督者，基本不干预。（C镇第一初级中学校长）

在"发展规划自主权"维度下，得分相对略低的一项指标是"校内机构与岗位的设置"，个中原因笔者在访谈过程中找到了答案。在学校管理中，与校内机构与岗位设置直接相关的就是机构人员的招聘，设了机构，但机构内的人员依旧无法自主招聘，因而这个问题还是与学校人事自主权的缺失密切相关。在学校无法自主招聘校内机构员工的前提下，谈论学校在"校内机构与岗位的设置"指标上的自主程度也就没有实际的意义了。

> 要设置个什么岗位、什么办公室，也不是不可以，但招不来人，不解决编制，这个自主也没太大的意义。我们学校这几年新设的一些机构，像"家校委员会办公室"这样的，里边的工作人员也是由德育老师兼任的，目前只能是这个办法。（A 中学副校长）

第三节　主体间关系的分析

在完成对"办学自主权"的"权力主体"和"权力要素"的分析后，本节将进入研究分析框架下的第三个要点——对权力主体间关系的分析。在政治学的视角之下，"权力关系"的本质是一种利益关系，权力在其各个层次的利益关系上达到对立统一后，利益关系就会逐渐生发出权力关系，且这种关系在形成之后，会在各方利益的交错作用下表现出一定时期内的稳定性。同时，权力关系的发生是先于或者平行于权力行为的，权力关系的产生对于权力行为的样态具有决定性作用。[①] 具体到中小学办学自主权的"权力"，前文已经明确的是，其权力主体在实质层面由政府与学校共同构成，且在两者的关系中，政府居于绝对主导地位，学校居于被动服从地位，由此也就解释了为何在中小学办学自主权的权力行为，也即五项权力要素中，学校各项事务的自主程度在 Likert 量表计分中仅能达到 3 分上下的中间水平，而学校无法自主的部分的"权力"则无一不是被上级教育主管部门或政府其他部门所掌握。因此，借由政治学对权力问题的分析理路，我们可以从"权力行为（要素）"的具体样态出发，去发现"权力主体"的内部构成，进而描绘权力"主体间关系"的基本内容。

毋庸置疑的是，以"中小学办学自主权"为核心的关系网络所涉及的最为关键的权力主体就是学校与政府，笔者认为，公办中小学校的自主权在本质上可以认为是在一个权力"集合"内政府与学校间"非平等性"的

---

① 李景鹏：《权力政治学》，北京大学出版社，2008，第 133～134 页。

互动。此外，在"教育治理"以一种理念的形式逐步渗透、内嵌于教育领域的过程中，学校的办学在大趋势上逐步走向开放，"家长"的角色在当前中小学校的管理中，得到了前所未有的重视与强化，社会第三方组织的作用也在教育多元化发展的今天愈加吸引公办中小学校的目光，在推进"教育管办评分离"的改革脚步中，第三方社会组织对于学校的评估与监测在发展趋势上也将越来越多地承担起"评"的责任。基于以上的分析，笔者认为目前中小学办学自主权所涉及的最为重要的权力主体是"政府"与"学校"，而"家长"与"第三方社会组织"是在当前趋势下，将逐步参与学校管理以及权力运作过程中的潜在主体。因此，本节对于中小学办学自主权"主体间关系"的分析，也将以这四个主体为落脚点一一展开。

一 政府角色之于学校

从学校的角度来看，对其办学行为与组织运转施加影响的外部因素大致可分为"政府""市场""家长""社区""社会舆论"等。在本书的问卷调查部分，笔者设置一道题目请被调查者对其认为目前学校面临最大的外部影响因素在这五个选项中进行多项选择，在对3467个有效样本回答情况进行统计分析后发现，响应百分比得分最高的是"政府"，为32.1%，其次是"家长"28.2%，"社会舆论"27.5%，"市场"与"社区"的响应百分比得分较低。如图5-13所示，"政府"因素对于学校办学在实质层面的影响在五个选项中居于明显的优势地位。在对"政府"选项进行个案百分比的统计中，有2147个样本勾选了此选项，占样本总体的62.7%，也就是说，超过半数的调查对象认为"政府"是对学校办学影响最大的外部因素。

在对公办中小学的法律地位进行分析的过程中，本书已明确了其作为教育行政法律关系主体时的"行政相对人"角色，因而在学理层面，政府对学校的影响得到了有力的论证。整体来看，政府角色对于公办中小学而言，是学校的举办者，是学校运行所需各项物力资源和人力资源的主要供给者，以教育主管部门为代表的政府机构也是学校的直接管理者和监督者。政府对公办中小学校的影响与意义已无须赘述，因而在此处，笔者将从更加细化的角度，基于调查发现，分析"政府角色"在学校"人事""财务""招生""课程教学""发展规划"五个维度的事项上，具体施加

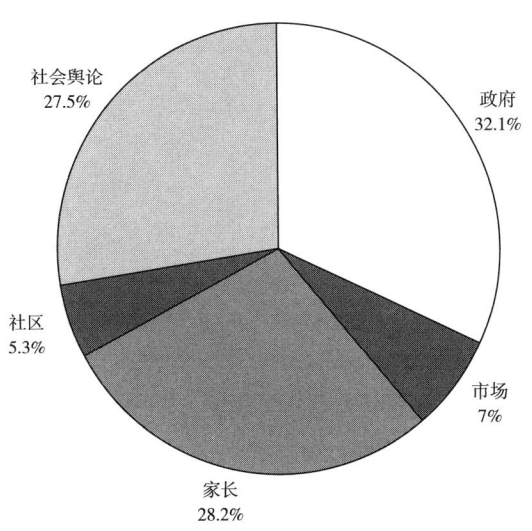

图 5-13 对学校办学影响最大的外部因素的多重响应变量分析频数统计

何种影响、扮演何种角色。

在公办中小学校的人事管理上,政府目前主要介入的工作具体体现在以下几个方面。第一,政府掌握了区域内教师的招聘权与分配权。在具体操作上,是以政府下属人事部门为主体,在教育主管部门辅助、纪委监督的同时,统一招聘区域内中小学教师,招聘工作完成后,由教育主管部门将教师分配至各个中小学校。第二,政府掌握了中小学校长的任命权,通常由学校的上级教育主管部门进行任命,或由当地政府的组织部门进行任命。同时,对于学校内部副校长、中层干部的任命,在校内民主产生后,均须上报教育主管部门批准和备案。因此对于学校副校长和中层干部的任命,政府掌握批复权与监督权。第三,政府掌握了教师的职称评定权,在具体操作上,主要由省级政府的人事部门制定出台教师职称评定的标准并根据编制数核定各级职称评定的指标,地方教育主管部门在区域内进行指标的二次分配,汇集各个学校上报名单后,再统一上报省人事部门,最终的评定权掌握在省级人事部门手中。第四,政府在学校干部与教师的职后培训上,有组织各级各类培训并要求学校干部与教师参加培训的权力。从另一个角度看,学校干部与教师均纳入事业编制管理,政府本身就有令人力资源的效用实现最大化的义务,因而通过组织学校干部与教师参加职后培训等形式促进其专业发展,不仅是政府的权力，也是政府职能的体现。

在公办中小学的财务方面，政府的介入主要体现在以下几个方面。第一，政府首先是学校资产的所有者与提供者，学校的校舍、设备等均属国有资产，学校的基本建设费也由政府负担。第二，政府是学校人员经费的负担者，包括教职工工资、补助工资、福利金、离退休人员费用等在内的人员经费主要由财政负担。第三，政府是学校公用经费的供给者，公用经费也是公办中小学办学经费的主要组成部分，用于维持学校教学水电、资料讲义等日常业务开展的开支需求。第四，政府是学校办学经费使用的监督者，办学经费的使用须遵照国家和地方相关财务制度的规定，对经费开支范围与标准的规定须严格执行；对于国家与地方财务规定中没有涉及的，学校在结合本校实际对经费进行支配的过程中，须报上级教育主管部门与地方财务部门批准和备案。

在公办中小学的招生事务上，各级政府掌握着公办中小学校的招生政策与地方招生具体办法的制定权，在小学与初中阶段实施严格的"就近入学"制度，县级地方政府的教育主管部门在综合考量当地学生人数、学校分布、学区等相关因素的前提下，划定每所学校招收学生的范围，学生须按照教育主管部门的划分到对应的学校就读。同时，高中阶段则以中招考试为最主要的招生录取途径。近年来，我国不同地区在推进和深化招生制度改革上做出过许多努力与尝试，尤其在高中学校的招生上，力求在保障公平的前提下减少"唯分数论"的负面效应，探索更加完善的招生制度。不过从豫中地区目前的实践情况来看，通过中招考试进入高中学校的途径还是绝对的主流。此外，教育主管部门还掌握各个地市（我国一些地区已采取全省统一命题的方式）的中招考试命题权，省级教育主管部门制定普通高中各科考试的命题要求，市一级的教育主管部门负责组织开展本地区的命题工作。简而言之，公办中小学校的招生事务是政府重点介入的领域，在本书问卷调查的数据分析结果中，中小学校在招生事务上自主程度的得分均值也是最低的。从政府职能的角度来看，这与我国政府现阶段促进义务教育均衡发展、加快普及高中阶段教育、保障各个阶段学校入学录取方式公平性的有关政策有密切联系，我国长期以来的教育实践证明仅靠市场调节的手段无法实现教育资源的最优配置，对于公办中小学来说更是如此，因而各级政府对于学校招生工作的重点介入有其合理性与必要性，但就长远而言，深化招生制度改革，赋予非义务教育阶段学校在招生事务上更大的自主空间，是促进学校组织专业化、特色化发展的必然趋势。

公办中小学校在课程教学自主权上的自主程度相对比较乐观，说明政府对于学校开展教育教学工作的直接干预相对较少，学校基本可根据自身实际情况制订教育教学计划。笔者认为，目前政府对于学校课程教学相关事务的介入主要体现在两个方面。其一，中小学校教材的选用须由地方教育行政部门在国家统一审定的《全国中小学教学用书目录》的范围内产生，也即国家设定范围，地方教育行政部门选用，中小学校遵照执行。其二，政府对于中小学校课程教学开展的另一干预体现在其监督者和评价者角色的设定上。从笔者在豫中地区调研中了解到的情况来看，各个区县的教育主管部门在每个学期均会在各个学段的中小学校间组织两次"统考"，有些地区的高中学校每学期被要求参加统考的次数甚至达到四次。从教育主管部门的角度来说，组织"统考"的初衷主要在于在各个学校间建立一种竞争性的评价机制，以监督各个学校的教学进度与教学成效。在调研中笔者了解到，基本上任何一所学校都十分看重在同等学段、同类学校之间的成绩、排名、声望等，在学校内部的每个班级，以班主任为核心的教师团队也十分在意"统考"过后本班级各科成绩在整个年级的排名，这不仅关乎"面子"，更与教师的奖励性绩效工资直接挂钩。因而笔者认为，由教育主管部门所组织的此类"统考"，虽不是对学校教育教学活动的介入和直接干预，却以一种隐性的影响力在学校运行的实际层面掀起了不小的波澜，学校的教学计划、复习安排都要围绕"统考"的时间来进行。

政府对于公办中小学校发展规划相关事务的介入相对较少，主要扮演一种监督者、审核者的角色。中小学校对学校章程的制定、办学目标的确立、发展规划的制定、工作计划的制订等工作均可自主开展，而后上报教育主管部门进行审核、批准和备案。然而笔者在调研过程中感受到，处于"应试指挥棒"下的中小学校，诸如学校章程、发展规划等文本，起到的作用更多地体现在"包装"学校形象、完成教育主管部门的要求上，在实质性操作层面，往往就沦为摆设了。在问卷调查中，虽然"发展规划自主"的得分均值较高，但在量表之后另设一道题目统计被调查者认为目前学校最为需要的权力时，"发展规划自主权"依然得到了超过半数被调查者的勾选，个案百分比为52.4%，这也充分证明，学校在章程制定、办学目标确立、发展规划制定上有较大的自主空间，并不代表学校真正拥有了"发展规划自主权",唯有学校真正以章程、规划为依归来开展各项工作,学校在此项事务上的自主权才能够真正发挥实在的作用。

二 学校角色之于政府

在现代社会,政府作为公共权力机构,其本身并不直接向社会提供教育产品与服务,而是依照相关的法律法规,借由公共财政的支持,以社会化的专门组织也即各级各类学校和其他教育机构来实现的。[①] 因此,从政府的角度而言,举办各级各类学校是履行政府文化教育职能的重要途径,尤其是公办中小学中义务教育阶段的小学与初中,更是承担着保障适龄儿童受教育权利的任务。同时,从国家发展与民族进步的角度而言,构建与发展以学校为主体的制度化教育体系是提升国民素养、提供人才储备的必然要求。在当代几乎每一个国家都把教育事业的发展放在战略性地位,"国运兴衰,系于教育""百年大计,教育为本"等表述出现在我国教育发展规划等正式文本之中,足见国家对于发展教育事业的重视程度。就现阶段而言,国家主导的教育变革不管以何种形式展开,最终还是要聚焦和落实到以直接培养人为不可推卸的社会责任的学校。[②] 基于以上的分析,笔者认为就政府角度而言,学校教育既是政府履行文化教育职能的重要载体,也是政府为国家发展培养人才、储备人才的主要场所,公办中小学自然也是如此。

从新中国成立以来公办中小学校的发展历程来看,在经历了新中国成立初期的"除旧布新"、五六十年代的动荡、六七十年代的恢复与调整后,自80年代开始,我国中小学校开始进入以现代化为主要特征的变革的新阶段。经过二十余年的艰苦奠基,中小学校的物质条件得到了极大改善,形成了相对稳固的经费来源渠道,在探索学校素质教育与课程改革的进程中积累了一定的经验,同时,现代化信息技术开始被逐步引入学校教育教学活动中,丰富、深化了学校教育的内涵。进入21世纪后,随着我国经济水平的稳步发展与财政收入的持续增长,政府对于中小学校的发展投注了更多的关切与支持,大力推进义务教育均衡发展、保障教育公平,在继续改善学校的办学条件、完善各级政府对于教育经费的分担机制的同时,将工

[①] 魏志春:《校长视野中的政府教育管理职能转变》,北京大学出版社,2011,第15页。
[②] 叶澜:《"新基础教育"论——关于当代中国学校变革的探究与认识》,教育科学出版社,2006,第170页。

作的重点转向影响中小学校教育持续优化的各种"弊病"中，着力整治困扰中小学校的"择校""乱收费""流动人口子女就学难"等问题，在从中央到地方各级政府的共同努力与强势干预下，这些问题与弊病得到了有效的整治，而这也充分证明，政府对中小学校办学资源的持续支持是必要的，对中小学校发展过程中的干预也是必需的。简单来讲，新中国成立以来，我国政府在公办中小学校的发展过程中既是办学资源的提供者，也是学校改革的推动者，更是学校运行过程中的管制者，政府的这三重角色在公办中小学校发展的奠基与初步发展阶段起到了无可替代的积极作用。

然而不管在任何阶段，对于公办中小学校而言，其办学行为都应向学校的举办者——"政府"负责，切实承担起培养人的使命，而要承担起这一使命，归结为一点，就是要"办好学校"。因此，在"办好学校"这一最终目的上，公办中小学与政府是高度契合、高度统一的。随着公办中小学校自身的发展与大众对优质学校教育的强烈呼唤，学校组织已日益往更加成熟化的方向发展，组织本身的自主意识逐渐萌生，组织发展对于自主空间的要求愈加强烈。在此之前的发展阶段，政府对于中小学校的强势干预取得了显著成效，公办中小学校在一个良性的发展轨道上得以继续前进，而在学校组织走向成熟、呼唤自主性的当下以及将来，政府的这种干预还是不是必要的、是否还是遵照以往的形式进行就值得深思了。基于本章第二节对于中小学办学自主权各项权力要素的分析，可以发现在目前中小学校中，对于组织发展十分关键的"人权"与"财权"被政府干预、介入的最多，其余事项诸如学校招生方案的制定、学校课程设置、教科书选用等，无处不显现出政府对于学校事务的介入之深、干预之广，而这一切显然已压抑了学校组织自主性的生长，而内在的自主性对于一个以培养人，尤其是培养有独立思考和创造性思维能力的人为最终目的的教育组织来说，无疑是至关重要的内涵。政府过多的管制与事无巨细的介入在保障公办中小学稳步前行的同时，已产生了一定程度的负面效应，若要使公办中小学实现最佳的办学效能，最为充分地承担起政府赋予的责任，就必然要在继续提供支持的前提下给予其更大的自主权，政府对于中小学校权力管制方式就必然面临调整。从理论层面来看，政府职能本身就不存在某种最优的模式，政府与中小学校间也并不存在某种最为合理的权力边界划分，而是在具体到特定的时间、空间后，以实践中的具体情况为基准，来寻找一种最为适宜的权力边界划分与权力配置的模式，因而政府职能也处在一种动态的调整过程中，对于当下我国政府与公办中小学校的关系而言，不管是在外部政策导向，还是在学校内部环境营造上，都适逢一个极佳的改革时机。近年来，为更好地实现教育事业管理的目标与任务，我国政府不断致力于其职能的调整与科学化的配置，展开了一系列有针对性的改革措施，在顶层设计上，已提出了"转变政府职能"、"扩大学校办学自主权"、"激发每个学校的活力"、形成"政府宏观管理、学校自主办学、社会广泛参与的格局"[①] 等改革任务，公办中小学的改革与发展在政策上紧随整个社会变革的脚步前行。由此一来，公办中小学校更加成为政府职能变革的重要支撑点与落脚点。

三 家长角色的意涵解读

在图 5-13 对学校办学影响最大的外部因素的统计结果中，选项"家长"的响应百分比达到 28.2%，仅次于选项"政府"，同时其个案百分比达到 55%，也即在 3467 个调查样本中，有 1906 人勾选了"家长"选项，数据直观地反映出"家长"角色对于当前中小学校办学产生的影响力之大。在讨论中小学办学自主权所关涉的几类重要主体时，本书对"家长"角色的意涵做出重点阐释，最为主要的依据就在于学生"家长"这一群体近年来已越来越多地参与到中小学校的运行中来，参与程度也逐渐加深，从发展趋势上来看，"家长"还将更多地参与学校更高层次的管理与决策，成为中小学校办学自主权在学校内部"二次放权"的重要参与群体，这既是家庭教育权在现代学校中的重要反映，也是家长作为其子女监护人和学校教育出资人的天然权利。[②] 就当前而言，站在中小学校的角度，学生家长主要扮演着两重角色：其一，学校教育教学活动的参与者；其二，学校管理与决策活动的参与者。

学生家长首先是中小学校教育教学活动的参与者，在这一点上，目前学生家长参与学校教育教学活动相较于过去的变化，其显著特征体现在：一方面家长对学生在校学习情况的关切程度日益提升，另一方面信息技术的发展与广泛应用使得家长参与学校教育教学活动的方式更加便捷、高

---

① 袁贵仁：《深化教育领域综合改革，加快推进教育治理体系和治理能力现代化——在2014年全国教育工作会议上的讲话》，《中国教育报》2014年2月13日，第1版。
② 黄崴：《校本管理：理论、研究、实践》，广东高等教育出版社，2007，第301～302页。

效,参与的途径也更为广泛。在过去的传统印象中,家长参与学校活动的主要途径就是每学期一到两次的家长会、教师偶尔的家访以及日常监督学生完成家庭作业等。然而随着整个社会对教育问题的关注度日益提高,家长对于学生学业状况的关心程度也日益提高。当下的学生家长早已不再"被动"等待学校与之联系,组织有关活动,而是积极参与,主动了解学生在校的各种表现、课业成绩,乃至整个班级、整所学校的全方位信息,而随着中小学校办学的愈加开放,学校也十分积极地迎合、配合家长的期望与需求,在这样的大环境下,家长对于学校教育教学活动的参与程度自然就更高了。同时,现代信息技术的飞速发展与近乎全面的普及也在"技术"层面助力家长对于学校活动的知情与参与。在调研过程中,笔者发现一个非常普遍的现象:每所学校都无一例外地充分利用了"微信"以方便学校与家长之间的沟通。

> 我们学校每个班级都有一个"微信群",邀请班级内所有学生的家长加入,每个家庭至少保证有一位家长加入"班级微信群",班主任就是"群主",平时有什么事要通知家长的,就在"微信群"里发通知,非常方便。现在家长对孩子学习都特别关心,好多家长是把"班级群""置顶"的。这样做还有个好处就是方便家长们之间建立联系,为他们创造沟通的渠道。在学校层面的话,我们学校是有一个公众号"A中学校讯通",所有的家长以及教职工都可以关注,学校有什么通知、重大的新闻等,都会在"校讯通"发布。这种方式最大的好处就是便捷、迅速,一推送立马就能看到,比在网站发布高效得多。(A中学教师)

在"微信"等手机即时通信工具外,中小学校目前还非常积极地进行校园网站的建设,有些学校还要求每个班级开设"班级园地"页面,分享、交流班级内的教育教学情况,并定期对其进行更新与维护。网络平台虽不如手机通信软件那么便捷、即时,但它最大的优势在于可以为教师、学生、家长提供一个共同学习、交流、进步的平台,教师把课堂内外的教学资源以及学生和家长希望获取的学习资源放在"班级园地"中,可供学生在学校以外的时间进行自主学习,家长也可更加充分、直观地了解学生的学习情况,并与之同步学习、共同提高。简而言之,现代信息技术的进步与教育信息化水平的飞速发展不仅促进学校教育质量的提升，也给家长参与学校的教育教学活动带来了极大的便利，其参与程度相较于过去而言大大提升，同时这种参与也切实地帮助学校更加全方位地了解学生，能够以更加潜移默化的方式影响学生的学习态度以及行为方式，推进学生、学校与家长三者之间良性沟通循环的形成。

"家长"角色的另一层更为重要的内涵在于其已越来越多地作为学校管理与决策活动的参与者而产生新的价值，但从现阶段实践情况来看，家长参与学校管理决策的程度还不是很高，且明显低于其参与学校教育教学活动的程度。笔者抽取问卷调查部分"教育教学活动参与情况量表"与"学校决策参与情况量表"中的 P2 与 Q3 变量，将其进行描述性统计后，两个变量得分均值上的差异就显而易见了，如表 5-3 所示，家长目前参与学校决策程度的得分均值为 2.811 分，在 Likert 五级量表中明显低于 3 分的一般水平，家长参与学校教育教学活动的得分均值为 3.231 分，虽然尚未达到 4 分的较好水平，但也已显著高于家长参与学校决策程度的得分均值。

表 5-3　家长参与学校教育教学与参与学校决策程度的均值对比

	N	极小值	极大值	均值	标准差
P2 家长(或家长委员会等组织)参与学校教育教学活动	3467	1.00	5.00	3.231	0.97626
Q3 家长(或家长委员会等组织)参与学校决策	3467	1.00	5.00	2.811	1.04799

在调研过程中笔者了解到，目前学生家长对学校的管理与决策活动不仅参与程度不高，在参与的内容上，也相对局限于学校中诸如学生校服选用的投票、宣传学校办学理念、帮助教师联系其他家长、为学校活动的开展争取一些社会资源等"边缘"事务，尚未涉及学校核心的决策内容。在笔者看来，这一状况主要取决于两个方面的原因。从家长的角度来说，其参与学校管理决策活动的意识与意愿还不是很强烈，尤其在教育发展水平一般的经济欠发达地区，大多数家长关心学校与教师能否让孩子有好的学业成绩、考取理想的学校，因而其对学校教育教学活动的知情意愿是非常强烈的，对于学校的管理决策活动，若非涉及孩子学习、与其切身利益密切相关的事务，则很少给予更多的关注，更不用提积极参与了。从学校的

角度来说，目前学校的组织管理与决策给予家长参与的空间过少，"既得利益者"对于新的决策主体与监督主体的加入，表现出一种潜在的抵制。尽管很多中小学校都建立了"家长委员会"等组织，但从其作用的发挥上来看，往往还是流于形式。因而笔者认为，从学校管理者的角度出发，能够意识到家长权力对于科学化学校决策、完善学校监督机制的积极作用，并积极为家长群体参与学校决策开辟渠道、建立机制是目前应予以关注并改进的。随着学校管理观念的转变与家长参与管理意识的觉醒，家长群体将成为学校内部权力运行主体的一种有益补充，以新的决策力量的注入强化学校管理的民主意蕴。

四 社会组织参与学校评估监测的价值所在

"社会组织"（Social Organization）概念本身存在广义与狭义的区分，广义的社会组织即泛指"人们从事共同活动的所有群体形式"，我们日常所见的各类组织均可认为是广义的社会组织；狭义的社会组织就是特指"政府组织和经济组织之外的第三部门组织"。本书对于"社会组织"的探讨仅取其狭义。[①] 对于公办中小学校的各项评估工作历来是以教育主管部门为代表的政府所主导的，公办学校的办学要向政府负责，因而政府作为评估的主体有其合理性与正当性。但随着教育评估的专业化发展与学校组织愈加走向开放，不断发展的第三方社会组织以其专业性和针对性将为学校组织的运行乃至地区教育的发展提供不可忽视的智力支持。从西方国家已走过的历程来看，第三方社会组织在教育事业发展中的作用已充分得到肯定和印证，如法国的教师工会组织、美国的各类协会组织均在国家或地区教育政策的制定与教育发展评估、教育资源流动等活动中发挥重要作用。在本书调查问卷中笔者曾就被调查者对于在学校中引入社会组织评估的看法进行统计，如图5-14所示，调查对象中认为社会组织评估对学校作用很大的有1226人，占样本总体的35.4%，若排除选择"尚未引入社会评估机制"的669人，则占据了其余样本的43.82%，说明目前在豫中地区已有相当一部分校长与教师较为认可第三方社会组织对于中小学校进行评估监测的可参照价值。

[①] 褚宏启、贾继娥：《教育治理中的多元主体及其作用互补》，《教育发展研究》2014年第19期，第3页。

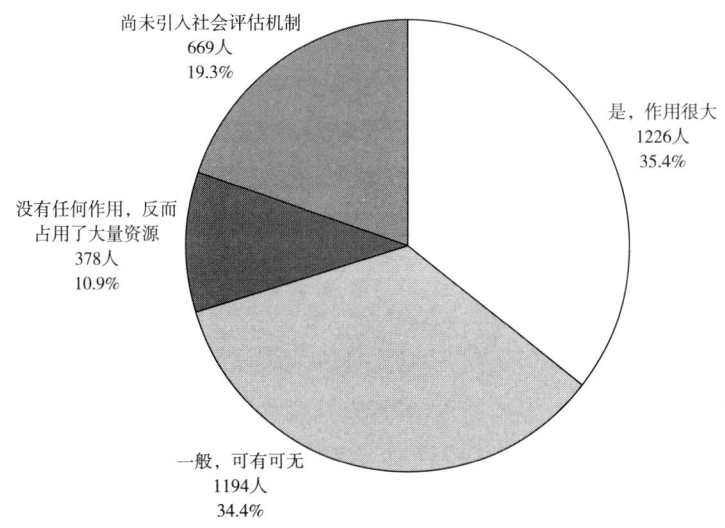

图 5-14　对于学校引入社会组织评估看法的频数统计

党的十八届三中全会以来,在国家推进教育领域的综合改革的宏观进程中,引入社会第三方组织开展教育评估监测成为一项重点内容,同时也是以"管办评分离"为主要落脚点的教育治理体系构建的重要方向之一。"管办评分离"中的"评",也即"委托社会组织开展评估监测",[①]"评"与政府"管"和学校"办"三者之间形成了新时期我国教育改革的宏观架构,"评"对于"管"和"办"均产生重要的价值与意义。从中小学校的角度来说,第三方社会组织评估监测机制的成熟也将助力中小学校更加有力地承担起"办"的责任,更加合理、有效、科学化地运用学校的办学自主权,从而凸显其办学的自主性。

从评估主体的角度出发,评估活动存在以政府为主导的评估、以独立第三方社会组织为主导的评估以及"伞状型"或联合型社会组织评估等模式,采取何种评估模式主要取决于谁是评估的最大需求方。[②] 具体到公办中小学校的评估,公办中小学与作为学校举办者的政府都是评估的

[①] 《授权发布:中共中央关于全面深化改革若干重大问题的决定》,新华网,2013 年 11 月 15 日, http://news.xinhuanet.com/2013-11/15/c_118164235.html。

[②] 潘旦、向德彩:《社会组织第三方评估机制建设研究》,《华南理工大学学报》(社会科学版) 2013 年第 1 期,第 18 页。

需求方，公办中小学需要从评估中发现问题、找寻发展方向，政府需要评估结果以了解公办中小学校的办学情况，谁是评估的最大需求方，笔者认为很难下定论，若考虑到政府职能转变的过程中正逐渐赋予中小学校办学主体的地位，那么此处可权且认为公办中小学就是评估的最大需求方。但从实际情况来看，目前我国的评价体系仍是以政府为主导，教育监督、监测与评估的相关机构基本设立在教育行政部门的内部，真正意义上较为成熟的第三方社会评估机构还不是很健全。所谓第三方，其背后的两个重要指向在于：评估机构与被评估方在利益上保持着距离，不存在利益上的交叉；评估机构的专业性在被评估的领域已获得广泛认可。简而言之，第三方组织唯有保持其独立性才能保障其专业上的权威性。在我国现阶段由政府委托社会组织对中小学校所进行的评估监测活动中，其"社会组织"并不能被认为是严格意义上的第三方机构。在对政府本质与职能的探讨中，以"公共选择理论"与"新制度经济学"为代表的相关理论已从经济学的视角充分论证政府所特有的、区别于公共利益的特殊利益，也即政府在本质上也是存在"自利性"的。[①] 由此引发我们的思考，社会组织如果是受政府的委托，资金也依赖于委托方，而政府本身存在"自利性"，那么此处的社会组织就必然无法在利益上处于超然、独立的状态。同时，从目前的状况来看，我国社会中还尚未形成非常成熟、专业水平获得广泛认可的社会评估组织，而从学校的视角来看，社会评估组织给予它的某些称号远不如政府机构授予的称号或奖项来的分量更重。

对于学校而言，若要更加自主地办学，更为有效、合理地使用办学自主权，其中非常重要的一点就是要建立"自评、自察、自纠"的相关机制，在目前学校相关机制尚未健全的大前提下，第三方社会组织的评估监测随即显现出其重要价值。第三方社会组织的评估不仅能够以专业的眼光发掘学校运行过程中的问题与症结所在，还能够有效地避免因利益上的交叉而产生的偏差，保障评估的公正性。然而，在目前较为成熟、独立的第三方社会评估组织尚未成形，社会组织参与中小学校评估监测的操作机制尚未建立，公办中小学校对于引入社会组织评估的主动意识与文化氛围还

---

① 周建国：《政策评估中独立第三方的逻辑、困境与出路》，《江海学刊》2006 年第 6 期，第 119 页。

有待营造的前提下，第三方社会组织参与公办学校评估监测还只是趋势，而不是现状。以更广阔的视角来看，第三方社会组织能否充分发挥其作用，不仅有赖于其自身的完善与学校相关机制的建立，更关涉政府与第三方组织之间关系的协调与理顺，因而这一问题并非学校内部能够很好地解决的。

第四节 主要问题归纳

在结合问卷调查的数据结果以及走访学校过程中的发现，对中小学办学自主权的"权力主体"、"权力要素"以及"主体间关系"三个要点进行着重分析的基础上，目前豫中地区公办中小学校办学自主权中存在的问题得到了较为集中的凸显。在本节中，笔者将对这些问题进行提炼、抽取与归纳，以为分析框架下最后一个要点"保障机制"的分析奠定基础。

一 "中小学"的法人资格定位存在一定的模糊性

在本章第一节对于公办中小学法律地位的分析中，本书已明确了公办中小学校"非严格意义的事业单位法人"角色，所谓"非严格意义"也即在现有的以《民法通则》中的有关规定为"法人资格"的主要判定依据的前提下，公办中小学校并不能作为一种严格意义上的"法人"而存在。而在我国《教育法》中，对于学校的法人资格又予以了强调，就公办中小学而言，校长就是学校的法人代表。由此矛盾就产生了，公办中小学校在相关法律的规定下是"法人"，但若参照《民法通则》中对于"法人资格"的判定，公办中小学校又无法严格地符合"法人"在"有必要的财产和经费"、"有自己的名称、组织机构和场所"和"能够独立承担民事责任"等判定的标准。也就是说，作为事业单位法人的公办中小学校并不能严格符合民法意义上的法人资格的标准，那么以"法人资格"来论证中小学校办学自主权的合理性与正当性就缺失了充足的依据，办学自主权本身也不能归属一般意义上的法人权利之一。因此笔者认为，虽然《民法通则》将"法人"的类型做出了分类，但以公办中小学校为代表的事业单位法人很难在民法的意义下找到合适的定位，因为民法本身是以"私权利"为本位，用以调整私人在市民社会之中所面临的日常关系，其根本的价值指向是对个人的尊重。① 在对公办中小学权力来源的分析中，笔者认为，作为事业单位法人的公办中小学校及其在行政法意义上的"行政相对人"角色，其权力是来源于政府的公共权力，政府为履行其职能将一部分权力授予公办中小学校，并要求其承担起办学的责任，因而公办中小学的"权"与民法意义上的"权"是存在一定区别的，前者来源于"公权"，而后者是强调对"私权"的保障。因而有学者提出，公立机构的组织与治理应遵循的是"公权力"的运作机制，而非民法，② 笔者对这一观点也比较赞同。然而在法律领域，就公法与私法进行划分也遭到了诸多的反对意见，尤其在以公有制为基础的社会国家中，区分公法与私法也缺乏付诸实施的逻辑前提。对于公办中小学等事业单位法人来说，如何在行使"公权力"的事实中、在民法的框架下找到适切的定位，是一个法律上的难题。虽然我国《教育法》对于学校所拥有各项基本权利的规定并不以其法人资格为前提，但学界对于中小学校办学自主权合法性与合理性的论证又往往会从中小学校的法人资格谈起，公办中小学在法人资格上的模糊性无疑干扰了目前我们对于中小学校相关问题研究的脉络与思路，对于公办中小学等事业单位的法人资格设定更具针对性的条款、对其进行更加精准的定位，无疑是非常重要的前提。

二 中小学校的"权力清单"、"责任清单"与"负面清单"尚不清晰，且缺乏相关法律的保护

从本章第二节对"中小学办学自主权"概念下"人事自主""财务自主""招生自主""课程教学自主""发展规划自主"五个维度事务的自主程度以及权力落实程度的分析来看，目前中小学校在包括"教师的招聘与解聘""教师的职称评定""学校干部及教师的培训"等事项的"人事自主"，以及凸显了"经费短缺问题""经费使用问题"与"绩效工资制度问题"等问题的"财务自主"上，表现出来的矛盾最多，中小学校的意见也最大。在"招生自主"上，义务教育阶段的小学与初中和普通高中因在招生的政策规定、具体操作办法上有所不同，因而在自主性上显现出的问题也有所差异。简而言之，义务教育阶段学校在严格的

---

① 赵万一：《再谈民法与宪法的关系》，《清华法学》2009年第2期，第71~84页。
② 方流芳：《从法律视角看中国事业单位改革——事业单位"法人化"批判》，《比较法研究》2007年第3期，第1~28页。

"就近入学"政策的规定下仍显现出一定的"非常规化"的自主空间，而河南省高中阶段学校在"择校生"比例逐年递减直至完全取消后，在招生上的自主空间也非常有限了。"课程教育自主"与"发展规划自主"，是目前豫中地区中小学校中自主程度相对较高的权力，在这两个维度的二级指标中，自主程度较低的体现在"教学所需教材的选取"与"校内机构与岗位的设置"上。

整体而言，目前豫中地区中小学校在教育教学工作开展的专业领域有着相对乐观的自主性，而在对于组织发展非常关键的"人权"与"财权"上，则受到诸多的限制，而这些显然相对于我国《教育法》中对于学校各项权利的规定所意指的自主空间来说有所削减。当然，《教育法》中对于学校权利的规定适用于我国的各级各类学校与教育机构，因而只是一种高位的、笼统的概括，当我们要具体去讨论某一类学校"权利"或"办学自主权"的具体内容的时候，《教育法》中的相关规定就显得过于笼统、不具针对性了。法律规定的笼统性直接带来的是中小学校"权力清单"、"责任清单"与"负面清单"的模糊甚至是缺位，对于当前而言，若要明确中小学校的办学自主权，最为根本、直接的策略即是以法律的形式明确中小学校的"权力清单"、"责任清单"与"负面清单"，也即学校具体有哪些权力、哪些是可以做的、具体要负哪些责任、哪些是不能做的。若有了针对性的相关法律的保护，中小学校的办学自主权则可在根本上得到最为有效的保障。

三 政府"简政放权"的改革尚未切实地植入中小学校的土壤

在本章第一节对于中小学校办学自主权"权力来源"与"权力主体"的分析中，经过层层推演，笔者认为中小学校的自主权来源于政府的"授权"，而政府的权力又来源于国家的公共权力，因而中小学办学自主权从源头上来讲，是来源于国家公共权力的。由此笔者推论，"办学自主权"虽名为中小学校的权力，却存在两个实质上的"权力主体"——政府与学校，且在二者的关系中，政府居于绝对主导地位，学校居于被动服从地位，在一个相对稳定的"权力集合"内，学校有多少自主权，取决于政府愿意释放多少权。由此笔者进一步推论，政府放权的力度在诸多因素中是影响公办中小学自主权大小的关键变量。

近年来，我国政府在大力推进其职能由"全能政府"向"有限政府"转变的进程中，在政府职能总量的调适、政府职能结构的调整与政府职能实现方式的转变上进行了诸多尝试与变革。① 自十八届三中全会提出将国家治理体系构建作为深化改革的目标后，在这个系统框架下，以政府职能转变为突破口和切入点的各个社会领域配套措施的改革随即如火如荼地展开。教育领域也大力强调"政府宏观管理、学校自主办学、社会广泛参与"格局的形成，对于构建以"管办评分离"为核心的教育治理体系的重要价值。可以说，不管在国家战略上还是在各个社会领域的积极回应上，从中央到地方的各级政府都在大力强调政府职能变革对于深化各个领域改革的先导性作用。然而在笔者走访豫中地区中小学校的实证调查过程中，学校的办学自主权本身似乎并没有随着各级政府大力强调"简政放权"而发生些许的改变。在我国现行的教育管理体制下，县一级的教育主管部门对中小学校施加着最为直接的影响，从现实情况来看，我国政府职能变革的脚步在实际操作的层面还远未深入县一级的政府部门。再具体到县级教育主管部门与公办中小学校的关系，以政府为绝对主导的管理体制与管理方式几乎没有发生改变。从调研中了解到的情况来看，大多数学校领导与教师认同教育治理体系下以"管办评分离"为核心的改革趋势，但就现状而言，也仅仅是趋势。具体到每个地区，其教育土壤有着经年累月演化、潜移默化发展的缓慢历程，土壤之中各种社会力量盘根错节、根深蒂固，也使得某个区域在一定时间内的教育环境显现出一定的顽固性，尤其是具体到县域的教育主管部门时，这种顽固性从目前来看，远不是顶层的政策推动能够从根本上瓦解的。简单归纳，即目前我国政府"简政放权"的改革尚未切实植入中小学校的土壤。

四 学校之间存在显著差异，部分学校自身尚不足以承担起"办"的责任

第五章对于问卷调查结果进行数据分析的环节，笔者分别以"学段"、学校所在的"地区类型"以及学校的"办学水平"为分组变量，以学校自

---

① 黄庆杰：《20世纪90年代以来政府职能转变述评》，《北京行政学院学报》2003年第1期，第34~35页。

主"五因素"为检验变量，对不同学校类别在学校自主五因素上的差异进行了重点分析。总体而言，在学校办学自主权的需求程度上，学校的办学水平越高，对于自主权的需求与渴望就越大；办学水平相对一般的学校则大多希望在上级主管部门的管理、引导之下，学校各项工作能够按部就班地开展；而相对较为薄弱的学校尤其是农村学校，它们对办学自主权并没有太多的需求与意见，在学校各项资源相对吃紧、没有余力去施展其自主性的情况下，它们更希望上级教育主管部门给予更多资源上的支持，而非授予多大的自主权。就像笔者在前文中提到的，"自主"相较于"生存"而言是一个更加上位的概念，一所学校如果连维持"生存"都不堪重负的话，谈何"自主"？毫无疑问学校之间是存在显著差异的，这种差异若置于政府放权改革的构想之下，矛盾则集中体现在目前有相当一部分的学校自身办学能力不足，尚不足以承担起"管办评分离"架构下"办"的责任。在学校有足够的办学能力、有运转良好的内部民主机制、能用好"权"的前提下，政府放权才能够取得有益的成效，否则仍将陷入"一放就乱"的局面。因而笔者认为就办学自主权而言，以学校之间差异为出发点的有针对性的支持在政策执行的操作层面是非常关键的，这一点笔者将在本书的第七章进行重点阐释。

五 以多主体参与为主要特征的学校内部管理的民主机制尚未健全

在本书第四章笔者对学校内部权力运行现状的问卷数据结果的分析中，"教代会职能的履行情况量表""党组织职能履行情况量表""学校决策参与情况量表""学校与社区互动情况量表"等数据结果的得分均值都在3分上下徘徊，也间接说明目前豫中地区大部分中小学校内部管理的民主机制还不够成熟，教师、学生家长、社区、社会第三方组织对于学校核心决策事务的参与程度还远未达到理想的状态。简而言之，就是以多主体参与为主要特征的学校内部管理的民主机制尚未健全。学校内部民主机制的有效运转以及学校的"自评、自查、自纠"制度的建立，是学校在"二次放权"的过程中用好权力，使政府的"放权"能够切实推进，学校组织更具活力且良性运转的重要前提。不管权力在政府手中还是在学校手中，以民主机制为主要实现方式的权力本身的透明化以及权力运行中必要的规制都是非常必要且关键的。公办中小学校的权力在本质上来源于国家的公权力，经由政府授予而有条件地获得，因而学校权力的使用在学理层面也应参照公权力行使过程中的法制规则，建立学校权力的监督和约束机制，从而奠定政府放权的可行性前提，在最大限度上规避权力的滥用现象。

第六章 中小学办学自主权的保障机制探讨

在本书第五章，笔者着重分析了中小学办学自主权四维分析框架下的前三个要点，即"权力主体"、"权力要素"与"主体间关系"，进而在此基础上，将目前豫中地区公办中小学校办学自主权面临的突出的问题进行了提炼与整合。本章将进入分析框架的最后一个要点的探讨，即中小学办学自主权的"保障机制"。从教育管理学的研究范式来讲，融入了多元研究方法的后实证范式尤其注重在充分尊重与深度挖掘中，针对研究问题的具体情境进行研究方法的选用，以更好地理解教育管理的现实世界，并最终发掘有价值的优化路径。① 笔者认为，教育管理相关领域的研究发端于教育实践、发展于教育实践、深化于教育实践并应最终落脚到教育实践中问题的改进。如学者 Donald J. Willower 所述，"教育管理者的基本任务在于带领学校走向更加值得期待的未来，而这一任务的达成需要审慎的思考与反省式的探究"，② 也即教育管理研究的最终目的是指向教育实践问题的改进。基于此，在本书分析框架的四个要点中，笔者将最后一个要点"保障机制"独立成章，针对前三个要点分析中凸显出的现存问题，来探讨公办中小学办学自主权的保障机制。

同时，本书是以豫中地区为调查对象的实证研究，因而对于公办中小学保障机制的探讨也将针对豫中地区的教育实践、紧扣本书实证调查的发现而展开。本书在概念界定的阶段已明确，"机制"在社会科学领域通常指为使某种制度或体制得以正常运行、发挥其预期功能的配套制度，是为了实现制度特定的功能和目标，在把握机体内在规律的基础上，人为设定的制度系统内部组成要素的作用方式和运行规则。③ 并将

---

① 褚宏启：《论教育管理研究范式的转换》，《中国人民大学教育学刊》2014 年第 3 期，第 12~14 页。
② D. J. Willower, "Inquiry in Educational Administration and the Spirit of the Times," *Educational Administration Quarterly*, 1996, 32（3）：363.
③ 陈静漪：《中国义务教育经费保障机制研究——机制设计理论视角》，东北师范大学，博士学位论文，2009，第 23~25 页。

"保障机制"的概念进一步解释为：为保障某种制度或体制的正常运行及其作用的发挥，在把握机体内在规律的前提下，人为设定的、系统性的配套实施制度。对本书而言，国家层面对于落实学校办学自主权、赋予中小学校办学主体地位的政策导向是十分明确的，也即"落实与保障中小学校办学自主权"的"顶层设计"已经到位，然而政策若要得到切实的执行、真正植入各个区域中小学校教育实践的土壤，非常重要的一点是要在对教育实践，尤其是区域教育实践各方面特征有着深度把握的前提下，将国家政策进行地方性或区域化的解读、重构并制定区域化的推进策略，唯有如此才有可能实现国家政策制定的初衷。因而笔者认为，就落实中小学校办学自主权而言，当前工作深入的重点在于基于区域教育的具体实践，探索保障中小学办学自主权的地方性实施办法和推进策略。

本章将基于对分析框架前三个要点"权力主体"、"权力要素"与"主体间关系"的讨论及凸显的主要问题的归纳，针对豫中地区公办中小学校办学自主权的保障机制进行探讨，并以法律层面的保障、制度层面的保障和学校层面的"内省式"保障为阐述的主轴——展开。在本章中，笔者无意于建构某种近乎完美的办学自主权的保障机制，仅在当前豫中地区现实环境的大前提下，以系统性的思维和现实性的考量提出具有可操作性的、较为可能实现的改进方案，为豫中地区公办中小学校办学自主权的落实与保障贡献有益的思考。本章的分析理路如图6-1所示，具体而言，豫中地区中小学办学自主权保障机制的建构将以推进地方性立法为引领，以各种操作化的制度革新为依托，进而将目光聚焦到学校组织内在自主性的生成，以学校层面的"内省式"保障为最终的落脚点。任何教育变革最终都要聚焦和落实到以直接培养人为不可推卸的社会责任的学校中，[①] 从学校的角度而言，以地方性立法的推进明晰公办中小学校的"权力清单"，以区域性配套制度的革新为学校各项事务的运行开辟更加充分的自主空间，将为保障学校办学自主权贡献强有力的支持。同时，这一切又最终要落脚到学校内部，以学校民主机制的健全与内在活力的唤醒为指向，以"内省式"的动力保障办学自主权在学校内部得到更为合理、充分的使用。

---

① 叶澜：《"新基础教育"论——关于当代中国学校变革的探究与认识》，教育科学出版社，2006，第170页。

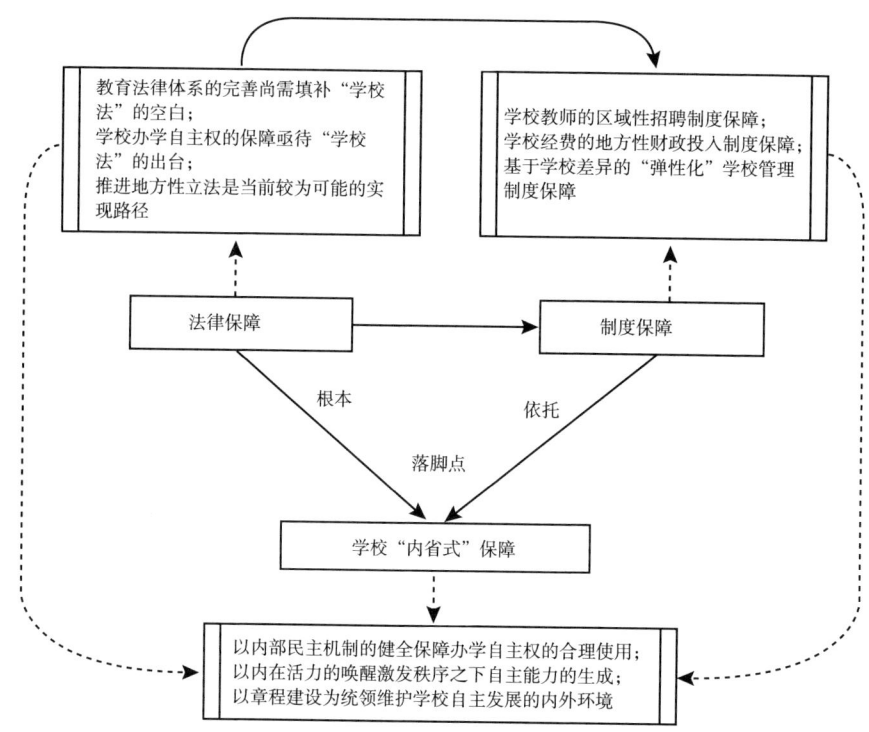

图 6-1 中小学办学自主权"保障机制"的建构

第一节 法律层面的保障

在对豫中地区公办中小学校办学自主权当前所面临问题的梳理中,笔者认为目前公办中小学校的"法人资格"存在一定的模糊性,学校与政府之间的权力边界没有得到明确的划分,且学校的"权力清单"、"责任清单"与"负面清单"尚不清晰,同时缺乏相关法律的保护。这两个方面的问题在导致公办中小学校的法律地位存有争议外,还直接导致了公办学校办学自主权在内容上的模糊性,学校在哪些具体的事务中有自主权、哪些没有,缺乏相关的法律依据。对于以上问题的解决,根本性的办法就是出台以学校为主体的法律文本,以使学校组织尽快成为国家实施"依法治教"方略中的重要主体,使公办中小学校各方面事务的运行尽快步入法制化的轨道。

一 教育法律体系的完善尚需填补"学校法"的空白

从宏观角度着眼，教育立法是实现教育法制化的前提和基础，而推进对学校的立法工作，不仅是顺应国家"依法治教"方略的必然趋势，也是填补和完善我国教育法律中"学校法"缺位的客观需要，是我国教育不断走向法制化的必然要求。不仅学校的办学自主权问题，目前个别中小学校出现的诸如"乱收费""择校""补习班热"等各种乱象在根本上看，都还是我国教育法制建设尚未完善的缘故，学校各方面事务的运行还未真正步入法制化的轨道。就学校的发展而言，不能够明晰学校有哪些自主权，不清楚哪些事情能做、哪些不能做，不仅会带来学校教育教学的各种乱象，还会致使学校在日常运行中谨小慎微，不敢放开手脚开展教育教学改革，进而压抑学校作为育人组织本应保有的内在活力。因此，只有健全、完善教育立法工作，明晰教育事业开展过程中各个主体的权利与义务、权力与责任，建立起一套良性、规范、有效运转的规则与程序，才可切实使各个主体的行为规范化、法制化，从而推进我国教育法制化建设有序前行。对于政府"简政放权"、扩大学校办学自主权的改革进程而言，教育法制化的同步推进对于权力重心下移后各项工作的有序运转以及规避"一放就乱"的风险具有直接的现实意义，健全的教育法制体系以及有效的法律实施与法制监督层面的保障能够为各项改革营造良好的环境。

在较长的时间内，我国教育法制化的进程相对于西方发达国家是较为滞后的，从我国教育领域立法走过的历程来看，自20世纪70年代末改革开放以来，我国才真正踏上教育立法的轨道。1982年出台的《中华人民共和国宪法》（以下简称《宪法》）特别强调民主精神与法制原则，对于我国教育法制定的基本思想、基本原则与教育教学活动的基本法律规范以宪法的至上地位提供了强有力的依据。自80年代以来，我国教育领域的立法工作卓有成效，先后出台了七部单行教育法律，初步建构了具有不同法律地位与效力、涉及教育各个领域的多层次的中国特色教育法律体系，① 如图6-2所示。

经过数十年的探索与发展，我国已经建立起了以《宪法》相关条款为

---

① 顾明远、石中英主编《〈国家中长期教育改革和发展规划纲要（2010—2020年）〉解读》，北京师范大学出版社，2011，第438页。

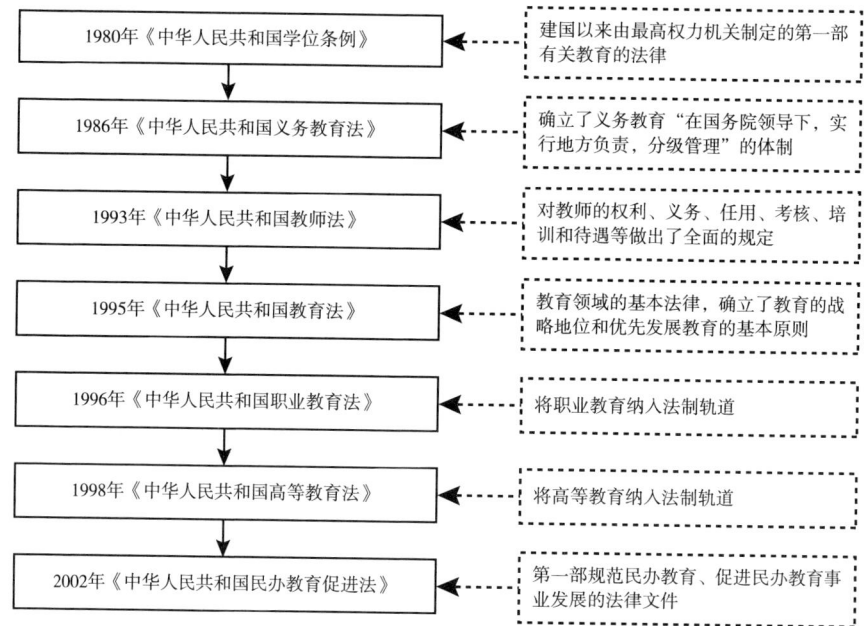

图 6-2　1980 年以来我国相继出台的七部单行教育法律

依据，以《教育法》为核心，以《学位条例》《义务教育法》《教师法》《职业教育法》《高等教育法》《民办教育促进法》为主干，以多项工作条例和教育行政法规、规章为依托，以众多地方性法规为辅助的教育法律体系基本架构。① 可以说，我国的教育立法工作虽然起步较晚，但历经多年努力所建构的教育法规体系框架已基本终结了我国教育领域无法可依、无章可循的尴尬局面。然而，从当前的架构来看，我国的教育法律体系依然尚未完善，现存的主要问题主要表现在两个方面：其一，我国的教育法体系在整体设计上存在"体系化不足"的问题，从顶层设计的角度而言，缺乏一种全局性的、统领性的价值定位，教育法律、教育行政法规、地方性教育法规等之间的关系尚未协调、理顺，各个类别与层级的教育立法之间缺乏总体性的设计与价值引领下的相互联系；② 其二，我国教育法体系仍显现出一定的"空白地带"，其覆盖范围尚未纳入教育事业中的全部重要主体，在某些教育领

---

① 李赐平：《我国 25 年的教育立法：现状、局限与展望》，《前沿》2006 年第 6 期，第 96 页。
② 顾明远、石中英主编《〈国家中长期教育改革和发展规划纲要（2010—2020 年）〉解读》，北京师范大学出版社，2011，第 439~440 页。

域依然存在无法可依的问题，以学校为主体的法律的缺失就是一大明显的问题，近年来也遭到了教育实践者的诸多诟病。教育法律体系的完善需要填补"学校法"的空白，很显然这一问题在理论与实践层面都已得到了认同，而当前工作推进的难点在于如何理顺政府与学校间的关系、明确学校权力与责任的边界，从而为"学校法"的出台奠定基础。

二 学校办学自主权的保障亟待"学校法"的出台

以学校为主体的相关法律的出台不仅是完善我国教育法体系的客观要求，也是教育实践领域的强烈呼唤。在我国大力推进政府职能转变、教育领域深入推进"管办评分离"的改革进程中，学校的办学主体地位得到了前所未有的高度强调，因而从国家战略的角度，以学校为主体的法律的出台也是顺应时势的必然选择。公办中小学校虽然被赋予了"办学主体"的地位，但从现实情况来看，离真正的"办学主体"还有相当大的差距。就本书的实证调查中公办中小学校在办学自主权上凸显出来的一系列问题来说，若要保障中小学校的办学自主权，首要任务就是要阐明学校有哪些自主权，也即明确学校的"权力清单"，具体到学校的人事管理、财务管理以及各项事务的管理，哪些可以自主决定，哪些不能自主决定，要有清晰的界定。在明确学校"权力清单"的基础上，学校的"负面清单"就能够得到较为明确的判定，同时在"权责对等"的原则下，学校的"责任清单"也可随即明了。但是，"权力清单"下的学校自主权能否切实地被遵照、执行，还需要以法律的形式将其确定下来，出台详细的实施细则，并建立具有实际操作性的监督机制，以保障法律的有效实施。

2010年，《国家中长期教育改革和发展规划纲要（2010—2020年）》明确提出要"完善教育法律法规"，并制定有关"学校"的法律。[①] 2019年，《中国教育现代化2035》更进一步地要求"提高教育法制化水平"，制定"学校治理"方面的法律法规，"健全学校办学的法律支持体系"。政府与社会各界对于出台学校相关法律法规已有基本认同，然而相关进展却不甚显著。[②]

---

① 《国家中长期教育改革和发展规划纲要（2010—2020年）》，中华人民共和国教育部网站，2010年7月29日，http://www.moe.gov.cn/srcsite/A01/s7048/201007/t20100729_171904.html。
② 《中国教育现代化2035》，中华人民共和国教育部网站，2019年2月23日，http://www.moe.gov.cn/jyb_xwfb/gzdt_gzdt/201902/t20190223_370857.html。

制定"学校法",最为核心的内容就是要理顺政府与学校的关系,要把政府哪些能管、哪些不能管,做出严格的规定,政府不能管的,也就是学校可以自主的部分了。在目前的大环境下,大部分学校还没有那么"到位"的自我管理能力,一直"喊着"要自主权的,其实还是少数比较"好"的学校,它们觉得自己管得好学校,政府只要把各种资源给它们就行了,别的不要干涉。但是对于比较一般的学校来说,反而需要政府的管理给他们带来一种"安全感",什么都规定好、计划好、安排好,按部就班地走,不要出错就最好了,这种学校占了很大比例。还有一部分就是比较薄弱的学校,比如农村学校,它们可能根本就没想过自主权的问题,每次反映的问题都是学校缺多少老师、缺多少经费、校舍要维修之类的,自主权有多少,没有谁会关心。简单来说,现在想要自主权,同时又实力比较强的学校,其实还是少数。"学校法"是法律,出台之后都是要遵照执行的,对什么学校都一样,对大多数学校来说,没自主能力,又让它自主,肯定会出问题的。(X市教研室工作者)

虽然当前国家落实与保障中小学校办学自主权的政策导向是十分明确的,但一旦具体到某个区域的教育实践,这种高位的引领则很难撼动区域内部在相当长的时间内各方利益主体盘根错节而形成的顽固土壤。本书第五章在对办学自主权的"权力主体"进行分析时已明确,公办中小学校在教育法律体系中的"行政相对人"角色决定了其权力来源于政府的授予,因而从根本上看,公办学校有多大的办学自主权,取决于政府授予其多少自主权,在一个既定的"权力集合"中,学校权力的扩充,则意味着政府权力的"缩减"或"转型"。因此本书认为,当前落实与保障中小学校办学自主权的关键在于政府先一步实现由"划桨者"到"掌舵者"的转变,以政府职能的转变推进"政府-学校"关系以及政府管理学校方式的全方位转型。但从当前豫中地区基础教育发展以及社会经济的整体状况来看,不管是在政府的放权意愿上,还是政府职能转型的现实可能上,还未形成较为成熟的改革土壤,推进对学校的立法工作,还有一段相当长的距离。

三 推进地方性立法是当前较为可能的实现路径

由于法律本身的强制性意义,一旦出台就必须遵照执行,因而各级政府和人大在推进研制以学校为主体的法律文本时,必然会非常慎重。同时，由于我国幅员辽阔，各个地区的教育发展水平存在显著差距，以国家立法机关为主体进行相关法律的制定从目前条件看没有较强的可实现性，相对而言，以省、自治区、直辖市或较大的市的人大审议通过以学校为主体的"地方性法规"，或由地方政府审议通过有关的"行政规章"，是当前我国很多地区在努力实现的。自 2015 年修改后的《中华人民共和国立法法》实施后，"设区的市"同样拥有了地方性法规的立法权，市人大及其常委会可根据本地区的实际需求，在不与上位法相抵触的前提下，对城乡建设与管理、环境保护、历史文化保护等方面的事项制定地方性法规。① 新《立法法》的实施为地方层面推进对于学校的立法工作创造了新的历史契机，"设区的市"拥有地方性法规的立法权，意味着立法工作的推进可以在更大程度上以地方的具体情况为基准而进行。这也启示我们，对于学校立法工作的开展，在国家层面的有关立法尚未出台之前，加速推进地方性的立法工作、充分调动各个地方的积极性，既可以在区域内对学校的立法工作展开有益的探索，也能够在全国范围内形成积极改革的整体风气，进而助推国家层面有关法律的出台。近两年来，我国已有一些地区在学校的地方性立法工作上，取得一定程度的突破，但由于在以法律形式保障中小学校各项权利的同时，又必然会在一定程度上造成政府管制力度的削减，因而在短时间内，政府放权、保障学校办学自主权的力度在操作层面只能够循序渐进地稳步进行，不太可能发生巨大的转变。2017 年 2 月，青岛市在政府常务会议审议通过后发布了人民政府令，要求自 2017 年 3 月 20 日起，开始正式施行《青岛市中小学校管理办法》。

《青岛市中小学校管理办法》（节选）②

第三条　中小学校管理应当遵循教育规律和法治原则，建设依法办学、自主管理、民主监督、社会参与的现代学校制度。

第八条　中小学校应当遵守法律、法规、规章，依据学校章程自

---

① 《中华人民共和国立法法》（2000 年 3 月 15 日第九届全国人民代表大会第三次会议通过根据 2015 年 3 月 15 日第十二届全国人民代表大会第三次会议《关于修改〈中华人民共和国立法法〉的决定》修正），中国人大网，2015 年 5 月 7 日，http：//www.npc.gov.cn/wxzl/gongbao/2015 - 05/07/content_ 1939105. htm。

② 青岛市人民政府：《青岛市中小学校管理办法》，青岛政务网，2017 年 2 月 15 日，http：//www.qingdao.gov.cn/n172/n68422/n68424/n31280899/n31280909/170216151912598134. html。

主办学。

　　第十二条　中小学校可以在核准的进人计划内，自主招聘紧缺专业和高层次人才。中小学校招聘教师时，可以在笔试前先行对报考人员进行面试筛选。

　　第十五条　中小学校根据教育教学需要，自主开展与国内学校、企事业单位或者机构的教育合作、交流与培训，按照规定实施中外合作办学、开展对外交流合作活动等。

　　第三十九条　行政机关及其工作人员不履行本办法规定管理职责的，由市、区（市）人民政府或者有关部门责令限期改正；情节严重的，依法给予处分；构成犯罪的，依法追究刑事责任。

　　第四十条　中小学校及其工作人员不履行本办法规定职责的，由有关主管部门责令限期改正，依法予以问责；构成犯罪的，依法追究刑事责任。

从《青岛市中小学校管理办法》的具体内容来看，政府对于中小学校在章程建设、人事选聘、财务管理、内部民主机制运行等方面的内容做出了较为详细的规定，对于学校可以自主的部分，例如"自主招聘紧缺专业和高层次人才"等，也有了一定程度的松动，给予了学校更大的自主权。在"法律责任"方面，不管是行政机关还是中小学校，凡不履行此办法的，都要进行问责，构成犯罪的要依法追究其刑事责任，体现了此管理办法在实施中的强制力度。然而在具体内容上此管理办法还没有到非常细致的地步，尚未达到"权力清单"的程度。此"管理办法"是以"政府令"的形式发布，属于地方行政规章，从我国法律法规体系结构来看，地方政府制定的行政规章属于"法"的范畴，是结合本区域实际，对国家法律和行政法规的一种有针对性、具体化的补充，可理解为国家意志在地方的具体体现，在本地区内显现出普遍的强制力。因此青岛市发布的中小学校管理办法被认为是我国首例地方版的"学校法"，具有很强的示范性意义和引领性价值，也体现出地方政府在理顺"政府-学校"关系以及保障中小学校办学自主权改革中的积极姿态。

第二节　制度层面的保障

"制度"是一个被广泛使用的概念，在不同的学科中存在着不同的解释。本节主要讨论的是中小学办学自主权区域制度层面的保障,因而此处的"制度"只取其社会学层面的意义,即"合乎规范的一种规则化模式内许多不断重复或延续的活动",它通常具有两层含义:其一,制度是社会公认的、比较复杂且系统性的行为规则,是维系团体生活及人类关系的法则与社会行为模式,是在特定的社会领域中较为稳定和正式的社会规范体系;其二,制度既包括了正式的、成文的、理性化的形式,也包括了风俗、习惯、道德、文化、价值观念等非正式的、不成文的、非系统的表现形式。本节中的"制度",主要是取其第一层含义,即某种"社会规则或组织规则",且在特定的往复发生的情境中,能够在某种外在权威保障之下实行。[1] 由此,"制度保障"则可进一步理解为为促进某种政策或目标的达成,以配套性"制度"的建立和实施来约束人的行为,从而保障预期效果的实现。具体而言,本书基于分析框架下前三个要点分析中所凸显出来的现存问题,笔者认为目前豫中地区中小学校在教师招聘上的不自主、在学校经费上的不足以及不同学校在办学自主权需求上的差异性等问题,需要得到区域制度层面上的支持,对这些问题进行具体化、有针对性的一一破解。

一 学校教师的区域性招聘制度保障

在本书的实证调查阶段,豫中地区中小学校在教师招聘这一事项上显现出了非常集中的矛盾,在问卷的数据结果中,此项指标的得分均值仅为2.765分,在笔者实地走访八所学校的访谈过程中,每所学校的校级领导均无一例外地提及学校在教师招聘上无法自主、缺乏话语权的现状,且这种现状对于学校的教育教学安排已产生了严重的负面影响,一方面大部分学校仍处于教师相对紧缺的状态,另一方面,学校能够被分配到的新教师数量以及教师的学科专业往往与学校的实际需求不能够实现一一对应。

对于大部分学校教师相对紧缺的问题,最为直接的办法就是加大教师招聘的力度,在地方财政可以负担的范围内,尽可能地扩大教师招聘的规模。公办中小学校正式职工因均纳入国家的编制管理,教师的工资在类别上属于教育事业费中的"人员经费",且我国各级各类学校的"人员经费"

---

[1] V. W. Ruttan, Y. Hayami, "Toward a Theory of Induced Institutional Innovation," *The Journal of Development Studies*, 1983, 20 (4): 203 – 223.

往往占据了教育事业费的很大比例，最高的地区甚至达到90%左右，低的也达到40%左右，[①] 而且这部分是极少数的情况，这样的比例也说明我国教育事业费的构成中绝大部分是人员经费。在某个地区特定一段时期内事业单位工资标准保持稳定的情况下，每年教师招聘的人数往往与地方财政对于人员经费的负担能力密切相关。在豫中地区大部分经济发展水平相对落后的区县，每年教师招聘的人数是非常有限的，一个县可能只有近200人，再分配至县城以及各个乡镇的各个学校，学校每年能接收到的新教师的数量就更少了，有些学校甚至一名新教师也分不到，这对于学校在"二孩政策"全面放开后面临的日益严峻的教师紧缺状况而言，可以说是"杯水车薪"。简而言之，教师紧缺的问题唯有通过加大区域内教师招聘的力度才能够有所缓解，而这又与地方的经济发展水平密切相关。在当前，这一问题的解决有着较大的现实层面的障碍，教育的发展是以经济的发展为前提和基础的，经济的发展为教育提供了不可或缺的人力、财力与物力的支持，而在区域经济发展水平还尚不足以为教育提供强有力的支援与供给的情况下，学校内部对于有限资源的调配与使用就更为重要了，本章第三节将对这一点进行详细阐述。

豫中地区中小学校在教师招聘上的不自主还体现在教育主管部门分配下来的教师学科方向与专业素养与学校的具体需求无法实现——对应。在调研中笔者了解到，目前豫中地区的教师招聘多是以区县级的人事部门为主体、在教育主管部门和纪检部门的配合与辅助之下联合进行的。在整个招聘过程中，教育主管部门所承担的具体任务是统计各个学校所缺教师的人数及学科要求，并将其反馈给人事部门，在人事部门完成招聘工作后，教育主管部门再将新教师分配至各个学校。但是在分配的具体环节，又是向农村地区学校倾斜的，也即优先满足农村学校在教师人数及学科上的需求。从整个招聘以及教师分配的过程来看，教育主管部门已经尽可能地照顾到区域内学校在教师人数及学科上的需求，反馈给人事部门进行招聘方案制定的参考，但是这样的需求是区域内学校的一种"整体性需求"，即便做了统计，但在具体向各个学校进行教师分配的时候，还是无法与学校的具体需求实现对接，往往会出现学校缺

---

① 吴志宏、冯大鸣、魏志春主编《新编教育管理学》，华东师范大学出版社，2008，第277~278页。

的是数学教师,结果来了英语教师,缺十几位教师,结果只来了一两位这样的现象。笔者认为,究其原因,还是学校层面在整个招聘过程中没有相应话语权,学校作为"用人"主体,理应在教师招聘的过程中有着更高的参与程度,才有可能招聘到真正需要的人才,提高整个招聘过程的实效性。

然而,在现行教师招聘制度下,如何提升学校的话语权、充分照顾每所学校的具体需求,无疑是一个操作层面的难题。近几年来,我国已有一些地区对公办中小学校教师招聘工作展开了一些积极的探索,如山东省D市、青岛市等在教育局直属单位的教师招聘中,均采取"面试前置"的具体做法,以增加各个学校在招聘过程中在"选人"与"用人"上的话语权,在试点学校取得积极的效果后,又将此做法扩展到更大范围内的教育局直属学校,这对于豫中地区公办中小学校教师招聘制度的革新具有积极的借鉴价值。笔者认为,豫中地区内部各个区域在经济与教育发展水平上程度不一,以Z市为代表的中心城市是全省教育资源最为发达、最为集中的地区,尤其在市直学校分布较为集中的城区,已经基本具备了展开"试点性"教育改革的条件,以学校试点为单位,结合区域实际,在教师招聘的区域性制度革新上进行若干开拓性的探索,是目前较为可能的实现路径。

以"面试前置"推进精准化揽才

在以往各地的中小学校招聘工作中,通常都要以笔试、面试、说课等环节为顺序一一进行,通过笔试环节考核的许多应聘者在面试过程中的表现往往不尽如人意,无法合乎用人单位的具体标准,到了最后也只能是"勉强凑合"。相较于其他事业单位性质的岗位,教师这一职业对于仪容仪表、口语表述、说课技能等专业素养有着更高的要求,因为采取"面试前置"的方式进行教师的招聘,把"面试"作为招聘的第一道"关卡",能够在招聘的初始阶段对招聘人才的质量进行把控,即以具体用人的学校对于参与招聘的教师以面试的形式进行第一轮次的筛选。在具体做法上,青岛市的"面试前置"是以说课、讲课、答辩与技能测试等方式开展的,由用人学校进行自主命题、自主展开面试,以保障学校在教师选聘方面的话语权。学校根据面试的成绩和具体招聘岗位的要求,根据3∶1的比例确定进入笔试范围的人员,面试成绩中若有一项不合格(低于60分),则不能进入笔试范围。① 这一做法在目前现行的招聘制度下,以调整笔试与面试次序的方式,有效地增加了学校对于应聘人员考核、把控的话语权,由具体用人的学校为主体进行第一轮次的筛选,再由教育主管部门和人事部门组织相应的笔试,既提高了教师岗位职业准入的标准,同时也兼顾了教育主管部门、人事部门、纪检部门对于整个招聘流程进行组织、监督并最终把控的制度设计。

二 学校经费的地方性财政投入制度保障

在豫中地区的实证调查中,制约中小学校自主性的另一大主要矛盾在于学校办学经费的不足,且这一现象在县城以及乡镇学校中表现得更为突出。在国内经济较为发达、学校经费较为充足的地区,公办中小学校在财务上的不自主主要体现在"经费使用"层面的不自主,也即教育主管部门和财政部门对于学校经费的使用有诸多的限制,导致学校在"用钱"的时候"束手束脚",无法完全以学校教育教学的具体需求为基准进行经费的使用,必须在严格、事无巨细的财务规定下进行。而相对于这些地区,豫中地区学校受制于区域经济发展水平,学校在财务层面的不自主虽然也有一部分归因于财务制度上的刻板规定,但更多的矛盾显现在学校办学经费的严重不足,在学校生存所倚仗的经费支持显现出一定的不足、现有经费维持学校的日常运行已非常紧张的情况下,也就没有讨论其财务自主权的前提条件了,在笔者看来,这是一种更为严峻的"不自主"。

本章在讨论公办中小学校财务自主权的阶段对于学校收入的主要来源已经明确,公办中小学校的收入来源比较单一,主要源于国家以及各级政府的财政拨款,也即按照学校学生人数划拨的公用经费。根据国务院于2015年发布的《国务院关于进一步完善城乡义务教育经费保障机制的通知》中的相关规定,2016年义务教育学校生均公用经费的基准定额如图6-3所示。②

---

① 《山东青岛:"面试前置"让学校不漏一个好苗子》,《中国教育报》2005年5月11日,第1版。
② 《国务院关于进一步完善城乡义务教育经费保障机制的通知》,中华人民共和国中央人民政府网站,2015年11月28日,http://www.gov.cn/zhengce/content/2015-11/28/content_ 10357.htm。

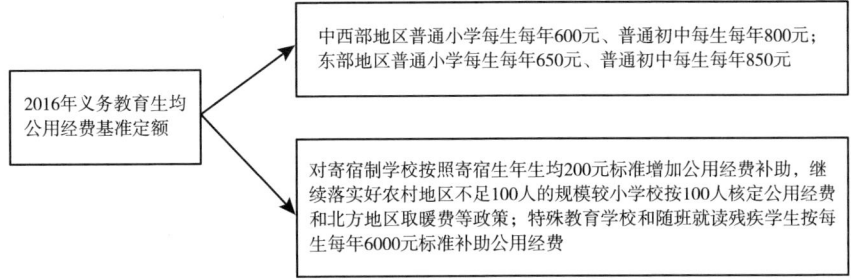

图 6-3　2016 年义务教育生均公用经费基准定额

国家对于中西部与东部之间义务教育生均公用经费基准定额的差异性标准,从侧面体现了我国东部与中西部地区的经济发展水平对于教育事业投入能力的差异。我国在落实生均公用经费所需的资金上采取的是中央和地方按照比例分担的机制,根据国务院 2015 年发布的《关于进一步完善城乡义务教育经费保障机制的通知》中的相关规定,义务教育学校生均公用经费基准定额所需资金的分担标准如图 6-4 所示。①

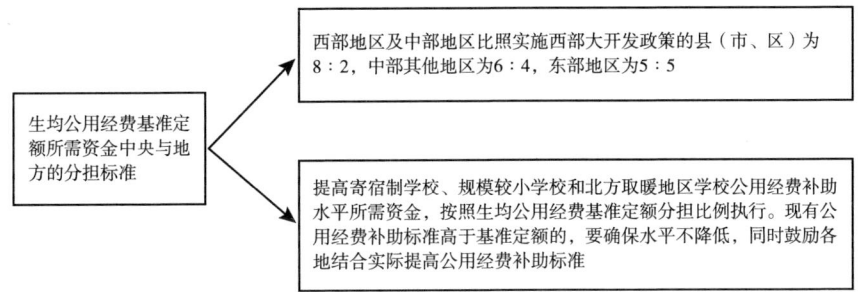

图 6-4　生均公用经费基准定额所需资金中央与地方的分担标准

由此可见,基于地区经济发展水平的差异,中央财政对于东、中、西部地区义务教育生均公用经费的支持力度也是不同的,对于西部地区的支持力度最大,中部次之,东部再次之。中央政府对于各地区采取差异化的经费支持力度,其初衷是在考虑地方经济发展水平和教育经费分担能力的前提下,保障各个地区生均经费都能够达到国家规定的基准定额,在全国

---

① 《关于进一步完善城乡义务教育经费保障机制的通知》,中华人民共和国中央人民政府网站,2015 年 11 月 28 日,http://www.gov.cn/zhengce/content/2015-11/28/content_10357.htm。

范围内保障义务教育的实施。然而从各地的实际情况来看，不同区域的学校在生均公用经费上的差异还是非常大的，一些东部经济发达城区的生均经费甚至是豫中地区学校的数倍，在豫中地区，省会城市的市直学校与一般县区的学校在生均经费上也有着不小的差异，差异的根源就在于地方政府对于公办学校经费投入能力的差异。中央政府对于义务教育生均经费的基准定额做出了规定，也即限定了最低的标准，但各个区域的地方政府可根据地方财政的具体情况，对区域内的教育发展投入更多的经费支持，这也是目前虽然国家规定了基准定额，但各个区域学校的生均公用经费依然有着巨大差异的直接原因。对于非义务教育阶段的普通高中而言，其办学经费的筹措是以财政投入为主、其他渠道筹措经费为辅的机制为基础，并由省一级的政府根据办学条件的基本标准和学校教育教学的基本需要，制定区域内普通高中学校人均经费的基本标准和学生人均财政拨款的基本标准，有条件的下级地方政府可在省级政府制定标准的基础上，逐步提高本地区高中教育的生均拨款标准。由此可见，普通高中学校的生均公用经费的最低标准由省级政府划定，而具体到各个地区的实际标准，则同样取决于每个地区财政对于教育投入能力的不同。基于此，本书认为，就豫中地区大部分学校办学经费不足的状况而言，在中央政府与省级政府对义务教育阶段学校与普通高中的生均公用经费基准定额分别做出限定的前提下，对于当前状况的改善应寄望于地方政府，尤其是县一级的地方政府。因为在基础教育阶段，我国现行的是"地方政府负责、分级管理、以县为主"的管理体制，也即县一级的地方政府在各级政府中，对学校办学经费上的差异性产生了最大的影响。由此笔者进一步认为，改善豫中地区学校办学经费不足的现状，最为关键的是加强县级财政拨款对于公办中小学校的投入力度，结合地方实际，建立学校经费的地方性财政投入保障制度。

三 基于学校差异的"弹性化"学校管理制度保障

在本书的实证调查部分，笔者在对数据结果的处理中，分别以学校的"学段"、"地区类型"和"办学水平"为分组变量，着重分析了不同类别学校在"人事自主""财务自主""招生自主""课程教学自主""发展规划自主"等五个因素上的差异。分析结果证实了不同类别学校之间对于办学自主权的看法、需求均存在显著差异。在实地走访多所学校、展开访谈的过程中,笔者更是深切地感受到,虽然政府在努力推进教育公平的进程中大力强调学校(尤其是义务教育阶段学校)间的均衡发展,但是学校之间的差距还是显而易见地存在,即使是同一地区、同一学段的公办学校,其面临的具体问题、需要解决的具体困难,都是不同的。基于此,笔者认为从政府与教育主管部门的角度,应以学校之间的具体差异为考量,以提升学校办学品质为最终的价值指向,建立"弹性化"的学校管理制度,对面临不同问题的学校进行有针对性的支持。

(一)"强校"与普通高中:要着重"放权"

本书第四章差异分析的数据结果显示(见表4-63),办学水平较高的学校,对于学校各个维度的自主程度的感受均显现出较低的得分水平,同时普通高中在"财务自主""招生自主""课程教学自主""发展规划自主"等四个因素上,得分均低于小学与普通初中。结合实地走访豫中地区中小学校的感受与发现,并考虑国家政策对于各个阶段学校的不同定位,笔者认为,目前对于自主空间的需求更为强烈、需要政府与教育主管部门授予其更多自主权的学校有两类:其一,办学水平较高、整体实力较强的学校;其二,应试教育"笼罩"下的普通高中。

办学水平较高、整体实力较强的学校,通常对自主权的渴望更为强烈,对于学校自主权的现状相较于其他学校也表现出更多的负面感受,满意程度也较低,认为上级主管部门的过度管制压抑了学校的自主性,这些现象与学校本身的办学实力有着密切的关系。在近几十年的改革与发展历程中,豫中地区各个阶段均有一批中小学校脱颖而出,成为同类之中的佼佼者,在区域内享有良好的办学声誉,学校不仅在办学上综合实力很强,拥有潜在社会资源的数量也非其他普通学校可以比拟。同时,此类学校的校长在区域内通常也拥有较高的社会地位,部分"名校"的校长甚至比本区域教育主管部门的领导更为社会民众所"看重",普通学校的校长若调入此类学校担任校长一职,在民众眼中也通常意味着一种实质性的"升迁"。种种因素作用之下,综合实力较强的学校在同类学校群体中,往往表现出较为自信的风貌,在很多情况下也展现出比较"强势"的行为作风,在教育主管部门给予其相应的、与同类学校并无二致的自主权的情况下,就更加容易凸显出自主空间不足的问题。对于此类学校而言,笔者认为上级主管部门可在以提升学校办学水平为前提的价值引领之下,给予其适度的自主权力，以制度上的支持促进学校自主性的生成，最终形成特色化办学的良性发展局面。但此处应着重强调的是，给予办学实力较强的学校适度的自主权并非"优待"，一切制度的生成均要在教育公平的大原则下进行，尤其在义务教育均衡发展的进程中，更应时刻秉持"均衡发展"的理念，以提升学校的办学质量为价值准则，在对办学实力较强的学校释放一定自主空间的同时，着重对薄弱学校、农村学校等资源紧缺的学校予以各项办学资源上的支持，这一点在下文中笔者会进行详细阐释。简而言之，本书认为有针对性与公平原则并不相悖，而是一种切实以各个学校发展为基准的、更加高位的"公平"。

对于普通高中来说，目前自主权的不足已经明显与国家推进普通高中多样化发展的战略相背离，豫中大部分普通高中在高考的影响下，成了应试教育的"工厂"，日复一日，年复一年，重复着几乎一成不变的课程与千篇一律的教学模式，校本课程建设滞后，学生培养模式趋同，这样一片景象与"多样化发展""内涵发展"等目标相去甚远。当前，世界各国几乎都将"多样化发展"设定为初中后教育结构性改革的重要目标之一，以为有不同学习需求和不同学业水平的学生提供精准、有针对性的个性化教育，这既符合不同特质学生发展的特点，又顺应了当下社会发展对于人才的结构性需求，也能够在最大限度上实现高中阶段教育"基础性"与"综合性"的双重功能。[①] 同时，高中阶段教育因直接与大学教育衔接，为帮助学生实现顺利过渡，学校在学生自主思维能力、独立人格的培养上，理应投入更多的时间与精力，得到教育主管部门更大力度的强调与支持。虽然当下高中阶段教育存在普通高中、职业高中、中等专业学校等多种类别的学校，但就普通高中而言，近乎"僵化"的教育情境已迫切呼唤其内在自主性的生发与组织活力的唤醒，而这一切的前提是学校适度自主空间的获得。诚然，普通高中若要在短时间内实现"颠覆性"的转变还面临着诸多障碍，但政府与教育主管部门对普通高中学校释放更大的自主权，使学校的自主意识与内在活力能够在适度的自主空间内不断生长，在笔者看来是一切可能性的必要前提。当然，凸显"放权"不是一味地"放任"，从西方国家政府与学校关系变革的历程来看，在任何关涉权力分

---

① 顾明远、石中英主编《〈国家中长期教育改革和发展规划纲要（2010—2020 年）〉解读》，北京师范大学出版社，2011，第 117 页。

配或权力边界划分的调整与变革中，应把握的一个基本信念是：唯有当权力落到恰当的层面时，学校才能够实现改进。① 因此对于政府与教育主管部门而言，对"适度"原则的把握尤为重要。基于学校差异的"弹性化"管理制度的设计与实施，无疑对区域教育主管部门提出了更高、更细致的要求，但在学校之间差异显著存在的前提下，有针对性的管理策略的推进或能成为改进现状的有效路径。

（二）"弱校"与农村学校：凸显"支援"

在本书数据分析的基本结论中，位于"市/县城以外的乡镇或农村"的学校与位于"市/县城的边缘城区或城乡接合部"的学校在学校自主五因素上的得分均高于"市/县城的中心城区"的学校，尤其是位于"市/县城以外的乡镇或农村"的学校在"因素2：财务自主""因素3：招生自主""因素4：课程教学自主""因素5：发展规划自主"等四个因素上的得分，在以学校地区类型为分组变量的时候，均取得了最高的得分，也即乡镇与农村地区学校在学校财务、招生、课程教学与发展规划等事项上的自主程度显著高于边缘城区学校与中心城区学校。在实地调查的过程中笔者发现，位于城市或县城中心城区的学校，在空间上与教育主管部门更近，两者之间的沟通自然更加便捷、联系更为紧密。在一些县城中，教体局一墙之外甚至就有一所学校，这样"优越"的空间距离带来了沟通上的便利，但同时也使学校各项事务的运转受到的来自教育主管部门的关注更多、干预也更多。同时，对于农村学校而言，其直接的上级主管部门是农村中心校，而非县级教育行政部门，中心校的管制力度在实际操作的层面相较于县级教育行政部门的管制力度差距还是很大的，因而农村学校在"财务自主"、"招生自主"、"课程教学自主"与"发展规划自主"等因素上均取取得了较高的得分，这与中心校的管制力度较弱有很大的关系。本书认为，这样的"自主"并非学校发展到相对成熟阶段的"理性自主"，而是缺少必要的管理与关照的"放任下的自主"，对于学校的发展而言，没有过多的积极意义。对于此问题的改善与解决，要求政府与教育主管部门有意识地对乡镇与农村学校给予更多的关注、支持与指导，而不是简单地将各项事务都交由中心校处理。

---

① 冯大鸣：《美、英、澳教育管理前沿图景》，教育科学出版社，2004，第104页。

同时本书认为，在以凸显"支援"为重点的"弹性化"的学校管理制度中，还应重点照顾各方面综合实力较弱的学校。在数据分析的结论中，以"办学水平"为分组变量时，"薄弱学校"在"因素1：人事自主"、"因素2：财务自主"、"因素4：课程教学自主"与"因素5：发展规划自主"等四个因素上的得分均处于较低水平，此类学校在现实中往往也显现出教育资源匮乏、各方面在同类学校中居于弱势的不利状况。对于薄弱学校而言，在学校整体实力较弱、办学水平与区域内得到更多认可的"优质学校"还存在很大差距的前提下，学校有多大的自主空间、有多大的自主权，并不是其现阶段所看重和追求的。因而笔者认为，教育主管部门在对此类学校的管理中，应着重发挥区域内优势教育资源的带动作用，以学校之间的互动式交流为主要实现方式，建立"强""弱"学校以及城乡学校之间的互动式交流机制，在有限的教育资源内以教师交流轮岗、城乡交流等具体形式实现区域内优势资源的最大化利用，从而促进薄弱学校办学水平的逐步提升与学校内在自主性的逐步生成。

第三节 学校层面的"内省式"保障

就建构中小学校办学自主权的保障机制而言，推进对于学校的地方性立法是保障学校办学自主权的根本性举措，学校教师的区域性招聘制度、学校经费的地方性财政投入制度，以及基于学校差异的"弹性化"学校管理制度等各方面具有可操作性意义的制度革新，是保障学校办学自主权的具体化依托，而以学校内在自主性为基础的学校层面的"内省式"保障不仅是整个保障机制建构的落脚点，也是当下豫中地区中小学校亟待发掘与完善的重要品质。具体而言，本节对于学校层面"内省式"保障的阐述将以学校内在民主机制的健全、学校内在活力的唤醒以及学校章程建设的完善为要点而展开。

一 以内部民主机制的健全保障办学自主权的合理使用

从政府与教育主管部门的角度而言，"放权"的重要前提是学校自身已具备能够合理使用办学自主权，且拥有与权力相匹配的自主办学能力，政府与公办中小学校在办好学校、培养好学生等最终的目标与价值指向上是高度契合的。未来我们期待的理想局面是：不管权力在哪一方的手中，均能够以学校的发展与人才培养质量的提升为原则而进行权力边界的划分，自主权的扩大若有益于学校办学质量的提升，则"放权"；若造成学校管理更加混乱无序的局面，则应进一步强化政府与教育主管部门对于学校的管制职能。就当前豫中地区的状况而言，政府与教育主管部门放权的阻力在一定程度上也归因于学校内部民主机制不够完善，尚无法有力地保障办学自主权得到合理的使用，政府对于放权后"一放就乱"的隐忧还是显而易见地存在的。针对实证调查阶段的发现，笔者认为目前豫中地区的中小学校应着重在学校管理与决策中引入多元主体的参与，并以此提升学校决策的民主意蕴；同时，完善学校组织的自我监督机制，从而避免学校权力的"滥用"，为政府放权贡献学校本位的保障与前提。

（一）在多元主体的参与中提升学校决策的民主意蕴

在本书问卷调查对于学校内部权力运行相关问题的统计分析中，"校长负责制落实情况量表"的总体得分均值为 3.515，"教职工代表大会制度实施情况量表"的总体得分均值为 3.147，"学校党组织职能履行情况量表"的总体得分均值为 3.450。以上三个量表的得分在一定程度上显示出在中小学校内部，学校校长的权威及其职能的发挥良好，学校党组织对于学校各项事务的监督职能也基本得到了实现，然而作为教职工参与学校民主管理主要形式的教代会的职能却没有得到有效的发挥，其得分均值仅略微高于 3 分的一般水平。在笔者进行回收问卷筛选的过程中，甚至有被调查者在"教职工代表大会制度实施情况量表"旁边写下"没有这个组织，无法回答"的字样。诸多现象反映在目前豫中地区的中小学校，以校长为核心的校级领导以及学校党组织在学校内部的管理与决策活动中有绝对意义上的话语权，学校教职工虽有教代会这一参与学校民主管理的途径，但现实情况往往是某项决定已经"拍板"了，再放到教代会"走一下程序"而已，教代会的职能尚未得到真正的发挥。此外，在"学校决策参与情况量表"中，"学校教职工"、"学生"（或学生自治组织）、"学生家长"（或家长委员会等组织）、"社区"等四个主体的得分均值分别为 3.318、2.932、2.811、2.529，后三个主体的得分均值都低于 3 分的一般水平，直接说明在学校的决策活动中，学生、家长以及社区的参与程度是非常低的。在调查中，也有部分学校以家长委员会为代表的家长群体参与学生校服设计方案的选用等事项的决策，但涉学校发展的核心决策还尚未有家长群体高度参与的案例。在当前的学校管理中，利益相关者参与程度较低或者是根本没有参与，是一个较为普遍的突出问题。① 从学校管理的角度来说，利益相关者诉求的表达与在学校层面进行高效的整合既是民主意蕴在学校中的充分表达，也是保障学校内部权力运行得到各方力量监督，实现透明化、科学化的必要手段。随着以"管办评分离"为基本要求的教育治理体系的逐步形成与完善，多元主体在学校场域乃至整个教育事业的发展中，都将发挥其无可替代的独特价值，成为推进整个教育系统决策走向更加理性、有序的新型格局的强大动力。

（二）在自我监督机制的完善中避免权力的"滥用"

要保障政府的放权不被"滥用"，非常重要的一点是要完善学校组织的自我监督机制。目前公办中小学校在校长负责制的领导体制下，虽有学校党组织的监督，但在普遍存在的"党政领导兼任制"下，"两套班子常常是一套人马"，整个学校领导体制中缺乏非常关键的权力制约和监督机制，致使以校长为核心的学校领导团体权力过度膨胀，实际权力已越过了校长负责制领导体制下的应然权力。在这样的现实环境下，政府与教育主管部门放权的结果不是为学校发展扩充了更大的自主空间，而是使以校长为核心的学校领导团体的实际权力进一步膨胀，这样必然带来更加混乱无序的管理局面。因此本书认为，学校内部权力监督机制的完善同样是加强学校管理的民主性、保障学校内部权力不被"滥用"的必要措施。就当前中小学校内部的管理体制而言，校长负责制下权力监督机制最为关键的两个要点在于学校党组织居于政治核心地位的监督作用以及以教代会为基本形式的教职工对于其民主权利的行使，同时学校工会、家长委员会以及学生团体组织等对学校管理的监督与权力制约作用也愈加得到更多的强调。对于学校内部自我监督机制的构建，在高等学校中有着更多的实践经验，随着中小学校的办学主体地位不断强化，中小学校内部自我监督机制的形成与完善也必然会得到更多的关注，这成为规避学校权力"滥用"的重要机制之一。

---

① 褚宏启、贾继娥：《教育治理中的多元主体及其作用互补》，《教育发展研究》2014 年第 19 期，第 2 页。

二 以内在活力的唤醒激发秩序之下自主能力的生成

对于如何保障学校的办学自主权，在此研究主题下的过往研究及现状研究本书中均已谈论了很多，但从教育现实来看，保障公办学校办学自主权在教育制度层面以及地方教育管理的观念层面的阻力依然显著。对于学校而言，虽然时代发展的趋势愈加强调其独立办学主体的地位，但在短时间内，学校所处的外部环境很难发生根本性的转变。因而本书认为，当下的公办中小学校虽处于政府与教育主管部门高度秩序化的管控之下，但仍应积极发掘学校在秩序之下的自主能力，以学校内部管理制度的革新激发教师与学生的活力，以内在文化的积淀引领学校共同愿景的构筑，从而以现有的资源与条件，在学校内部找寻发展的动力支持。

（一）以内部管理制度的革新激发教师与学生的活力

激发学校组织的活力必然要从学校的"人"入手，也即激发学校教职工与学生的活力。在这一点上，笔者认为就目前豫中地区的教育状况而言，以学校内部管理制度的变革来提升教师的工作投入感、激发学生的学习热情是最为直接的有效手段。豫中地区的中小学校，尤其是面临升学压力的初中与高中，往往呈现出一幅"大批量作业"的"教育工厂"的景象。河南是人口大省，且省内大部分地区在社会经济发展水平还未能够为教育的发展提供更充足的资源的情况下，百人上下的"大规模班级"、数千人的"大规模学校"普遍存在。区域内的校长与教师对这一问题有着诸多抱怨，并认为学校难以开展素质教育、分层教育、个性化教育，在很大程度上归因于班级规模过大、学生人数过多。对于这样的观点笔者也非常认同，有限的教育资源在面对数量庞大的学生群体的时候，必然会显现出一种难以应对的无力感。然而，在本书的实证调查阶段，笔者在这样的整体环境下发现了一些令人欣喜的案例。M县第一初级中学是一所位于县城的老牌公办初中，非常典型地显现出班级规模大、学生人数多等特征，学校同样面临着中招考试的压力以及县城内几所公办初中之间的激烈竞争。正是在这样的内外环境下，学校却独具巧思地以"小组合作"的形式将"分层教学"理念进行了"大规模班级"下的诠释，极大地带动了各个层次学生学习的热情，也在潜移默化中培养了学生自主学习、主动学习的意识和能力。

我们学校的班级规模都比较大,现在县里都是这种情况,平均每个班级 80 多个学生,很多人说大规模的班级没办法分层教学,但是我们实现了。"分层教学"在我们学校是以"小组合作"的形式展开的,一个班级一般有 80 多名学生,我们把他们分成至少 20 个小组,每个小组 4 人,分为 A 号、B 号、C 号和 D 号,A 是全班前 20 名,B 是 21~40 名,C 是 41~60 名,D 是 61~80 名。这样一来,就把成绩优秀的学生分散了,让每个组中的 A 号学生去当火种,带动另外三个学生,"星星之火,可以燎原",B 号学生基本上可以顾着自己,同时也能帮助别人,小组中重点关注的是 C 号和 D 号学生。在日常的教学中,我们采用"计分制"的办法,鼓励成绩还不太好的 C 号和 D 号学生发言,C 号是每个小组的"中心发言人",因为通常 C 号学生的上升潜力是最大的,C 号学生发言得 2 分,D 号学生如果发言就给他更大的鼓励,得 3 分,但如果是程度较好的 B 号学生发言,就得 1 分,A 号发言,仅得 0.5 分。同时,分组的梯队是可以跨越的,每次大型考试过后以及平时得分累计后,都会对分组以及每个组中的 A、B、C、D 进行调整,也会计入学生参加活动等的综合分,以鼓励他们发展特长的积极性。调座位的话,我们也是以组为单位的。分层教学、自主学习、合作学习都能在这个过程中实现,虽然是"没办法的办法",但是非常有成效。(M 县第一初级中学书记)

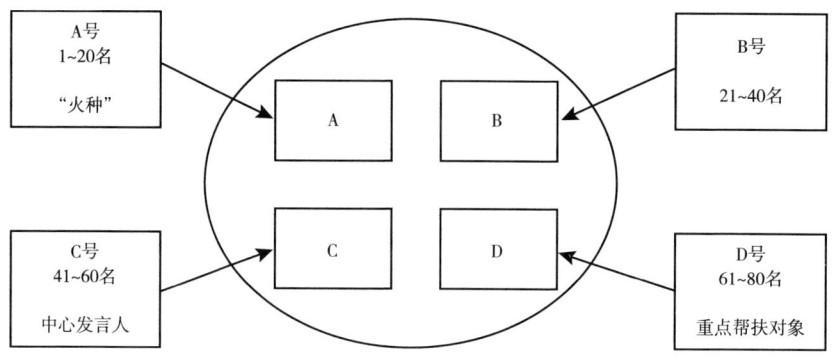

图 6-5 "小组式"分层教学示意

同时，在激发教师的工作热情上，一些学校也有其独特的理念与做法。对于教师而言，其工作最为主要的任务是以自身的专业素养保障学校教育教学工作的良好有序开展，为学生提供更加优质的教育。因而从学校管理者的角度来说，应注重以管理方式的革新帮助不同学科的教师建立"专业共同体"，以管理策略的改进提升教师的工作投入感，增进教师之间的凝聚力，进而促进学校内部优势资源的开放与融通，以此促进学校组织内在自主性的生成。在一定时期内学校得到的外部支持难以实现较大改变的前提下，组织内部成员积极性的调动以及组织现有资源的高效利用将是最为现实的强化组织自主性、提升办学质量的有效路径。

在课程建设上，我认为我们学校的自主性是很强的，我们有自己的一套办法。首先，在备课上，我们要求以学科为单位进行集体备课，并要求老教师把备课的成果都系统性地保存下来，形成每个学科的导学案，在用的过程中不断修正和完善，这样新教师在初入我们学校工作的时候，有人"扶着他走路"，能够快速地进入状态，并且学有目标、赶有榜样。其次，在教研上，我们学校有学校层面统一的教研会，各个学科有自己的教研会，教师分办公室也是以学科教研组为单位的，这样对教师之间形成合作学习、共同提升的机制非常有效，也让教研成了一种常态，可以不断地去修复、去完善我们的课程体系。并且，长期下来，我们学校形成了一种非常融洽、开放的整体氛围，老师们之间都毫无保留地把自己在教学上的想法贡献出来，积极交流、共同进步，这样一来不仅学校的凝聚力提升了，老师们在这个过程中同事关系也更融洽了，不单是交流专业，也分享生活感悟。因此我们认为，所谓的开门办学、开放办学，不只是说学校的大门要向社会敞开，更重要的是学校内部要做到开放、融通，这样学校内部的活力也就被激发出来了。学校如果指望更多的外部支持、更大的办学自主权，我认为难度还是比较大的，毕竟我们是公办学校，本来就是处在政府管理之下的，但是学校内部的自主性还是能够激发的。不管自主权是大是小，最终目的都是把学生培养好，从这个角度说，我认为学校内部的自主性是更重要的，否则给我们再大的自主权也很难发挥作用。（S中学副校长）

(二) 以内在文化的积淀引领共同愿景的构筑

在彼得·圣吉（Perter M. Senge）的"学习型组织"理论中，学习型组织的首要因素就是能够凝聚组织中成员，使组织成员朝向一个共同的组织目标前进的共同愿景的构筑。① 笔者认为，学校作为一种"学习型组织"，其内在文化对于整个组织发展的引领作用尤为关键，这也是学校共同愿景构筑的重要前提。学者迈克·富兰（M. Fullan）认为，组织的结构变革与文化变革之间存在非常显著的相互依赖，② 重视组织文化的生成将使组织结构的重构更为有效，因此关注学校的文化建设，从学校文化中挖掘发展的深层动力，将会对学校组织结构的变革产生明显的推动作用。基于实证调查阶段的感受与发现，目前豫中地区中小学校内在自主性的欠缺还体现在学校管理者尚未对学校内在文化的积淀投入足够的重视，学校与学校之间的特色化差异还不够显著，这一点在高中学校表现得更为明显，而高中学校本应是多样化、特色化发展的阶段。本书认为，每所学校都存在其独有的内在文化特质，且这样的特质是在学校每位教师、每名学生的个人特质下，在师生互动的过程中形成的。作为学校管理者，应在充分关注和挖掘学校组织成员文化特质的基础上，将其凝练为学校组织的文化内涵，使学校文化成为维系师生以及学校运转所关涉的不同主体的纽带，让学校管理者、教师、学生、家长都能够在实现文化认同的基础上，朝向共同的育人目标而努力，在汇集组织凝聚力的过程中形成学校发展的共同愿景。对于一所学校而言，每个组织成员都像是一粒火种，而学校内在文化的生成则具有能够将一粒粒火种点燃，并在共同愿景的推动下，使火苗朝着同一个方向蔓延的强大动力。在以文化引领发展的学校组织中，所有组织成员以及组织运行的方方面面均有了内在价值的隐性调节，学校的内涵发展也有了切实的依托和落脚点。对于区域教育的整体发展而言，若每所学校都能够成为区域教育发展共同愿景下的火种，自觉以学校为单位切实推进教育变革，那么区域教育发展的"燎原之势"就指日可待了。

---

① P. M. Senge, *The Fifth Discipline: The Art and Practice of the Learning Organization*, New York: Doubleday Currency, 1990, p. 58.
② M. Fullan *Change Force: Probing the Depths of Educational Reform*, London: Falmer Press, 1993, p. 3.

三 以章程建设为统领维护学校自主发展的内外环境

对于中小学校而言，相关的法律保障与制度保障能够为学校的发展创造有序的外部环境，但如何以学校为本位有效地利用外部支援，为组织发展营造规范化的内部运行机制，仍需学校内部规章制度系统的建构，也即学校章程建设的完善。简单来讲，学校章程指的是为保障学校的正常运行，就学校办学宗旨、内部管理体制以及学校财务制度等重大基本问题，进行系统性的全面规范而形成的自律性的基本文件。在学校的日常运行中，学校章程就是学校中统领全局的文件，在学校的规章体系中居于主导地位，是学校内部的"基本法"。[①]《教育法》对于各级各类学校权利的第一条规定就是"按照章程自主管理"，[②] 因而章程对于学校的意义就是纲领性的文件，是"依法治教""依法治校"在学校内部的具体体现。同时，学校章程也是学校成为"法人"所必备的基本条件之一，唯有在组织机构的章程获得批准的前提下，其法人资格才能够成立，从这个意义上来讲，学校有章程才能够取得其在章程所限定的范围内自主开展相关活动的各方面权利。

从学校自主性的角度来看，章程既是学校就其办学行为对政府与教育主管部门做出的"书面保证"，也是学校向社会各界阐明其办学情况、彰显其办学信誉的具体体现，这对于强化学校组织在各方主体中的自主性、维护学校自主发展的内外环境具有重要意义。具体到公办中小学校，虽然目前学校的教师招聘、财务管理、招生工作等受到政府与教育主管部门的诸多管制，但学校内部事务的管理与运转仍需强有力的内部制度予以保障，两者之间并不冲突。在相关法律规定和地方教育管理制度的前提下推进中小学校的章程建设，是以更加具体化、针对化的视角厘定学校组织与社会之间的关系，明确学校自主空间的有效策略。上海市虹口区自 2005 年起就在全区的一百余所公办中小学与幼儿园中开始了"一校一章程"的创

[①] 陈立鹏：《学校章程：学校的"基本法"》，《中小学管理》2013 年第 4 期，第 4 页。
[②] 《中华人民共和国教育法》(1995 年 3 月 18 日第八届全国人民代表大会第三次会议通过，根据 2009 年 8 月 27 日第十一届全国人民代表大会常务委员会第十次会议《关于修改部分法律的决定》第一次修正，根据 2015 年 12 月 27 日第十二届全国人民代表大会常务委员会第十八次会议《关于修改〈中华人民共和国教育法〉的决定》第二次修正)，中华人民共和国教育部网站，2015 年 12 月 28 日，http://www.moe.gov.cn/s78/A02/zfs__left/s5911/moe_619/201512/t20151228_226193.html。

建工作，推进依托学校章程，梳理和完善学校内部各项制度与规划的区域性教育改革。此项工作自开展以来在区域内得到了很好的响应，也随着教育发展的新形势与新要求开展了多次的修订工作，对于区域内学校的内涵发展起到了很好的积极作用。具体而言，虹口区对于学校章程的基本内容与框架做出了如下明确。

上海市虹口区中小学校章程的基本内容与框架 [①]

（1）学校的名称、性质、地址、隶属关系等基本情况；

（2）学校的办学宗旨、办学理念；

（3）学校内部的管理体制和运行机制，包括学校主要机构的设置与职能分工，校长的产生、任期、权力与职责，党的基层组织在学校中的作用，工会、妇女组织、共青团、少先队组织在学校的作用，教职工与学生参与学校民主管理监督的形式，学校重大事项的决策程序和方式，会议制度等；

（4）学校的教育教学工作，包括德、智、体、美、劳、健康、法制、国防教育等，学校的课程设置、教学语言、考核等；

（5）学校的财务管理，包括学校的经费渠道、管理和使用；

（6）学校的人事管理，包括教职工聘用、晋级、培训、考核、奖惩、待遇等；

（7）教师与学生的权利与义务；

（8）学生的学籍和日常管理，包括借出借入、转出转入、表彰与处分、考核；

（9）学校的校产管理，含校舍、场地、设施、设备、资料等；

（10）学校与家庭的关系，家长的参与度各校可根据本校情况而定；

（11）学校与社区的关系；

（12）其他必要事项，如学校成立的纪念日、校训、学校合并与关闭等；

（13）章程的修改程序。

章程的写作框架、章节划分没有固定格式，视情况而定。

[①] 潘惠琴、常生龙主编《区域性现代学校制度体系构建》，同济大学出版社，2015，第36页。

由上海市虹口区学校章程的基本内容组成可见，章程以统领性的地位对学校的各项工作开展以及学校与外部环境的关系做出了制度性的规范，在政府与教育主管部门审核、批准的前提下，依据章程管理学校，对于改善当前学校内部民主机制欠缺、管理效率低下、学校自主性不足的状况具有可预见的积极作用。对于"政府－学校"之间权力边界的厘定是教育治理体系建构中政府"简政放权"的改革致力于实现的突破性进展之一，而学校以章程建设为突破点对其自主性的强化既是加强学校民主管理、推进"依法治校"的生动实践，也是学校层面对于教育领域整体变革蓝图的积极回应。对于豫中地区大多数中小学校而言，学校章程建设是相对滞后的，章程的实施更是无从谈起。但从西方国家以及我国基础教育相对发达地区的教育改革实践来看，以章程建设为引领强调学校的办学主体地位、维护学校自主发展的内外环境、使中小学校可在章程限定的范围内自主办学，对于保障与落实学校的办学自主权、避免学校自主权的"滥用"、维护区域教育改革的良性秩序具有显而易见的积极作用。

第七章 主要结论及未来研究展望

"教育本身就是一个世界，同时也是整个世界的反映。"① 公办中小学校的办学自主权问题是一个世界范围内的"共性问题"。20世纪中叶以来，世界各国纷纷将发展教育摆在国家发展的战略性位置，国家财政对于公办学校规模的扩张与办学质量的提升投注了极大的支持，但与此同时，政府对于公办学校各方面的管控也在一定程度上压抑了学校自主性与创造力的生长。在学校组织不断走向成熟，时代愈加呼唤人的自主性，也要求组织具备自主性的当下，公办中小学校办学自主权不足、学校自主能力欠缺等已成为教育改革中矛盾较为集中的问题。本书以"区域"为研究视角，以"实证"为研究范式，在对"办学自主权"的核心概念进行透视、分解的基础上，建构了以"权力主体""权力要素""主体间关系""保障机制"为要点的四维分析框架，并以此为理路，展开了本书的实证调查、相关问题的分析与保障机制的探讨。本章是整个研究的结语，将着重对整个研究的主要结论进行提炼与归纳，同时反思研究的不足之处，并展望未来研究改进与深化的方向。

第一节 主要研究结论

此处对于研究结论的阐释，将针对本书在"问题提出"阶段所提出的四个具体的研究问题而一一展开。

一 分析框架建构与运用的基本结论

本书在相关理论与政治学"权力分析方法"的启发之下，糅合研究关

---

① 联合国教科文组织国际教育发展委员会编著《学会生存——教育世界的今天和明天》，华东师范大学比较教育研究所译，教育科学出版社，1996，第83页。

注的具体内容，围绕"办学自主权"的核心概念，建构了以"权力主体"、"权力要素"、"主体间关系"与"保障机制"为要点的中小学办学自主权研究的四维分析框架，在此基础上展开实证研究的设计以及后续问题的分析。从整个研究过程来看，分析框架为研究的逐步展开与层层深入提供了不可或缺的逻辑指引，使整个研究过程能够围绕"办学自主权"的核心概念，以四个分析要点为主轴而依次展开，作为一种分析的理路，本书提出的分析框架对于其他区域以及其他阶段学校办学自主权的研究同样具有借鉴价值。

在"权力主体的分析"部分，本书明确了公办中小学的法律地位，即公办中小学作为民事法律关系主体时"非严格意义"的事业单位法人角色，以及作为教育行政法律关系主体时"行政相对人"的角色，决定了其处在政府与教育主管部门之下被影响与被管制的地位；随后本书分析了公办中小学自主权的权力来源，即公办中小学的办学自主权是源于政府授权，政府权力又源于国家公共权力，是国家为实现公共权力"外化"与具体化的需要，通过宪法与法律将权力授予政府并以各项政府职能的形式而具体体现出来，因而政府行为是影响公办中小学自主权大小的关键变量；进而本书对于公办中小学自主权权力主体的特殊性进行了解读，即其权力主体在实质上是由政府与学校共同构成，而非单一的学校主体，且在这一权力集合中两个主体之间的力量与地位凸显出强烈对比，政府居于绝对的主导地位，学校处于被动服从地位。

在"权力要素的分析"部分，本书结合对豫中地区实证调查发现，对于办学自主权的五项权力要素——人事自主、财务自主、招生自主、课程教学自主与发展规划自主中所各自显现出的一系列问题进行了逐个剖析。通过对人事自主的分析，本书发现目前豫中地区中小学校人事自主程度相对较低，问题不仅体现在学校在教师招聘上话语权的欠缺，还显现在较为严重的教师紧缺以及教师学科的结构性失衡，同时学校在教师解聘、教师职称评定以及教师培训等方面均显现出较大程度的不自主状况。通过对财务自主的分析，本书发现目前豫中地区学校在财务自主维度同样显现出较低的水平，而矛盾又集中在经费的短缺、经费使用上的诸多限制以及绩效工资制度实施过程中所受到的诸多诟病。通过对招生自主的分析，本书认为目前中小学校在招生事务上自主程度较低，在很大程度上归因于我国对于各阶段学校招生政策的规定。就义务教育阶段小学与初中而言，"就近入学"政策是最为显著的影响因素,而对于高中阶段而言,在"择校生"招录全面取消后,除极为特殊的少数招生计划外,以中招考试为绝对主流的招生途径。然而在政策的限定之下,"择校"现象并未完全杜绝,学校在招生事务上的"非理性自主"对于区域教育秩序的良性运转造成一定干扰。通过对课程教学自主的分析,本书认为目前中小学在课程教学维度上表现出相对自主的乐观状态,但学校课程体系的设置与教材的选用受到教育主管部门的干预相对较多,同时"考试指挥棒"对于学校的课程教学带来巨大压力,压抑了学校自主性的发挥;通过对"发展规划自主"的分析,本书认为目前中小学校在学校章程与发展规划的制定上是较为自主的,但规划对于学校发展的实质性意义并未得到有效的发挥,同时因受制于学校人事自主权的欠缺,在校内机构与岗位的设置上自主程度也相对较低。

在"主体间关系的分析"部分,本书对于"中小学办学自主权"关涉的最为主要的几类权力主体间的关系进行了剖析。第一,政府对于学校而言,是学校的举办者,是学校运行所需各项人力、物力资源的主要供给者,以教育主管部门为代表的政府机构也是学校的直接管理者和监督者。在学校人事管理上,政府掌握了区域内教师的招聘权与分配权、校长的任命权、学校中层干部任命的批复权与监督权、教师的职称评定权,以及要求学校干部与教师参加培训的权力;在学校的财务管理上,政府是学校资产的所有者与提供者,是学校人员经费的负担者,是学校公用经费的供给者,同时也是学校办学经费使用的监督者;学校的招生工作是政府重点介入的领域,各级政府掌握着学校的招生政策与地方招生具体办法的制定权;政府对于学校开展课程教学工作上的直接干预较少,其介入主要体现在限定中小学校教材选用的范围及其作为中小学校课程教学工作监督者和评价者的角色设定上;对于学校发展规划的相关事务,政府主要扮演一种监督者和审核者的角色。第二,学校对于政府而言,既是政府履行其文化教育职能的重要载体,也是政府为国家培养人才、储备人才的主要途径,在当前政府职能调整、变革的进程中,公办中小学校更是成为改革的重要支撑与落脚点。第三,对于学校而言,家长首先是学校教育教学活动的参与者,且在通信工具广泛应用的当下,家长对于学校活动的知情程度与参与程度都显著提高;此外,家长的另一层重要内涵在于其已愈加成为学校管理与决策活动的参与者,对推进学校决策的民主化、完善学校权力的监督机制具有积极意义。第四，随着学校自主性的不断强化，第三方社会组织能够以其专业性对学校的运行与发展做出专业意义的科学化评估，并有效避免因利益交叉而造成的偏倚，维护学校评估监测的公正性，但当前较为成熟的第三方社会评估组织还尚未形成，学校内部也尚未生成引入第三方评估的主动意识与文化土壤。

对于"保障机制探讨"的基本结论将在本节第四点做出重点阐释。

二 对于现状描述的基本结论

本书在实证调查的基础上，对于当前豫中地区中小学校各项事务的自主程度及学校内部权力运行的状况进行了全方位的描述。具体而言，在学校各项事务的自主程度上，本书分别描述了豫中地区学校在"人事自主""财务自主""招生自主""课程教学自主""发展规划自主"等各个维度下，以具体的指标为测量题项的各项事务的自主程度，以及以"校长负责制落实情况量表""教代会制度实施情况量表""党组织职能履行情况量表""学校决策参与情况量表"等为主要测量工具的学校内部权力运行的现状。同时，以因素分析法在"学校事务自主程度量表"中萃取了五个共同因素，分别命名为"因素1：人事自主""因素2：财务自主""因素3：招生自主""因素4：课程教学自主""因素5：发展规划自主"，并以差异分析法检验不同样本分组在五个因素上的得分差异，以及不同样本分组在对学校办学自主权总体感受和满意程度上的差异。本书对于现状描述的基本结论可概括如下。

第一，目前豫中地区中小学校办学自主程度在整体上处于一般略微偏上水平，但从受访者的职位类型来看，校级领导认为其学校的办学自主权最小，对于其学校办学自主权的满意程度最低。

第二，在学校自主的五个维度上，豫中地区学校自主程度由高到低排序分别是：发展规划自主，课程教学自主，人事自主，财务自主，招生自主。通过更进一步的调查分析，本书认为目前矛盾相对集中在财务自主与人事自主维度。

第三，在学校自主的五因素中，"因素1：人事自主""因素2：财务自主""因素3：招生自主""因素4：课程教学自主"对于学校办学自主权的总体感受产生显著影响；"因素1：人事自主""因素2：财务自主"

"因素3：招生自主""因素4：课程教学自主"对于学校办学自主权的满意程度产生显著影响。

第四，不同学校类型对于学校办学自主权的总体感受存在显著差异。在"小学""普通初中""普通高中"三组样本的调查对象中，认为其学校办学自主权最大的是来自小学的样本，认为其办学自主权最小的是来自普通高中的样本，来自普通初中的样本对于其学校办学自主权的总体感受介于两者之间；在"市/县城的中心城区""市/县城的边缘城区或城乡接合部""市/县城以外的乡镇或农村"三组样本的调查对象中，来自"市/县城以外的乡镇或农村"的样本认为其学校的办学自主权最大，来自"市/县城的边缘城区或城乡接合部"的样本对于其学校办学自主权的总体感受居中，来自"市/县城的中心城区"的样本认为其学校的办学自主权最小；在"省级示范性学校""市级示范性学校""县/区级示范性学校""普通学校""薄弱学校"五组样本的调查对象中，在对学校办学自主权的总体感受上，得分由高到低排列分别是"县/区级示范性学校""普通学校""市级示范性学校""薄弱学校""省级示范性学校"。由此可知，认为其学校办学自主权最大的是来自"县/区级示范性学校"的样本，认为其学校办学自主权最小的是来自"省级示范性学校"的样本。

第五，不同学校类型对于学校办学自主权的满意程度存在显著差异。在"小学""普通初中""普通高中"三组样本的调查对象中，对于学校办学自主权满意程度最高的是来自小学的调查对象，其次是来自普通初中的调查对象，来自普通高中的调查对象对于学校办学自主权的满意程度最低；在"市/县城的中心城区""市/县城的边缘城区或城乡接合部""市/县城以外的乡镇或农村"三组样本的调查对象中，来自"市/县城以外的乡镇或农村"的样本对于其学校办学自主权的满意程度最高，来自"市/县城的边缘城区或城乡接合部"的样本对于其学校办学自主权的满意程度居中，来自"市/县城的中心城区"的样本对于其学校办学自主权的满意程度最低；在"省级示范性学校""市级示范性学校""县/区级示范性学校""普通学校""薄弱学校"五组样本的调查对象中，在对学校办学自主权的满意程度上，得分由高到低排列分别是"县/区级示范性学校""普通学校""薄弱学校""市级示范性学校""省级示范性学校"。由此认为，来自"县/区级示范性学校"的样本对于其学校办学自主权的满意程度最高，来自"省级示范性学校"的样本对于去其学校办学自主权的满意程度最低。

第六,不同学校类型在学校自主"五因素"上存在显著差异。在"因素1:人事自主"上,自主程度得分最高的是"普通高中""市/县城的边缘城区或城乡接合部"学校与"县/区级示范性学校";在"因素2:财务自主"上,自主程度得分最高的是"小学",其次是"市/县城以外的乡镇或农村"学校与"县/区级示范性学校";在"因素3:招生自主"上,自主程度得分最高的是"小学",其次是"市/县城以外的乡镇或农村"学校与"薄弱学校";在"因素4:课程教学自主"上,自主程度得分最高的是"小学",其次是"市/县城以外的乡镇或农村"学校与"县/区级示范性学校";在"因素5:发展规划自主"上,自主程度得分最高的同样是"小学",其次是"市/县城以外的乡镇或农村"学校与"县/区级示范性学校"。

在本书第四章笔者对于学校内部权力运行现状的问卷数据结果的分析中,"教代会职能的履行情况量表""党组织职能履行情况量表""学校决策参与情况量表""学校与社区互动情况量表"等数据结果的得分均值都在3分上下徘徊,间接说明目前豫中地区大部分中小学校内部管理的民主机制还不够成熟,教师、学生家长、社区、社会第三方组织对于学校核心决策事务的参与程度还远未达到理想的状态。

三 对于相关问题分析的基本结论

本书在结合实证调查结果对中小学办学自主权的"权力主体"、"权力要素"以及"主体间关系"三个要点进行着重分析的基础上,将目前豫中地区公办中小学校办学自主权中存在的问题进行了提炼与归纳。

第一,中小学的法人资格定位存在一定的模糊性,在一定程度上干扰了目前我们对于中小学校相关问题研究的脉络与思路,本书认为对公办中小学等事业单位的法人资格设定更具针对性的条款、对其进行更加精准的定位,是非常必要的。

第二,中小学校的"权力清单"、"责任清单"与"负面清单"尚不清晰,且缺乏相关法律的保护。明确中小学校的办学自主权,最为根本、直接的策略以法律的形式明确中小学校的"权力清单"、"责任清单"与"负面清单",也即学校具体有哪些权力、哪些是可以做的、具体要负哪些责任、哪些是不能做的。本书认为,推进对于学校的立法工作,以法律的形式明确不同类别学校的"权力清单",其办学自主权才可在根本上得到最为有效的保障。

第三，政府"简政放权"的改革尚未切实地植入中小学校的土壤。一方面，政府的改革进程尚未深入对中小学校施加直接影响的教育主管部门，从豫中地区现状来看，以政府为绝对主导的教育管理体制与管理方式没有发生太大的改变；另一方面，每个地区的教育土壤在一定时期内表现出较强的顽固性，并非"顶层设计"式的政策推动可以从根本上瓦解的。

第四，学校之间存在显著差异，部分学校自身尚不足以承担起"办"的责任。本书在数据分析的过程中检查证实了不同学校类型在学校自主权相关问题上的差异性。学校办学水平越高，对于自主权的需求就越大；办学水平相对一般的学校则大多希望在上级主管部门的引导之下，学校各项工作能够按部就班地开展；而相对较为薄弱的学校尤其是农村学校，则对办学自主权并没有太多的需求与意见，在学校各项资源相对吃紧、没有余力去施展其自主性的情况下，更为需要的是上级教育主管部门给予其更多资源上的支持，而非授予其多大的自主权。学校之间的差异性置于政府放权改革的构想之下，矛盾则集中体现在目前有相当一部分的学校自身办学能力不足，尚不足以承担起"管办评分离"架构下"办"的责任。因此本书认为，就办学自主权而言，以学校之间差异为出发点的有针对性支持在政策执行的操作层面是非常关键的。

第五，以多主体参与为主要特征的学校内部管理的民主机制尚未健全。学校内部民主机制的有效运转以及学校的"自评、自查、自纠"制度的建立是学校在"二次放权"的过程中，用好权力、使政府的"放权"能够切实推进学校组织更具活力的良性运转的重要前提。本书认为，公办中小学校的权力在本质上来源于国家的公权力，是经由政府授予而有条件地获得，因而学校权力的使用在学理层面也应参照公权力行使过程中的法制规则，建立学校权力的监督和约束机制，从而奠定政府放权的可行性前提，在最大限度上规避权力的滥用现象。

四　对于保障机制探讨的基本结论

基于对分析框架前三个要点"权力主体"、"权力要素"与"主体间关系"的分析及其凸显的主要问题的归纳，本书对豫中地区中小学办学自主权保障机制的建构，提出了以推进地方性立法为引领，以可操作化的制度革新为依托，以学校层面的"内省式"保障为最终落脚点的公办中小学校办学自主权的保障机制。

第一,在法律层面的保障中,本书认为当前我国教育法律体系的完善尚需填补"学校法"的空白,中小学校办学自主权的落实与保障也亟待"学校法"的出台,就当前状况而言,以省、自治区、直辖市或较大的市的人大审议通过以学校为主体的"地方性法规",或由地方政府审议通过有关的"行政规章",是较为可能的现实路径,也是当前我国很多地区在努力实现的。

第二,在制度层面的保障中,根据对豫中地区现状的实证调查与相关问题分析,本书认为目前豫中地区中小学校在教师招聘上的不自主、在学校经费上的不足以及不同学校在办学自主权需求上的差异性等问题,需要得到区域制度层面上的支持,以对这些问题进行具体化、针对化的破解,具体包括学校教师的区域性招聘制度保障、学校经费的地方性财政投入制度保障与基于学校差异的"弹性化"学校管理制度保障。

第三,在学校层面的"内省式"保障中,本书认为当首先以学校内在民主机制的健全保障办学自主权的合理使用,在多元主体的参与中提升学校决策的民主意蕴,在自我监督机制的完善中避免权力的"滥用";其次,以学校内在活力的唤醒激发秩序之下自主能力的生成,以内部管理制度的革新激发教师与学生的活力,以内在文化的积淀引领共同愿景的构筑;最后,以学校章程建设为统领,维护学校自主发展的内外环境。

第二节 研究不足之处

一 抽样覆盖范围不够广泛

本书是以"区域"为视角的实证研究,调查区域限定在豫中地区。通过实证调查,研究最终取得了3467个有效的问卷调查样本,涵盖了28个中小学校级领导、教师、教育行政部门工作人员及学生家长等群体的访谈样本,以及8所中小学校的案例资料。从整个调研进程来看,研究者已在个人力所能及的范围内做出了最大限度的努力,现有调研成果的取得也受益于数位热心师长、数十位中小学校级领导以及数千位中小学教师的无私帮助。然而,受时间、精力与个人调研能力的限制,本研究无法实现以严格的大规模分层抽样的方式对豫中地区全部公办中小学校进行样本的采集。研究正式样本从地域结构上分布在豫中地区的 3 个市辖区、3 个县级市、1 个县及其下辖的乡镇地区，虽尽可能覆盖不同地区类型的中小学校，但现有样本是否能在严格意义上代表豫中地区，目前尚难以给出一个确切的回答。在后续的研究中，研究者应着重对这一问题予以改进，以提高调查数据与资料的准确度、强化研究样本的代表性意义。

二 对学校案例的研究不够深入

本书在整个调查过程中共走访了豫中地区的 8 所学校，具体包括 2 所公办小学、3 所公办初中与 3 所公办高中。在本书第五章和第六章对于分析框架下办学自主权各个要点的分析中，不同特质的学校案例为研究的深化贡献了"自下而上"的学校视角，也使得笔者对于研究论断的阐释更加生动、翔实。但是从研究方法的意义上着眼，本书对于学校案例的研究还不够深入，尚未达至严格意义上的"案例研究"的标准。在更多的情况下，实证调查中所采集的学校案例是研究中一种"解释性"或"描述性"的存在，多用于支撑研究者对于研究论点论证或对于研究事实的解释，是相对浅层次的案例研究，缺乏对于学校内外现状机理的深度把握以及学校权力运行过程的动态跟踪与持续观察。研究方法的选择取决于研究问题的需要，对于中小学办学自主权问题的研究而言，以学校为单位的案例研究具有其他研究方法所无法替代的重要价值。故而在未来研究深化过程中，案例研究也是本书期望能够弥补并实现突破之处。

三 对已获得研究资料的运用不够充分

本书在整个过程中结合具体的研究情境引入了多元研究方法，通过大样本问卷调查、访谈调查以及学校案例的采集，研究获取了翔实、生动的一手资料，有力地支持了研究者对于相关问题的分析与探讨，使整个研究过程在"后实证"范式下实现了较为良好的信度与效度。然而从现有研究资料的运用程度上来看，笔者认为尚未达至充分、高效。在问卷调查的数据结果处理上，本研究主要借助 SPSS 20.0 数据分析软件，以描述性统计、相关分析、线性回归分析、非参数检验等为具体分析工具，对当前豫中地区中小学校在各项事务中的自主程度以及学校内部权力运行的状况进行了描述，对学校自主的五因素对办学自主权整体认知是否产生显著影响进行了回归分析，并对不同类别学校、不同职位人群在学校自主五因素以及对学校办学自主权整体认知上的差异进行了检验。可以说，本书较为详实地运用了数据结果，但受制于研究工具运用技能的欠缺，对于数据的处理并非十分高效，也尚未达至充分。同时，在对访谈资料和学校案例资料的处理上，本书是在转录、筛选、梳理与归纳的基础上，结合相关的论述主题，对部分高度相关的资料进行了有针对性的罗列和解读，尚缺乏更进一步地深入分析。对于访谈资料的整理和分析，应在对原始资料系统化、条理化的基础上，以逐步集中和浓缩的方式对资料进行反映、展现，最终实现对于资料的意义解释与理论建构。在具体的策略上，质的研究方法中"扎根理论"所常用的"编码"技术提供了有力示范，它将访谈资料进行逐字逐句的剖析、逐级登录、生成概念，进而对资料与概念进行对比，建立关联，进一步整合，生成新的概念。[①] 如此一来，原始的访谈资料在逐步归类的过程中就转变为层次化的抽象概念，不仅充分解读、运用了访谈资料，过程本身也开辟了建构中层理论的可能渠道。

第三节　未来研究展望

一　进一步扩大研究样本规模

未来研究的改进首先要在更加严密的抽样设计的基础上，进一步扩大研究的样本规模，以实现将学校学段、学校所在地区类型、学校办学水平以及受访者职位等纳入综合考虑的大规模的分层抽样为努力的目标，在豫中地区的公办中小学校中进行研究样本的采集，从而提高调查数据与资料的准确度、强化研究样本的代表性意义。同时，针对目前相对有限的访谈与学校案例样本，还应增加针对多元相关主体访谈的样本数量以及不同特质案例学校的数量，以更加充分、全面地描述豫中地区中小学校在办学自主权相关问题上所呈现的状况。

二　以个案研究和行动研究进一步挖掘深层问题

未来研究的深化应注重以行动研究和个案研究进一步挖掘学校办学自主权研究主题下的深层性问题。本书以大量笔墨着重分析了不同类别学校

---

① 陈向明：《质的研究方法与社会科学研究》，教育科学出版社，2000，第289~332页。

在办学自主权相关问题上的差异性,但学校自主权作用发挥中所涉及方方面面的影响因素远非简单的差异性检验可以获得最为充分的研究发现。具体到某一区域或学校,权力运行中所面临的具体情境、所发生的具体事件、所涉及的具体个人,其背后发生作用的不仅是大环境下的显性影响因素,更在于"个案"意义上致使差异产生的隐性作用力量。同时,作为根植于教育实践领域的研究问题,办学自主权相关研究的深化与现状的改进均有待以学校管理者、教育行政部门人员以及学校教师为主体的行动研究的开展。我们有理由相信,教育实践中智慧的生发能够以更贴近真实的视角描绘办学自主权的内在运行机理、探寻学校内外影响自主权问题的关键因素并为现状的改进贡献最为直接的推动力量。总之,教育变革不是一蹴而就的,学校自主权相关研究的发展与深化也有待更进一步的持续探究,它们都是一段旅程。[①]

[①] M. Fullan, *Change Force: Probing the Depth of Educational Reform*, London: Falmer Press, 1993.

参考文献

一 中文文献

(一) 著作

〔澳大利亚〕欧文·E. 休斯:《公共管理导论》,彭和平译,中国人民大学出版社,2001。

〔法〕让-雅克·卢梭(Jean-Jacques Rousseau):《社会契约论》,庞姗姗译,光明日报出版社,2009。

〔古希腊〕亚里士多德:《政治学》,吴寿彭译,商务印书馆,1965。

〔美〕珍妮特·V. 登哈特、〔美〕罗伯特·B. 登哈特:《新公共服务:服务,而不是掌舵》,中国人民大学出版社,2004。

〔美〕詹姆斯·N. 罗西瑙主编《没有政府的治理——世界政治中的秩序与变革》,张胜军、刘小林等译,江西人民出版社,2001。

〔美〕丹尼斯·朗:《权力论》,陆震纶、郑明哲译,中国社会科学出版社,2001。

〔美〕约翰·W. 克雷斯威尔(John W. Creswell):《研究设计与写作指导:定性、定量与混合研究的路径》,崔延强译,重庆大学出版社,2006。

〔美〕L. 迪安·韦布:《美国教育史:一场伟大的美国试验》,陈露茜、李朝阳译,安徽教育出版社,2010。

〔美〕罗伯特·G. 欧文斯:《教育组织行为学》,窦卫霖等译,华东师范大学出版社,2001。

〔美〕约翰·E. 丘伯、泰力·M. 默:《政治、市场和学校》,陈露茜、蒋衡等译,教育科学出版社,2003。

〔挪威〕波·达林:《理论与战略:国际视野中的学校发展》,范国睿主译，教育科学出版社，2002。

〔英〕约翰·穆勒：《政治经济学原理》下卷，商务印书馆，1997。

〔英〕D. S. 皮尤：《组织理论精粹》，彭和平等译，中国人民大学出版社，1990。

北京大学哲学系外国哲学史教研室编译《十八世纪末—十九世纪初德国哲学》，商务印书馆，1975。

北京教育行政学院编《教育法概论》，学苑出版社，1989。

北京教育科学研究院组编《教育现代化的理论进展与实践探索》，北京师范大学出版社，2015。

卜玉华：《变革力的生成——学校转型性变革的内生路径研究》，教育科学出版社，2014。

陈桂生：《教育学视界辨析》，华东师范大学出版社，1997。

陈桂生：《学校教育原理》，湖南教育出版社，2000。

陈向明：《质的研究方法与社会科学研究》，教育科学出版社，2000。

陈晓萍、徐淑英、樊景立主编《组织与管理研究的实证方法》，北京大学出版社，2012。

仇立平：《社会研究方法》，重庆大学出版社，2008。

《辞海·教育学·心理学分册》，上海辞书出版社，1987。

〔英〕戴维·米勒、〔英〕韦农·波格丹诺编《布莱克维尔政治学百科全书》，中国问题研究所等译，中国政法大学出版社，1992。

丁学东：《文献计量学基础》，北京大学出版社，1993。

丁学良：《辩论"中国模式"》，社会科学文献出版社，2010。

风笑天：《现代社会调查方法》，华中科技大学出版社，2013。

冯大鸣：《美、英、澳教育管理前沿图景》，教育科学出版社，2004。

冯大鸣：《西方六国政府学校关系变革》，上海教育出版社，2011。

冯大鸣：《沟通与分享：中西教育管理领衔学者世纪汇谈》，上海教育出版社，2002。

顾明远、石中英主编《〈国家中长期教育改革和发展规划纲要（2010—2020年）〉解读》，北京师范大学出版社，2011。

华东师范大学教育系教育学教研室编《教育学参考资料》上册，人民教育出版社，1980。

黄崴：《校本管理：理论、研究、实践》，广东高等教育出版社，2007。

金太军等:《政府职能梳理与重构》,广东人民出版社,2002。

金一鸣主编《教育社会学》,河北教育出版社,1996。

巨瑛梅、吴明海编《法国基础教育概览》,中国城市出版社,1997。

李景鹏:《权力政治学》,北京大学出版社,2008。

联合国教科文组织国际教育发展委员会编《学会生存——教育世界的今天和明天》,华东师范大学比较教育研究所译,教育科学出版社,1996。

刘淑兰:《学校与社区的互动》,四川教育出版社,2003。

刘旺洪:《行政法学》,南京师范大学出版社,2007。

〔法〕米歇尔·福柯:《必须保卫社会》,钱翰译,上海人民出版社,1999。

蒲蕊:《当代学校自主发展:理论与策略》,广东高等教育出版社,2005。

蒲蕊:《政府与学校关系的重建——一种制度分析的视角》,武汉大学出版社,2009。

秦梦群、黄贞裕:《教育管理研究范式与方法论》,教育科学出版社,2014。

邱皓政:《量化研究与统计分析——SPSS(PASW)数据分析范例解析》,重庆大学出版社,2013。

瞿葆奎:《教育学文集——联邦德国的教育改革》,人民教育出版社,1991。

瞿葆奎主编《教育学文集·中国教育改革》,人民教育出版社,1991。

孙绵涛:《教育管理学》,人民教育出版社,2006。

〔美〕托马斯·库恩:《科学革命的结构》,金吾伦、胡新和译,北京大学出版社,2013。

王定云、王世雄:《西方国家新公共管理理论综述与实务分析》,上海三联书店,2008。

王浦劬:《政治学基础》,北京大学出版社,2005。

〔美〕威廉·维尔斯马、〔美〕斯蒂芬·G. 于尔斯:《教育研究方法导论》,袁振国主译,教育科学出版社,2010。

魏志春:《校长视野中的政府教育管理职能转变》,北京大学出版社,2011。

吴刚平、徐佳:《权力分享与责任担当——转型期西方教育校本化思潮及其启示》，山东教育出版社，2011。

吴康宁：《教育社会学》，人民教育出版社，1998。

吴明隆：《结构方程模型——AMOS 的操作与应用》，重庆大学出版社，2009。

吴明隆：《问卷统计分析实务——SPSS 操作与应用》，重庆大学出版社，2010。

吴永军：《课程社会学》，南京师范大学出版社，1999。

吴志宏、冯大鸣、魏志春主编《新编教育管理学》，华东师范大学出版社，2008。

谢庆魁：《中国政府体制分析》，中国广播电视出版社，1995。

徐建平：《学校：在政府、市场与社会之间——现代学校制度的理论探索及启示》，教育科学出版社，2011。

杨海坤：《宪法基本权利新论》，北京大学出版社，2005。

杨小微：《全球化进程中的学校变革》，华东师范大学出版社，2004。

叶澜：《"新基础教育"论——关于当代中国学校变革的探究与认识》，教育科学出版社，2006。

袁振国：《教育研究方法》，高等教育出版社，2000。

詹中原：《新公共管理：政府再造的理论与实务》，台北：五南图书出版公司，1999。

张可创、李其龙：《德国基础教育》，广东教育出版社，2005。

张世英等：《康德的纯粹理性批判》，北京大学出版社，1987。

张天雪：《校长权力论——政府、公民社会和学校层面的研究》，教育科学出版社，2008。

赵如林：《市场经济学大辞典》下册，经济科学出版社，1999。

周建海主编《国家法学》，法律出版社，2000。

朱国云：《组织理论：历史与流派》，南京大学出版社，1997。

朱家存、阮成武：《政府职能转变与学校运行方式的变革》，安徽教育出版社，2008。

（二）期刊

〔英〕格里·斯托克：《作为理论的治理：五个论点》，《国际社会科学杂志》（中文版）1999 年第 1 期。

〔英〕R.A.W.罗茨:《新的治理》,《马克思主义与现实》1999年第5期。

"深化基本教育管理体制改革研究"课题组:《深化基础教育管理体制改革研究报告》,《教育研究》1998年第12期。

包金玲:《日本教育行政地方分权化改革的背景及其评价》,《国家教育行政学院学报》2007年第11期。

鲍传友:《校长负责制下的校长权力大小及其规约》,《教育科学》2004年第8期。

鲍传友:《中国教育的问题是公立学校的问题》,《教育研究》2010年第2期。

陈立鹏:《学校章程:学校的"基本法"》,《中小学管理》2013年第4期。

陈振明:《评西方的"新公共管理"范式》,《中国社会科学》2000年第6期。

褚宏启、贾继娥:《教育治理中的多元主体及其作用互补》,《教育发展研究》2014年第19期。

褚宏启:《论教育管理研究范式的转换》,《中国人民大学教育学刊》2014年第3期。

褚宏启:《论学校在行政法律关系中的地位》,《教育理论与实践》2000年第3期。

褚宏启:《我们需要什么样的现代学校制度》,《教育研究》2004年第12期。

褚宏启:《自主与共治:教育治理背景下的中小学管理改革》,《中小学管理》2014年第11期。

褚卫中、褚宏启:《"新公共服务"理论及其对当前公共教育管理改革的启示》,《教育理论与实践》2007年第27期。

范国睿:《校本管理与学校发展计划》,《教育科学研究》2005年第2期。

范国睿:《基于教育管办评分离的中小学依法自主办学的体制机制改革探索》,《教育研究》2017年第4期。

范国睿:《教育管办评分离改革:理论假设与实践路径》,《教育科学研究》2017年第5期。

方流芳：《从法律视角看中国事业单位改革——事业单位"法人化"批判》，《比较法研究》2007年第3期。

风笑天：《方法论背景中的问卷调查法》，《社会学研究》1994年第3期。

冯大鸣：《试论校长负责制的重构与再造》，《教育理论与实践》2003年第23期。

冯大鸣：《我国义务教育学校办学自主权的实证分析》，《中国教育学刊》2018年第10期。

冯建军：《西方教育研究范式的变革与发展趋向》，《教育研究》1998年第1期。

葛新斌：《我国现行"校长负责制"的法律与制度分析》，《北京师范大学学报》（社会科学版）2003年第6期。

顾平安：《政府起源的经济学解释》，《国家行政学院学报》2003年第4期。

蒿楠：《论教育治理体系下的学校自主发展》，《教育理论与实践》2016年第29期。

胡劲松、葛新斌：《关于我国学校"法人地位"的法理分析》，《教育理论与实践》2001年第6期。

黄庆杰：《20世纪90年代以来政府职能转变述评》，《北京行政学院学报》2003年第1期。

黄崴：《校本管理：理念与模式》，《教育理论与实践》2002年第1期。

李崇爱：《我国中小学教师招聘政策违法乱象检视》，《中国教育学刊》2016年第2期。

李赐平：《我国25年的教育立法：现状、局限与展望》，《前沿》2006年第6期。

李景鹏：《论权力分析在政治学研究中的地位》，《天津社会科学》1996年第3期。

李茂森：《教师专业自主：何以可能与如何可能》，《教育发展研究》2008年第2期。

李帅军：《日本教育行政管理体制述评》，《比较教育研究》1993年第2期。

李思明：《三级课程管理体制的再认识》，《现代教育科学·普教研究》2010年第6期。

李晓燕、夏霖：《关于扩大中小学办学自主权的思考》，《中国教育学刊》2014年第3期。

李云龙：《主体概念的历史演变》，《北方论丛》1994年第2期。

廖哲勋：《中小学办学自主权的落实》，《教育科学研究》2011年第4期。

刘宝存：《校本管理：当代西方学校管理的新模式》，《比较教育研究》2001年第12期。

柳海民、王晋：《教育基本理论研究的第三条道路——建构中层理论》，《教育理论与实践》2009年第1期。

柳云飞、周晓丽：《传统公共行政、新公共管理和新公共服务理论之比较研究》，《前沿》2006年第4期。

罗朝猛：《政府教育分权与放权：公立中小学校办学自主权落实的必要前提——美、英、日、澳政府教育分权与放权考察》，《基础教育参考》2009年第4期。

毛亚庆：《应注重以学校为主体的校本管理》，《教育研究》2002年第4期。

潘旦、向德彩：《社会组织第三方评估机制建设研究》，《华南理工大学学报》（社会科学版）2013年第1期。

彭虹斌、刘剑玲：《我国公立中小学"去法人化"改革研究》，《教育科学研究》2010年第8期。

漆多俊：《论权力》，《法学研究》2001年第1期。

钱振明：《现代政府职能的发展趋势及其本质》，《社会主义研究》1996年第1期。

邱均平、艾杨：《我国高等教育质量研究论文的计量分析》，《中国高教研究》2013年第2期。

《全国中小学校长任职条件和岗位要求（试行）》，《人民教育》1991年第9期。

孙健敏：《研究假设的有效性及其评价》，《社会学研究》2004年第3期。

孙绵涛：《西方范式方法论的反思与重构》，《华中师范大学学报》（人文社会科学版）2003 年第 11 期。

孙绵涛：《现代教育治理体系的概念、要素及结构探析》，《教育研究与实验》2015 年第 6 期。

滕媛：《中小学内部治理结构变革的路径依赖与突破》，《中国教育学刊》2016 年第 4 期。

万勇：《关于教师地位的建议》，《全球教育展望》1984 年第 4 期。

王成光：《哲学基本问题的认识论意义新解》，《西华师范大学学报》（哲学社会科学版）2016 年第 3 期。

王浦劬：《论转变政府职能的若干理论问题》，《国家行政学院学报》2015 年第 1 期。

王诗宗、宋程成：《独立抑或自主：中国社会组织特征问题重思》，《中国社会科学》2013 年第 5 期。

王世忠：《校长负责制表述质疑》，《中小学管理》1999 年第 10 期。

王晓辉：《关于教育决策的思考》，《北京大学教育评论》2003 年第 10 期。

吴康宁：《改革·综合·教育领域——简析教育领域综合改革之要义》，《教育研究》2014 年第 1 期。

吴康宁：《教育研究应研究什么样的"问题"——兼谈"真"问题的判断标准》，《教育研究》2002 年第 11 期。

肖新生：《关于建立义务教育经费分担机制的思考》，《郑州大学学报》（哲学社会科学版）2006 年第 3 期。

萧宗六：《校长负责制的提出及其内涵》，《中小学管理》2000 年第 11 期。

许小平、杨挺：《中小学教代会制度实施困境与对策研究》，《教学与管理》2010 年第 10 期。

薛澜、李宇环：《走向国家治理现代化的政府职能转变：系统思维与改革取向》，《政治学研究》2014 年第 5 期。

袁敏敏：《基础教育教师的绩效考核和绩效工资亟待制度创新》，《上海教育评估》2016 年第 3 期。

余芳、陈书昆：《我国公立中小学法律地位的法理学分析》，《教学与管理》2003 年第 7 期。

张新平：《对校长职业化的若干思考》，《教育研究与实验》2004 年第 4 期。

赵万一：《再谈民法与宪法的关系》，《清华法学》2009年第2期。

支运波：《人文社会科学研究中的文献综述撰写》，《理论月刊》2015年第3期。

周光礼、刘献君：《政府、市场与学校：中国法律关系的变革》，《华中师范大学学报》（人文社会科学版）2006年第9期。

周建国：《政策评估中独立第三方的逻辑、困境与出路》，《江海学刊》2006年第6期。

庄西真：《德国教育改革的思想及其对我们的启示》，《常州技术师范学院学报》2002年第3期。

庄西真：《教育政策执行的社会学分析——嵌入性的视角》，《教育研究》2009年第12期。

（三）学位论文

陈静漪：《中国义务教育经费保障机制研究——机制设计理论视角》，东北师范大学，博士学位论文，2009。

冯丽敏：《中小学办学自主权研究——以北京市基础教育体制改革校为例》，首都师范大学，硕士学位论文，2013。

李志超：《三级课程管理的权力运作研究》，西南大学，博士学位论文，2013。

张振华：《高校办学自主权及其落实问题研究》，南京农业大学，博士学位论文，2012。

（四）其他

鲍传友：《重构学校权力关系：现代学校治理的关键》，2015首届卓越校长论坛，2015。

顾明远主编《教育大辞典》，上海教育出版社，2002。

《教育部、国家统计局、财政部关于2015年全国教育经费执行情况统计公告》，中华人民共和国教育部网站，2016年11月4日，http：//www.moe.gov.cn/srcsite/A05/s3040/201611/t20161110_288422.html。

《学校教职工代表大会规定》，《国务院公报》2012年第17期。

袁贵仁：《深化教育领域综合改革，加快推进教育治理体系和治理能力现代化——在2014年全国教育工作会议上的讲话》，《中国教育报》

2014年2月13日，第1版。

中共中央办公厅、国务院办公厅印发《关于深化职称制度改革的意见》，人民网，2017年10月8日，http://politics.people.com.cn/n1/2017/0108/c1001-29006811.html。

中共中央办公厅、国务院办公厅印发《关于深化教育体制机制改革的意见》，中华人民共和国中央人民政府网站，2017年9月24日，http://www.gov.cn/xinwen/2017-09/24/content_5227267.htm。

《中共中央关于全面深化改革若干重大问题的决定（二〇一三年十一月十二日中国共产党第十八届中央委员会第三次全体会议通过)》，《人民日报》2013年11月16日。

国务院关于修改《事业单位登记管理暂行条例》的决定，中华人民共和国中央人民政府网站，2008年3月28日，http://www.gov.cn/zhengce/content/2008-03/28/content_6422.htm。

《女职工劳动保护特别规定》，中华人民共和国中央人民政府网站，2012年5月7日，http://www.gov.cn/flfg/2012-05/07/content_2131582.html。

《2003~2007年教育振兴计划》，中华人民共和国教育部网站，2004年2月10日，http://www.moe.gov.cn/jyb_sjzl/moe_177/201003/t20100304_2488.html。

《财政部、教育部关于印发〈中小学校财务制度〉的通知》，中华人民共和国教育部网站，2012年12月21日，http://www.moe.edu.cn/publicfiles/business/htmlfiles/moe/s6197/201207/138867.html。

《国家教育事业发展第十二个五年规划》，中华人民共和国教育部网站，2012年7月23日，http://www.edu.cn/zong_he_870/20120723/t20120723_813704.shtml。

《国家中长期教育改革和发展规划纲要（2010—2020年)》，中华人民共和国教育部网站，2010年7月29日，http://www.moe.gov.cn/srcsite/A01/s7048/201007/t20100729_171904.html。

《河南：普通高中今年停招择校生》，中华人民共和国教育部网站，2016年3月22日，http://www.moe.edu.cn/jyb_xwfb/s5147/201603/t20160322_234612.html。

《教育部关于加强教育法制建设的意见》（1999年12月2日教育部印

发），中华人民共和国教育部网站，2010 年 1 月 29 日，http：//www.moe.edu.cn/s78/A02/zfs_ _left/s5911/moe_ 623/201001/t20100129_ 5144.html。

《教育部关于印发〈全面推进依法治校实施纲要〉的通知》，中华人民共和国教育部网站，2012 年 11 月 22 日，http：//www.moe.edu.cn/publicfiles/business/htmlfiles/moe/s5933/201301/146831.html。

人力资源社会保障部、教育部关于印发《关于深化中小学教师职称制度改革的指导意见》的通知，中华人民共和国教育部网站，2015 年 9 月 2 日，http：//www.moe.edu.cn/jyb_ xxgk/moe_ 1777/moe_ 1779/201509/t20150902_ 205165.html。

《中国教育改革和发展纲要》，中华人民共和国教育部网站，1993 年 2 月 13 日，http：//www.moe.gov.cn/jyb_ sjzl/moe_ 177/tnull_ 2484.html。

《中共中央关于教育体制改革的决定》，中华人民共和国教育部网站，1985 年 5 月 27 日，http：//www.moe.gov.cn/jyb_ sjzl/moe_ 177/tnull_ 2482.html。

《中华人民共和国义务教育法》（1986 年 4 月 12 日第六届全国人民代表大会第四次会议通过，2006 年 6 月 29 日第十届全国人民代表大会常务委员会第二十二次会议修订），中华人民共和国教育部网站，2010 年 1 月 29 日，http：//www.moe.gov.cn/s78/A02/zfs_ _left/s5911/moe_ 619/201001/t20100129_ 15687.html。

国务院审议并原则通过《关于义务教育学校实施绩效工资的指导意见》，明年起义务教育学校实施绩效工资，确保义务教育教师平均工资水平不低于当地公务员平均工资水平，同时对义务教育学校离退休人员发放生活补贴，中华人民共和国中央人民政府网站，2008 年 12 月 22 日，http：//www.moe.gov.cn/jyb_ xwfb/s6052/moe_ 838/tnull_ 42745.html。

《中华人民共和国教师法》（1993 年 10 月 31 日第八届全国人民代表大会常务委员会第四次会议通过 1993 年 10 月 31 日中华人民共和国主席令第 15 号公布 自 1994 年 1 月 1 日起施行），中华人民共和国教育部网站，1993 年 10 月 31 日，http：//www.moe.edu.cn/s78/A02/zfs_ _left/s5911/moe_ 619/tnull_ 1314.html。

《中华人民共和国教育法》（1995 年 3 月 18 日第八届全国人民代表大

会第三次会议通过,根据 2009 年 8 月 27 日第十一届全国人民代表大会常务委员会第十次会议《关于修改部分法律的决定》第一次修正,根据 2015 年 12 月 27 日第十二届全国人民代表大会常务委员会第十八次会议《关于修改〈中华人民共和国教育法〉的决定》第二次修正),中华人民共和国中央人民政府网站,2015 年 12 月 28 日,http://www.moe.gov.cn/s78/A02/zfs_ left/s5911/moe_619/201512/t20151228_226193.html。

《中小学教师继续教育规定》(中华人民共和国教育部令第 7 号 1999 年 9 月 13 日),中华人民共和国教育部,1993 年 9 月 13 日,http://www.moe.edu.cn/srcsite/A02/s5911/moe_621/199909/t19990913_180474.html。

《中华人民共和国民法通则》(1986 年 4 月 12 日第六届全国人民代表大会第四次会议通过,1986 年 4 月 12 日中华人民共和国主席令第三十七号公布,自 1987 年 1 月 1 日起施行),中国人大网,2000 年 12 月 6 日,http://www.npc.gov.cn/wxzl/wxzl/2000-12/06/content_4470.htm。

《事业单位公开招聘人员暂行规定》,中华人民共和国人力资源和社会保障部网站,2005 年 11 月 16 日,http://www.mohrss.gov.cn/gkml/xxgk/201407/t20140717_136271.htm。

《中央编办、教育部、财政部关于统一城乡中小学教职工编制标准的通知》,中华人民共和国教育部网站,2014 年 12 月 28 日,http://www.moe.edu.cn/publicfiles/business/htmlfiles/moe/s8471/201412/181014.html。

仲组轩:《中央组织部、教育部党组印发〈关于加强中小学校党的建设工作的意见〉》,《中国组织人事报》2016 年 9 月 30 日,第 1 版。

中共中央办公厅、国务院办公厅:《关于深化教育体制机制改革的意见》,中华人民共和国教育部网站,2017 年 9 月 24 日,http://www.gov.cn/zhengce/2017-09/24/content_5227267.htm。

中华人民共和国教育部:《教育部关于深入推进教育管办评分离,促进政府职能转变的若干意见》,中华人民共和国教育部网站,2015 年 5 月 6 日,http://www.moe.gov.cn/srcsite/A02/s7049/201505/t20150506_189460.html。

中华人民共和国教育部:《教育部 2019 年工作要点》,中华人民共和国教育部网站,2019 年 2 月 22 日,http://www.moe.gov.cn/jyb_xwfb/gzdt_gzdt/s5987/201902/t20190222_370722.html。

中共中央、国务院《中国教育现代化 2015》,中华人民共和国教育部网站，2019 年 2 月 23 日，http：//www.moe.gov.cn/jyb_xwfb/gzdt_gzdt/201902/t20190223_370857.html。

二 英文文献

（一） 著作

Ball, S. J., Junemann, C., *Networks, New Governance and Education*, Policy Press, 2012.

Berube, M., *American School Reform: Progressive, Equity and Excellence Movements, 1883-1993*, Greenwood Press, 1994.

Brown, D. J., *Decentralization and School-Based Management*, Bristol: The Falmer Press, 1990.

Caldwell, B. J., Spinks, J. M., *The Self-Managing School*, New York: The Falmer Press, 1988.

Caldwell, B. J., Spinks, J. M., *Leading the Self-Managing School*, Falmer Press, 1992, p.234.

Cheng, Y. C., *School Effectiveness and School-Based Management: A Mechanism for Development*, London: The Falmer Press, 1996.

Chubb, J. E., Moe, T. M., *Politics, Markets and America's Schools*, Washington: The Brookings Institution Press, 1990.

Australian Education Council, *National Report on Schooling in Australia*, Curriculum Corporation for the Australian Education Council, 1991.

Dahl, R., *Modern Political Analysis* (4th edition), Englewood Cliffs, NJ: Prentice Hall, 1984.

Danaher, G., Schirato, T., Webb, J., *Understanding Foucault*, SAGE Publications, 2012.

De Vellis, R. F., *Scale Development: Theory and Applications*, London: SAGE, 1991.

Dewey, J., *The School and Society: Being Three Lectures, Supplemented by a Statement of the University Elementary School*, The University of Chicago Press, 1907.

DfES, *Higher Standards, Better Schools for All: More Choice for Parents and*

Pupils, London: The Stationery Office Limited, 2005.

Education Act 2002, London: The Stationery Office Limited, 2001.

Evers, C. W., "From Foundation to Coherence in Educational Research," in Keeves, J. P. and Lakomski, G. (eds.), *Issues in Educational Research*, New York: Pergamon, 1999.

Farnham, D., Horton, S., *Managing the New Public Services*, London: Macmillan Press Ltd., 1996.

Frederickson, H. G., *The Spirit of Public Administration*, San Francisco: Jossey-Bass Publisher, 1997.

Fullan, M., *Change Force: Probing the Depth of Educational Reform*, London: Falmer Press, 1993.

Fullan, M., *The New Meaning of Educational Change* (Third Edition), New York: Teachers College Press, 2001.

Gross, E., Etzioni, A., *Organizations in Society*, Prentice Hall College Div., 1985.

Hallinger, P., *Reshaping the Landscape of School Leadership Development: A Global Perspective*, Lisse: Swets & Zeitlinger, 2003.

Hanson, E. M., *Educational Administration and Organizational Behavior*, Ally and Bacon, 2003.

Horn, R. A. J., *Understanding Educational Reform: A Reference Handbook*, Santa Barbara, California: ABC-CLIO, 2002.

Hughes, O. E., *Public Management and Administration: An Introduction*, London: Macmillan Press Ltd., 1994.

Kast, F. E., Rosenzweig, J. E., *Organization and Management: A System and Contingency Approach*, Mcgraw-Hill Book Company, 1979.

Kerlinger, F. N., *Foundations of Behavioral Research*, Holt, Rinehart and Winston, 1986.

Lane, J. E., *New Public Management*, London: Routledge, 2000.

Laudan, L., *Progress and Its Problems: Towards a Theory of Scientific Growth*, Berkeley: University of California Press, 1977.

Leithwood, K., *Understanding Schools as Intelligent Systems*, JAI Press, 2000.

Malen, B., Ogawa, R. T., Kranz, J., "What do We Know about School-based Management? A Case Study of the Literature: A Call for Research," in Clune, W. H. and Witte, J. F. (eds.), *Choice and Control in American Education*, Volume 2, Philadelphia: Falmer Press, 1990.

Mcmillan, J. H., *Educational Research: Fundamentals for the Consumer* (4th ed.), Boston: Allyn &Bacon, 2003.

Murphy, J., Beck, L. G., *School-Based Management as School Reform: Taking Stock*, Ca: Corwin Press 1995.

Pollitt, C., *Managerialism and the Public Service: The Anglo-American Experience*, Oxford: Basil Blackwell, 1990.

Reynolds, L. J., *Successful Site-Based Management: A Practical Guide. Revised Edition*, California: Corwin Press, 1997.

Rudner, R. S., *Philosophy of Social Science*, Englewood Cliffs: Prentice-Hall, Inc., 1966.

Salkind, N. J., *Exploring Research* (4th edition), New Jersey: Prentice-Hall, Inc., 2000.

Senge, P. M., *The Fifth Discipline: The Art and Practice of the Learning Organization*, New York: Doubleday Currency, 1990.

Senge, P., Kleiner, A., Roberts, C., Ross, R., Smiths, B., *The Fifth Discipline Fieldbook: Strategies and Tools for Building a Learning Organization*, New York: Doubleday, 1994.

Shafritz, J. M., Ott, J. S., *Classics of Organization Theory* (3rd), Wadsworth, 1992.

Smith, A. et al., *Lectures on Jurisprudence*, Indianapolis: Liberty Fund, 1982.

Smith, Eliot R., *Research Methods in Social Relations*, Holt, Rinehart, and Winston, 1991.

Silanes, F. L. D., Rafael La Porta, Shleifer, Andrei, et al., *Investor Protection and Corporate Governance*, Journal of Financial Economics. 2000: 3-27.

Simons, H., *School Self-evaluation in a Democracy*, Emerald Group Publishing Limited, 2002.

Stewart, Ranson, Stewart, John, *Management for the Public Domain*,

St. Martin's Press, 1994.

The World Bank, *World Development Report*, 1997: *The State in a Changing World*, Washington, D.C.: Oxford University Press for the World Bank, 1997.

The World Bank, *Expanding Opportunities and Building Competencies for Young People: A New Agenda for Secondary Education*, Washington, D.C.: The World Bank Publication, 2005.

Tyack, D., Cuban, L., *Tinkering toward Utopia: A Century of Public School Reform*, Cambridge, MA: Harvard University Press, 1995.

VanVelzen, W. G., Miles, M., Ekholm, M., Hameyer, U., Robin, D., *Making School Improvement Work: A Conceptual Guide to Practice*, Belgium: Leuven, 1985.

Weber, M., *Economy and Society: An Outline of Interpretive Sociology*, University of California Press, 1978.

Wohlstetter, P., Van Kirk, A. N., Robertson, P. J. et al., *Organizing for Successful School-Based Management*, Association for Supervision and Curriculum Development, Alexandria, Virginia, 1997.

Whitty, B. G., Power, S., Halpin, D., *Devolution and Choice in Education*, Open University Press, 2010.

Yin, R., *Case Study Research Design and Methods*, Beverly Hills, CA: Sage, 1989.

（二）期刊

Abu-Duhou, I., "School-based Management," *California School Boards Journal*, 1999, 48 (100).

Braslavsky, C., "Some Aspects of the Educational Change Dynamic: Setting School Autonomy and Evaluation in Context," *Prospects*, 2001, 31 (4).

Bridges, D., "Education, Autonomy, and Democratic Citizenship: Philosophy in a Changing World," *Routledge*, 1997.

Clark, D., "The Performance and Competitive Effects of School Autonomy," *Journal of Political Economy*, 2009, 117 (4).

Clune, W. H., White, P. A., "School-Based Management. Institutional Variation, Implementation, and Issues for Further Research," CPRE Research Report Series RR - 008, 1988.

Coleman, James S., Sally, B. Kilgore, Thomas Hoffer, "Public and Private Schools," *Society*, 1982, 19 (2).

Cook, L., "The 1944 Education Act and Outdoor Education: From Policy to Practice," *History of Education*, 1999, 28 (2).

Cremin, L. A., "What Happened to Progressive Education?" *Teachers College Record*, 1959, 61.

Dalin, P., Rust, V. D., "Towards Schooling for the Twenty-First Century," *British Journal of Educational Studies*, 1996, 24 (100).

David, J. L., "Synthesis of Research on School-Based Management," *Educational Leadership*, 1988, 46 (8).

Department of Education, Washington, D. C., Office of Planning, Budget, and Evaluation, Office of Educational Research and Improvement (ED), Washington, D. C., "Preparing Young Children for Success: Guideposts for Achieving Our First National Goal. An America 2000 Education Strategy," 1991.

Fiske, E. B., "Decentralization of Education: Politics and Consensus," *World Bank Direction in Development*, 1996, 133 (100).

Fiske, E. B., "Decentralization of Education," *Decentralization of Education*, 1996, 133 (6612).

Gabella, M. S., "Beyond the looking glass: Bringing Students into the Conversation of Historical Inquiry," *Theory and Research in Social Education*, 1994, 23 (3).

Goldring, L., "The Power of School Culture," *Leadership*, 2002, 32.

Halsall, R., "School Improvement: The Need for Vision and Reprofessionalisation," *British Educational Research Journal*, 2001, 27 (4).

Hanson, E. M., "Educational Decentralization: Issues and Challenges," *Partnership for the Educational Revitalization in the Americas*, 1997, 100 (9).

Hanson, E. M., "School-Based Management and Educational Reform in the United States and Spain," *Comparative Education Review*, 1990, 34 (4).

Hastings, J. S., Kane, T. J., Staiger, D. O., "Parental Preferences and School Competition: Evidence from a Public School Choice Program," *Social Science Electronic Publishing*, 2005.

Higham, R., Earley, P., "School Autonomy and Government Control School Leaders' Views on a Changing Policy Landscape in England," *Educational Management Administration & Leadership*, 2013, 41 (6).

Hood, C., "A Public Management for All Seasons?" *Public Administration*, 1991 (69).

Hopkins, D., Reynolds, D., "The Past, Present and Future of School Improvement: Towards the Third Age," *British Educational Research Journal*, 2001, 27 (4).

Illich, I., "Deschooling Society," *Educational Change*, 1970, 44 (5).

Klaus, Winter, "School Autonomy and the Role of the State: Some Reflections on the Current School Educational System in Germany," *European Journal of Teacher Education*, 2000, 23 (1).

Leithwood, K. A., "Menzies T. Forms and Effects of School-based Management: A Review," *Educational Policy*, 1998, 12 (3).

Levin, H., "A Nation at Risk: The Imperative for Educational Reform," *Journal of Policy Analysis & Management*, 1983, 3 (2).

Macbeath, J., Teachers, N. U. O., "Schools Must Speak for Themselves: The Case for School Self-evaluation," *Cambridge Journal of Education*, 1999 (1).

Machamer, P., Darden, L., Craver, C. F., "Thinking about Mechanisms," *Philosophy of Science*, 2000, 67 (1).

Menéndez, A. J., "Between Facts and Norms," *Journal of Philosophy*, 1996, 93 (6).

Flecknoe, Mervyn, "Democracy, Citizenship and School Improvement: What Can One School Tell Us?" *School Leadership & Management*, 2002, 22 (4).

Mcginn, N. F., Welsh, T., UNESCO-IIEP, "Decentralization of Education: Why, When, What and How?" *Decentralization*, 1999, (100).

Mcneil, K., "Understanding Organizational Power: Building on the Weberian Legacy," *Administrative Science Quarterly*, 1978, 23 (1).

Mishler, E. G., "Research Interviewing: Context and Narrative," *American Journal of Sociology*, 1988, 94 (2).

Parsons, T., "The Social System," *American Sociological Review*, 1951, 56 (3).

Rhodes, R., "Introduction," *Public Administration*, 1991, 69 (1).

Roelande, H. Hofman, Dijkstra, Nynke J., Adriaan Hofman, W. H., "School Self-evaluation and Student Achievement," *School Effectiveness and School Improvement*, 2009, 20 (1).

Rust, V. D., Blakemore, K., "Educational Reform in Norway and in England and Wales: A Corporatist Interpretation," *Comparative Education Review*, 1990, 34 (4).

Ruttan, V. W., Hayami, Y., "Toward a Theory of Induced Institutional Innovation," *The Journal of Development Studies*, 1983, 20 (4).

Tunks, T. W., Mason, E. J., Bramble, W. J., "Understanding and Conducting Research Applications in Education and the Behavioral Sciences," *Journal of Research in Music Education*, 1980, 28 (2).

Willower, D. J., "Inquiry in Educational Administration and the Spirit of the Times," *Educational Administration Quarterly*, 1996, 32 (3).

（三）其他

Coleman, James S. et al., "Equality of Educational Opportunity," Washington, D. C., U. S. Government Printing Office, 1996.

Congress U S, "No Child Left Behind Act of 2001 (Public Law 107 - 110)," June 12, 2010, http://www2.ed.gov/policy/elsec/leg/esea02/index.html.

OECD, *Education at a Glance 2010*, Paris: OECD Publications, 2012.

The Commission on Global Governance, *Our Global Neighborhood: The Report of the Commission on Global Governance*, Oxford, Oxford University Press, 1995.

Weick, K. E., "Loosely Coupled System Relaxed Meanings and Thick Interpretations," Unpublished manuscript, Cornell University, 1980.

附　录

附录1：调查问卷

尊敬的老师：

　　您好！非常感谢您的参与，此问卷是本人毕业论文的关键组成部分，您的作答对于研究的开展至关重要，烦请您耐心做完问卷。本人承诺对您提供的信息进行严格保密，问卷一律采取匿名形式。答题时请您根据实际情况及个人感受选择最为适切的答案，**在最符合您观点的选项下打"√"**。问卷中没有特别说明"可多选"的题目，均为单选题。

第一部分：基本信息

1. 您的学校是：
   ①小学　　　　　②普通初中　　　　　③普通高中
   ④完全中学　　　⑤九年一贯制学校　　⑥十二年一贯制学校
2. 您的学校所在的区域是：
   ①市/县城的中心城区
   ②市/县城的边缘城区或城乡接合部
   ③市/县城以外的乡镇或农村
3. 从办学情况看，您的学校是：
   ①省级示范性学校（或实验、重点学校等）
   ②市级示范性学校（或实验、重点学校等）
   ③县/区级示范性学校（或实验、重点学校等）
   ④普通学校　　　⑤薄弱学校
4. 您目前的职位是：
   ①校级领导　　　②中层干部　　　　　③普通教师

第二部分：办学自主权落实情况相关问题

您认为贵校在以下各项学校事务中的自主程度是：

		①完全不自主 ②比较不自主 ③一般 ④比较自主 ⑤完全自主				
5. 人事	（1）学校教师的招聘与解聘	①	②	③	④	⑤
	（2）学校其他工作人员的招聘与解聘	①	②	③	④	⑤
	（3）学校中层干部的任免	①	②	③	④	⑤
	（4）教职工的职称评定	①	②	③	④	⑤
	（5）教职工的奖惩	①	②	③	④	⑤
	（6）学校干部及教师的培训	①	②	③	④	⑤
	（7）对学校人事自主权的总体评价	①	②	③	④	⑤
6. 财务	（1）学校教育教学经费的使用	①	②	③	④	⑤
	（2）学校基础物质环境的建设	①	②	③	④	⑤
	（3）教育教学所需设备的采购	①	②	③	④	⑤
	（4）教职工工资的发放	①	②	③	④	⑤
	（5）教职工福利的发放	①	②	③	④	⑤
	（6）学生奖、助学金的发放	①	②	③	④	⑤
	（7）对学校财务自主权的总体评价	①	②	③	④	⑤
7. 招生	（1）招生的规模	①	②	③	④	⑤
	（2）生源地域的分布	①	②	③	④	⑤
	（3）录取方案的制定	①	②	③	④	⑤
	（4）对学校招生自主权的总体评价	①	②	③	④	⑤
8. 课程教学	（1）学校课程体系的设置	①	②	③	④	⑤
	（2）学校教学计划的制定	①	②	③	④	⑤
	（3）教学所需教材的选取	①	②	③	④	⑤
	（4）学校教学事务的管理	①	②	③	④	⑤
	（5）学生学业评价指标的制定	①	②	③	④	⑤
	（6）学校教研工作的开展	①	②	③	④	⑤
	（7）校际交流与合作	①	②	③	④	⑤
	（8）对学校课程教学自主权的总体评价	①	②	③	④	⑤
9. 发展规划	（1）学校章程的制定和修改	①	②	③	④	⑤
	（2）学校办学目标的确立	①	②	③	④	⑤
	（3）学校发展规划的制定	①	②	③	④	⑤
	（4）年度与学期工作计划的制定	①	②	③	④	⑤
	（5）校内机构与岗位的设置	①	②	③	④	⑤
	（6）对学校发展规划自主权的总体评价	①	②	③	④	⑤

10. 总体而言，您认为目前贵校拥有的办学自主权：
    ①几乎没有　　　　　②很小　　　　　　③一般
    ④较大　　　　　　　⑤非常大

11. 总体而言，您认为贵校对目前中小学办学自主权的满意程度是：
    ①很不满意　　　　　②不太满意　　　　③一般
    ④较为满意　　　　　⑤非常满意

12. 您认为贵校目前最需要上级行政部门下放的权力是：（可多选）
    ①人事自主权　　　　②财务自主权　　　③招生自主权
    ④课程教学自主权　　⑤发展规划自主权

13. 您认为目前中小学的部分自主权无法完全落实的主要障碍在于：（可多选）
    ①上级行政部门对学校事务的过度管控
    ②相关法律规定不够完善，政府与学校之间边界不清、权责不明
    ③学校领导与上级行政部门之间沟通不畅
    ④学校没有自主办学的意识
    ⑤学校缺乏自主办学的能力

14. 您认为贵校在办学过程中最主要的压力来自于：（可多选）
    ①政府对学校办学经费投入不足，学校经费筹措困难
    ②政府对学校放权力度不够，学校缺乏自主权
    ③学校内部不团结，教职工之间关系不融洽
    ④学校升学率和学生学业成绩不理想
    ⑤教师专业化程度不高，师资力量不足以推进学校的发展

15. 您认为贵校的办学最主要的是：（可多选）
    ①对政府负责　　　　②对学校教职工负责　　③对学生和家长负责

16. 您认为对贵校办学影响最大的外部因素是：（可多选）
    ①政府　　　　　　　②市场　　　　　　　　③家长
    ④社区　　　　　　　⑤社会舆论

第三部分：学校内部权力运行相关问题

17. 我国中小学目前实行校长负责制，校长对政府主管部门承担学校管理的全面责任，也被赋予统一领导学校工作的权力。在以下四个方面，贵校校长可在多大程度上行使校长负责制赋予的权力？

	①非常低	②比较低	③一般	④比较高	⑤非常高
(1)决策指挥权(对本校教育教学和行政工作进行决策和统一指挥,如制定学校教改方案、规划并实施学校内部劳动人事分配制度改革等)	①	②	③	④	⑤
(2)干部任免权(提名和任免学校中层干部和副校长,报上级主管部门批准或备案)	①	②	③	④	⑤
(3)职工奖惩权(对工作成绩显著的教职工给予奖励,对严重违纪并给学校工作造成重大损失的教职工予以行政处分)	①	②	③	④	⑤
(4)学校财经权(合理支配与使用学校经费、教育教学设施设备和学校其他财产)	①	②	③	④	⑤

18. 以下有关教职工代表大会的说法在多大程度上符合贵校目前的实际情况?

	①完全不符合	②比较不符合	③一般符合	④比较符合	⑤完全符合
(1)教代会是学校实行民主管理、民主监督的主要形式	①	②	③	④	⑤
(2)教代会可充分行使学校重大决策的审议权	①	②	③	④	⑤
(3)教代会可充分行使对学校重要规章制度的决定权	①	②	③	④	⑤
(4)教代会可充分行使对学校领导的评议、监督及选举权	①	②	③	④	⑤
(5)教代会可审议决定有关教职工生活福利的重大事项	①	②	③	④	⑤
(6)教代会提案以及做出的决定,得到了学校领导的认真处理和落实	①	②	③	④	⑤

19. 以下有关学校党组织的说法在多大程度上符合贵校目前的实际情况?

	①完全不符合	②比较不符合	③一般符合	④比较符合	⑤完全符合
(1)党组织参与学校重大问题的讨论和决策	①	②	③	④	⑤
(2)党组织发挥政治核心作用,协调、监督思想政治教育工作	①	②	③	④	⑤
(3)党组织参与人事决策,对学校干部进行教育、管理和监督	①	②	③	④	⑤
(4)党组织对工会、共青团、少先队、学生会等群众组织进行政治思想和组织领导,定期讨论工作	①	②	③	④	⑤
(5)党组织做好统战工作,发挥民主党派在学校中的作用	①	②	③	④	⑤

20. 您认为贵校以下群体或组织在学校教育教学活动中的参与程度是：

①完全不参与 ②很少参与 ③一般 ④经常参与 ⑤参与程度非常高					
(1)学生(或学生自治组织,如学生会、共青团、少先队等)	①	②	③	④	⑤
(2)学生家长(或家长委员会等组织)	①	②	③	④	⑤
(3)社区	①	②	③	④	⑤

21. 您认为贵校以下群体或组织在学校发展与管理改革决策中的参与程度是：

①完全不参与 ②很少参与 ③一般 ④经常参与 ⑤参与程度非常高					
(1)学校教职工	①	②	③	④	⑤
(2)学生(或学生自治组织,如学生会、共青团、少先队等)	①	②	③	④	⑤
(3)学生家长(或家长委员会等组织)	①	②	③	④	⑤
(4)社区	①	②	③	④	⑤

22. 以下有关教师专业自主权的说法，在多大程度上符合贵校目前的实际情况？

①完全不符合 ②比较不符合 ③一般符合 ④比较符合 ⑤完全符合					
(1)教师可自主地进行教育教学活动	①	②	③	④	⑤
(2)教师可自主地开展教育科研活动	①	②	③	④	⑤
(3)教师可自主地指导学生的学习和发展	①	②	③	④	⑤
(4)教师可对学校工作提出意见和建议,参与学校的民主管理	①	②	③	④	⑤
(5)教师可自主选择参加进修或其他形式的专业培训	①	②	③	④	⑤

23. 在学校与家长及社区的沟通上，以下说法在多大程度上符合贵校目前的实际情况？

①完全不符合 ②比较不符合 ③一般符合 ④比较符合 ⑤完全符合					
(1)向社区公开学校的教育改革理念与进展	①	②	③	④	⑤
(2)向社区公开学校的教育教学活动情况	①	②	③	④	⑤
(3)向社区公开学校的师资队伍基本情况	①	②	③	④	⑤
(4)向社区公开学校的年度计划与总结	①	②	③	④	⑤
(5)向社区公开学校的设施设备及经费使用情况	①	②	③	④	⑤
(6)向社区开放使用学校的场地、设施及设备	①	②	③	④	⑤
(7)主动收集家长和社区对学校事务的意见和建议	①	②	③	④	⑤
(8)积极邀请家长和社区参与学校活动	①	②	③	④	⑤

续表

	①完全不符合 ②比较不符合 ③一般符合 ④比较符合 ⑤完全符合				
(9)为家长提供各种形式的培训与指导	①	②	③	④	⑤
(10)定期开展家庭教育指导活动	①	②	③	④	⑤
(11)积极与社区其他机构合作开展教育活动	①	②	③	④	⑤

24. 以"管办评分离"为基本要求的教育治理体系提倡学校在办学过程中引入社会组织的评估,您认为社会组织的评估是否对贵校办学质量的提升起到了积极作用?

①是,作用很大

②一般,可有可无

③没有任何作用,反而占用了大量资源

④尚未引入社会评估机制

********** 问卷结束 **********

非常感谢您回答完这份问卷!

附录2:校长(校级领导)访谈提纲

访谈主题	主要问题设置
基本信息	性别、职称、所在学校学段(小学、初中、高中、完中、九年一贯制、十二年一贯制)、学校所在区域(中心城区、边缘地区或城乡接合部、乡镇或农村)、学校办学水平(省级示范性学校、市级示范性学校、县/区级示范性学校、普通学校、薄弱学校)
主题1:对学校办学自主权的总体看法	1. 总体而言,您认为目前贵校是否拥有充分的办学自主权? 2. 您对贵校目前办学自主权的满意程度如何? 3. 您认为目前贵校最需要下放的是哪些权力? 4. 您认为目前中小学办学自主权无法完全落实的主要障碍有哪些?
主题2:人事自主相关问题	1. 贵校在教职员工招聘与解聘上拥有的自主权现状如何? 2. 贵校能否自主任免学校中层干部? 3. 在教师职称评定上,贵校拥有多大的话语权? 4. 贵校能否自主安排干部及教师培训的方式、内容和时间? 5. 贵校能否自主决定教职工的奖惩?

续表

访谈主题	主要问题设置
主题3:财务自主相关问题	1. 贵校在教育教学经费的使用上有充分的自主权吗？ 2. 贵校在基础物质环境的建设上能否自主设计方案？相关经费的审批是否有诸多限制？ 3. 贵校能否根据教育教学的实际需要，自主购买相关教学设备？ 4. 在教职工工资方面，除了国家规定的基本工资，贵校在多大程度上能够决定教师绩效工资、奖励性工资的发放？ 5. 贵校能否自主为教职工的生活提供一定的福利？ 6. 贵校能否自主设置学生奖、助学金的申报标准，能否自主决定发放奖、助学金？
主题4:招生自主相关问题	注：仅针对普通高中的访谈对象 1. 贵校是否有一定的自主招生名额和权限？ 2. 在招生规模、生源地域、录取方案等方面，贵校拥有多大的自主权？ 注：仅针对限义务教育阶段的小学与初中的访谈对象 除"免试、相对就近入学原则"下规定的招生计划外，学校每年的实际招生中，是否还存在非本学区的学生？如果存在，这部分学生在学校招生规模中占了多大比例？
主题5:课程教学自主相关问题	1. 贵校能否在国家和地方要求的前提下，自主设置课程体系？ 2. 贵校能否自主制定教学计划？ 3. 贵校能否根据教学需要自主选取教材？ 4. 贵校能否自主管理教学事务？ 5. 贵校能否自主制定学生学业评价的标准？ 6. 贵校能否自主组织教研工作的开展？ 7. 贵校能否自主开展校际交流与合作？
主题6:发展规划自主相关问题	1. 贵校能否自主制定和修改学校章程、确立办学目标？ 2. 贵校能否自主制定学校发展规划以及年度、学期工作计划？ 3. 贵校能否自主设置校内机构与岗位？
主题7:办学影响因素相关问题	1. 您认为贵校办学最主要的是向谁负责，政府、教职工还是学生？ 2. 您认为对贵校办学影响最大的外部因素有哪些？ 3. 您认为贵校在办学过程中最为主要的压力来源于哪里？
主题8:校长权力相关问题	1. 您认为当前中小学的校长负责制是否得到了很好的践行？ 2. 作为校长，您能否充分行使校长负责制赋予的权力，如统一决策和指挥本校教育教学工作、提名和任免中层干部、职工奖惩、管理学校经费使用？

续表

访谈主题	主要问题设置
主题9 学校内部民主相关问题	1. 您认为教职工代表大会制度是否能够有效促进学校内部民主机制的构建？ 2. 您认为学校党组织在学校重大决策的讨论中拥有多大的话语权？ 3. 您认为学生家长目前在贵校决策中的参与程度如何？
主题10：社会组织评估相关问题	1. 您认为贵校是否需要引入社会组织的评估？ 2. 您认为社会组织的评估能够对办学质量的提升起到积极作用？

附录3：教师访谈提纲

访谈主题	主要问题设置
基本信息	性别、职称、所在学校学段（小学、初中、高中、完中、九年一贯、十二年一贯）、学校所在区域（中心城区、边缘地区或城乡接合部、乡镇或农村）、学校办学水平（省级示范性学校、市级示范性学校、县/区级示范性学校、普通学校、薄弱学校）
主题1：对学校办学自主权的总体看法	1. 总体而言，您认为目前贵校是否拥有充分的办学自主权？ 2. 您对贵校目前办学自主权的满意程度如何？ 3. 您认为目前贵校最需要下放的是哪些权力？ 4. 您认为目前中小学办学自主权无法完全落实的主要障碍有哪些？
主题2：教师专业自主相关问题	1. 您能否自主开展教育教学活动？ 2. 您能否自主参与教育科研活动？ 3. 您能否自主指导学生的学习与发展？ 4. 您能否对学校的工作提出意见和建议，参与学校的民主管理？ 5. 您能否自主选择参加进修或其他形式的培训？
主题3：教师参与学校决策相关问题	1. 您认为教职工代表大会制度是不是贵校教师参与民主管理与监督的主要形式？ 2. 教代会能否行使学校重大决策的审议权？ 3. 教代会能否充分行使对学校重要规章制度的决定权？ 4. 教代会能否充分形式对于学校领导的评议、监督及选举权？ 5. 教代会能否审议决定有关教职工生活福利的重大事项？
主题4：家校沟通相关问题	1. 您与学生家长的沟通频率如何？ 2. 您主要通过何种形式与学生家长进行沟通？ 3. 您认为家长参与学校事务有何积极意义？又有哪些负面作用？

附录4：教育行政部门人员访谈提纲

访谈主题	主要问题设置
基本信息	性别、职位、工作单位（市级教育主管部门、县区级教育主管部门、乡镇教育主管部门）
主题1："政府—学校"关系相关问题	1. 您认为当前政府及教育主管部门同公办学校之间的关系是怎样的？更接近"上下级"，还是趋向于"平等协商"？ 2. 您认为政府及教育主管部门与中小学校之间的沟通情况如何？有没有建立起行之有效的沟通机制？ 3. 目前中小学校反映较多、负面意见较大的问题有哪些？ 4. 您认为当前"政府—学校"关系中亟待解决的问题有哪些？ 5. 您认为理顺"政府—学校"关系的难点在哪里？
主题2：学校办学自主权相关问题	1. 您认为公办中小学是否应该有办学自主权？ 2. 您认为公办中小学具体应该在哪些事项上拥有办学自主权？目前哪些已经实现了？哪些没有实现，困难在哪里？ 3. 从政府的角度出发，您认为保障中小学校办学自主权的关键措施应包括哪些？ 4. 您认为推进对于学校的立法工作的时机是否已成熟？ 5. 在本地区中小学校的教职工招聘流程中，教育主管部门具体负责哪些工作，起到怎样的作用？ 6. 在中小学校的经费使用上，教育主管部门和财政主管部门的管理体现在哪些方面？ 7. 在中小学校教育教学工作的开展以及学校各项工作计划的制定上，教育主管部门的管理体现在哪些方面？

后　记

　　本书是在我博士学位论文的基础上修改而成的。书稿能够付梓，离不开创作和修改过程中诸多人士的无私帮助，在此向他们表达诚挚谢意。

　　首先要感谢我的导师、华东师范大学郅庭瑾教授。2013年，我考入华东师范大学，幸运地成为郅老师的一名学生，攻读博士学位。四年里，郅老师严谨的治学态度与渊博的学识一直感染着我，在教育政策、学校管理等方向下学习与思考。像很多博士生一样，我在学位论文的选题阶段也感到迷茫，是郅老师不断启发我思考：在我国教育治理现代化的进程中，学校的角色发生了怎样的转变？教育管办评分离，又对学校的办学能力提出了怎样的要求？在一次次的讨论中，我的选题也渐渐清晰。而后论文的撰写、修改与最终完成，都离不开郅老师的悉心指导与帮助。对学校自主性问题的研究，也成为我学术道路上的起点。

　　感谢郑州大学周倩教授和李荣安教授。周倩教授领衔的河南省高等学校哲学社会科学创新团队的"全球化与教育政策"项目对于本书的出版给予了大力的支持。教育学院首席教授李荣安老师也多次鼓励我把书稿出版。修改过程中，他一字一句地阅读书稿，并提出很好的修改建议。

　　感谢参与本书调研的中小学校长与教师们，他们贡献了来自教育实践的实证依据，为本书注入了大量鲜活的讯息，研究的顺利完成也得益于他们的热心支持。

　　还要感谢社会科学文献出版社责任编辑郭白歌老师的努力与帮助。郭老师多次通过邮件、电话同我交流，以她专业的视角和严谨的工作态度与我反复推敲、打磨书稿。同时，也要感谢文稿编辑徐花老师在文字校对、数据核验及论述上所做的严谨的工作。

蒿　楠
2019年9月于郑州大学教育学院

图书在版编目(CIP)数据

教育治理体系下的中小学办学自主权实证研究：以豫中地区为例/蒿楠著.--北京：社会科学文献出版社，2020.9
ISBN 978-7-5201-7026-0

Ⅰ.①教… Ⅱ.①蒿… Ⅲ.①中小学-学校管理-研究-中国 Ⅳ.①G637

中国版本图书馆CIP数据核字（2020）第139104号

教育治理体系下的中小学办学自主权实证研究
——以豫中地区为例

著　　者／蒿　楠

出 版 人／谢寿光
责任编辑／郭白歌
文稿编辑／徐　花

出　　版／社会科学文献出版社·人文分社（010）59367215
　　　　　地址：北京市北三环中路甲29号院华龙大厦　邮编：100029
　　　　　网址：www.ssap.com.cn
发　　行／市场营销中心（010）59367081　59367083
印　　装／三河市龙林印务有限公司

规　　格／开　本：787mm×1092mm　1/16
　　　　　印　张：19　字　数：323千字
版　　次／2020年9月第1版　2020年9月第1次印刷
书　　号／ISBN 978-7-5201-7026-0
定　　价／128.00元

本书如有印装质量问题，请与读者服务中心（010-59367028）联系

△ 版权所有 翻印必究